MITTENDRIN
LERNLANDSCHAFTEN RELIGION

5|6

Herausgegeben von
**IRIS BOSOLD UND
DR. WOLFGANG MICHALKE-LEICHT**

Konzipiert und erarbeitet von
**ULRICH BAADER, IRIS BOSOLD,
GERHARD EICHIN,
DR. WOLFGANG MICHALKE-LEICHT,
CORNELIA PATRZEK-RAABE,
DR. STEFAN SCHIPPERGES**

Bearbeitet und ergänzt von
**IRIS EGLE
ESTHER HARDEBUSCH,
CHRISTOPH KLEMP,
ANN-KATHRIN MUTH,
GABRIELE OTTEN,
PROF. DR. CLAUSS PETER SAJAK**

unter wissenschaftlicher Beratung von
PROF. DR. CLAUSS PETER SAJAK

KÖSEL SCHULBUCH

MITTENDRIN
LERNLANDSCHAFTEN RELIGION
Unterrichtswerk für den katholischen Religionsunterricht in der Sekundarstufe I

MITTENDRIN 5|6
Herausgegeben von
Iris Bosold und Dr. Wolfgang Michalke-Leicht
Konzipiert und erarbeitet von
Ulrich Baader, Iris Bosold, Gerhard Eichin, Dr. Wolfgang Michalke-Leicht,
Cornelia Patrzek-Raabe, Dr. Stefan Schipperges
Aufgrund neuer Kernlehrpläne bearbeitet und ergänzt von
Iris Egle, Esther Hardebusch, Christoph Klemp (†), Ann-Kathrin Muth, Gabriele Otten, Prof. Dr. Clauß Peter Sajak,
unter wiss. Beratung von Prof. Dr. Clauß Peter Sajak

Zugelassen als Lehrbuch für den katholischen Religionsunterricht an Gymnasien (Gy), Gesamtschulen (Ges) durch
die Diözesanbischöfen von Aachen (Gy, Ges), Berlin (Gy, Ges), Dresden-Meißen (Gy, Ges), Erfurt (Gy, Ges), Essen (Gy, Ges),
Fulda (Gy, Ges), Hamburg (Gy, Ges), Hildesheim (Gy, Ges), Köln (Gy, Ges), Limburg (für den Bistumsanteil im Bundesland
Hessen) (Gy, Ges), Mainz (für den Bistumsanteil im Bundesland Hessen) (Gy, Ges), Münster (Gy, Ges), Osnabrück (Gy,
Ges), Paderborn (Gy, Ges), Speyer (Gy, Ges), Trier (Gy, Ges).

Umschlag: Kaselow Design, München
Umschlagmotiv: © Panstock/Jupiter images
Satz: Kösel-Verlag, München
Notensatz: Sordino Notensatz, Krefeld; Christa Pfletschinger, München
Illustration: Reinhild Kassing, Kassel

www.cornelsen.de
www.oldenbourg.de

2. Auflage, 4. Druck 2021
Alle Drucke dieser Auflage sind inhaltlich unverändert und können im Unterricht nebeneinander verwendet werden.

© 2012 Kösel-Verlag, München, in der Verlagsgruppe Random House GmbH
© 2016 Cornelsen Schulverlage GmbH, Berlin

Druck und Bindung: Grafisches Centrum Cuno GmbH & Co.KG, Calbe

ISBN 978-3-06-065385-0

PEFC zertifiziert
Dieses Produkt stammt aus nachhaltig
bewirtschafteten Wäldern und kontrollierten
Quellen.
www.pefc.de

PEFC/04-31-1370

Liebe Schülerin, lieber Schüler,

wir Menschen sind Forscher. Wir wollen unsere Welt kennenlernen und unser Leben verstehen. Immer sind wir auf der Suche. Wir probieren vieles aus und gehen auf neuen Wegen. So gelangen wir in neue Städte, Länder und Landschaften. Was gibt es da nicht alles zu entdecken! Wir lernen Menschen aus anderen Kulturen kennen, die fremde Sprachen sprechen, die nicht so leben wie wir und die sich manchmal ganz anders verhalten, als wir es gewohnt sind. Das ist gar nicht so einfach zu verstehen. Hier müssen und können wir lernen. Und wenn uns das gelingt, dann kommen wir voran. So ist unsere Welt vielfältig, bunt und auch rätselhaft – und wir sind mittendrin. Mit deinem eigenen Leben ist das nicht anders. Auch da gibt es vieles, was unbekannt und neu ist. Ganz gleich, ob es um die für dich neue Schule geht oder um deine Mitschülerinnen und Mitschüler. Mit ihnen zusammen bist du in der Schule neu angekommen. Das wird sicher spannend, wo doch jede und jeder von euch eine eigene Sicht der Dinge hat. Lasst euch überraschen und macht euch gemeinsam auf den Weg. Lernt voneinander und miteinander. Ihr seid schon mittendrin.

Wenn es um unser Leben geht, dann spielt immer auch der Glaube an Gott eine Rolle. Wir geben uns nicht zufrieden mit dem oberflächlichen Augenschein. Wir wollen wissen, was hinter den Dingen ist. Wir wollen den Dingen auf den Grund gehen. Vor allem geht es uns um die großen Fragen: Woher kommen wir? Wohin gehen wir? Wozu leben wir? Was ist der Sinn von allem? Die Bibel ist uns eine gute Reisebegleiterin, wenn wir uns auf den Weg machen, diesen Fragen nachzugehen. Viele Menschen haben darin ihre Erfahrungen mit dem Suchen und Fragen aufgeschrieben. Von ihnen können wir lernen – mittendrin im Leben.

Die Welt, unser Leben und unser Glaube – sie alle sind wie Landschaften, in denen wir uns bewegen. Es gibt Höhen und Tiefen, es gibt lange und kurze Wege, es gibt verborgene Winkel und sichtbare Wegmarken. Du selbst bewegst dich mittendrin.

Dein Religionsbuch ist genau dafür gemacht. Es enthält zwölf Lernlandschaften, die es zu entdecken gilt. Bevor du dich auf die Reise machst, bietet dir das Buch zu jeder Lernlandschaft einen Reiseprospekt, der dir einen Überblick gibt, was dich dort erwartet. Jede dieser Lernlandschaften ist in verschiedene Ausflüge unterteilt, auf jeder Doppelseite einer. Hier kannst du dich immer in der Richtung bewegen, die dich interessiert. Die Doppelseiten am Ende einer jeden Lernlandschaft heißen Souvenirseite. Denn wenn jemand eine Reise macht, dann kann er etwas erzählen und bringt manchmal auch Souvenirs mit. Alle die Dinge, die du auf deiner Reise durch die Lernlandschaft gelernt hast, werden hier zusammengetragen.

Bisher warst du in der Grundschule unterwegs. Dort hast du wichtige Fähigkeiten erworben, mit denen du auch in der neuen Schule gut vorankommen kannst. Manches wird dir vertraut sein, vieles andere dagegen ist ganz neu. Lernen geschieht immer mit allen Sinnen, die uns zur Verfügung stehen: mit dem Hören, dem Sehen, dem Bewegen. An sieben Stellen im Buch findest du besondere Lerngänge, die durch ein kleines Symbol (Auge, Ohr, Mund, Wirbel, Hände, Maske, Bauklötze) gekennzeichnet sind und dir neue Wege zeigen, wie du lernen kannst. Probiere sie aus, meistens am besten zusammen mit deinen Mitschülerinnen und Mitschülern.

Am Ende des Buches findest du ein Lexikon. In diesem sind wichtige Begriffe erklärt. Was dir auf deinen Reisen durch die Lernlandschaften fremd und unbekannt erscheint, kannst du dort nachlesen. Die entsprechenden Begriffe sind im Text farbig gekennzeichnet. Zusätzlich gibt es noch ein Verzeichnis aller Künstlerinnen und Künstler, deren Werke in diesem Buch abgebildet sind.

mittendrin – so haben wir unser Religionsbuch genannt. Wir wünschen dir und allen in deiner Lerngruppe, dass es für euch gute Anregungen zum Lernen enthält, mitten im Leben, mitten im Glauben, mitten in der Welt.

Iris Bosold, Dr. Wolfgang Michalke-Leicht,
Ulrich Baader, Gerhard Eichin,
Cornelia Patrzek-Raabe, Dr. Stefan Schipperges

Vorwort

GUT ANKOMMEN — 6

Ich und die anderen. 8
Sich verstehen 10
Lerngang Begegnen: Menschen wahrnehmen . . . 10

STAUNEN UND FRAGEN — 12

Auf Entdeckungsreise gehen 14
Ich staune 16
Warum bin ich? 18
Ich frage mich. 20
Ich denke. 22
Der Weg nach innen. 24
Miteinander philosophieren. 26

MENSCHEN SUCHEN GOTT — 28

Mein Bild von Gott. 30
Biblische Bildworte 32
Gott gibt sich zu erkennen 34
Gott – wie ein Vater 36
Die große Frage 38
Gott – auf drei verschiedene Weisen da 40
Gott ist ansprechbar 42
Lerngang Beten: Geste und Haltung 43
Warum beten?. 44
Finissage 46

KEINER LEBT ALLEIN — 48

Meine Familie 50
Miteinander essen 52
Miteinander lernen 54
Miteinander leben 56
Gottes Weisungen 58
Das wichtigste Gebot. 60
Miteinander ist es besser 62

Miteinander Schöpfung bewahren. 64
Gemeinsam handeln 66

JUDENTUM — 68

Bei uns zu Hause 70
Leben im Bund mit Gott 72
Ins Herz geschrieben. 74
Mit Gott im Gespräch 76
Sabbat in der Familie. 78
Mit Gott durch das Jahr 80
Juden und Christen begegnen sich 82

JESUS KOMMT AUS NAZARET — 84

Wo Jesus herkommt 86
Land und Leute 88
Jesus begegnet Menschen 90
Jesus heilt Menschen 92
Jesus lehrt den Willen Gottes. 94
Lerngang Darstellen: Standbild 95
Jesus stirbt 96
Jesus als Vorbild 98

WIE ALLES BEGANN — 100

Wer ist Petrus? 102
Lerngang Sehen: Bilder entdecken 102
Pfingsten 104
Was der Geist bewirkt 106
Am Wendepunkt. 108
Zweierlei Christen? 110
Die Reisen des Paulus 112
In Rom 114
Von Nero zu Konstantin 116
Gesprächsrunde: Wie alles begann 118

Inhalt

FESTE FEIERN 120

Alles hat seine Zeit 122
Zeit zum Feiern. 124

Lerngang Gestalten: Farbe und Form 125

Warten auf Weihnachten. 126
Die Zeit steht still. 128
Die Leidenszeit Jesu 130
Eine neue Zeit beginnt. 132
Sonntag Ruhetag 134
Verschiedene Jahreskreise 136

KEINER GLAUBT ALLEIN 138

Die Grundaufgaben der Kirche. 140
Leben in Gemeinschaft 142
Brot des Lebens 144
Gott bezeugen in Wort und Tat 146
Katholisch – evangelisch 148
Einheit in Vielfalt 150
Pfarrgemeinden stellen sich vor 152

ERFAHRUNGEN MIT GOTT – DIE BIBEL 154

Gottes Wort begleitet Menschen 156
Gottes Wort schafft Vertrauen 158

Lerngang Hören: Ruhe und Stille. 159

Gottes Wort macht frei 160
Gottes Wort – mächtiger als Könige 162
Gottes Wort gibt Hoffnung 164
Gottes Wort kommt in die Welt 166
Gottes Wort geht um die Welt 168
Gottes Wort wird zum Buch 170

MUSLIMEN BEGEGNEN 172

Muslime in Deutschland 174
Allah und sein Gesandter Muhammad 176
Der Koran 178
Islamische Glaubenspraxis. 180
Die Moschee. 182
Abraham verbindet 184
Souvenirs 186

GOTT GEHT MIT – DAS BUCH TOBIT 188

Eine Geschichte von und mit Gott. 190
Tobit lebt seinen Glauben. 192
Tobits Ratschläge 194
Die Bibel spricht in Bildern 196

Lerngang Sprechen: Bild und Vergleich 197

Unterwegs mit Gott 198
Zu Gott beten 200

LEXIKON 202

KUNSTLEXIKON 214

TEXT- UND BILDNACHWEIS 215

Das ist mein neues Klassenzimmer. So sah es jedenfalls aus, als wir kurz vor den Sommerferien schon einmal einen Blick in unser zukünftiges Klassenzimmer werfen durften. Während der Sommerferien habe ich mir oft vorgestellt, wie es wohl im neuen Schuljahr darin sein würde – dann hoffentlich schön eingerichtet.

Heute ist mein erster Schultag. Vor lauter Aufregung bin ich schon um fünf Uhr aufgewacht. Bis der Wecker dann endlich klingelte, ist mir einiges durch den Kopf gegangen:

Wie sollte eigentlich ein Klassenzimmer aussehen, in dem ich mich mit meinen Klassenkameradinnen und -kameraden wohlfühlen kann?

Jetzt bekomme ich noch viele neue Fächer. Was wird sich an meinen Vorlieben ändern?

Was möchte ich in »Religion« lernen und besprechen? Einige Kinder kenne ich ja schon aus der Grundschule. Werde ich in der Reli-Lerngruppe schnell Kontakt finden und neue Freundinnen und Freunde kennenlernen?

Fragen? Fragen! Beantwortet in Kleingruppen die im Text stehenden Fragen, die auch euch bewegen. Ergänzt sie um weitere eigene Fragen. Gestaltet in der Gruppe euer »Traumklassenzimmer« als Zeichnung oder Collage.

GUT ANKOMMEN

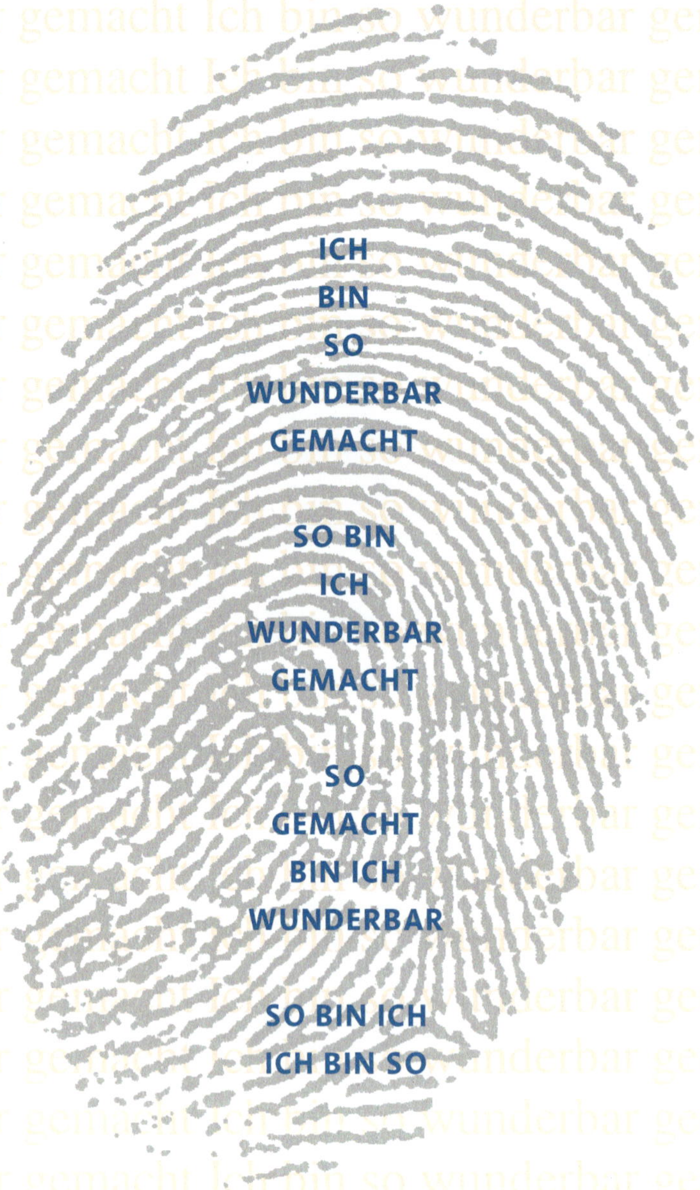

ICH
BIN
SO
WUNDERBAR
GEMACHT

SO BIN
ICH
WUNDERBAR
GEMACHT

SO
GEMACHT
BIN ICH
WUNDERBAR

SO BIN ICH
ICH BIN SO

■ **Ein Gedicht über mich.** Schon vor etwa 3000 Jahren hat sich ein weiser Mensch Gedanken darüber gemacht, dass wir alle einmalig, etwas ganz Besonderes sind. Seine Begeisterung und Freude hat er im Psalm 139 zum Ausdruck gebracht. Aus diesem Psalm stammt die erste Strophe des oben abgedruckten Gedichtes. Die anderen Strophen bestehen aus den umgestellten Wörtern der ersten Strophe.

Schreibe weitere Strophen aus den vorgegebenen Wörtern.

Vergleicht eure neuen Fassungen und diskutiert, ob sich die Bedeutung des Textes durch die Umstellung der Wörter ändert.

GUT ANKOMMEN
Ich und die anderen

Lisa ist immer so still. Ihre Geschwister Anne und Felix sind viel lebhafter.

Meine Mutter

Lisa ist die beste Schwester, die man sich wünschen kann. Sie ist absolut ehrlich und verschwiegen. Ihr kann man alles anvertrauen.

Meine Schwester Anne

Lisa ist eine echte Leseratte! Was die alles weiß! Ich kann mich prima mit ihr über alles Mögliche unterhalten.

Meine Freundin Tanja

Lisa ist soooo langweilig! Sie interessiert sich für nichts, was »in« ist – weder für Popstars oder neue Hits noch für Fernsehserien.

Meine Klassenkameradin Miriam

Ich bin gestraft! Zwei ältere Schwestern! Vor allem Lisa geht mir auf den Geist! Immer spielt sie die Oberlehrerin und weiß alles besser. Aber sportlich ist sie 'ne echte Niete!

Mein Bruder Felix

■ **Ich.** Male dich selbst oder schreibe deinen Namen in die Mitte einer Heftseite. Dann füge verschiedene Sprechblasen um dich herum hinzu. Suche dir die Personen aus, die etwas von dir sagen (z. B. Eltern, Geschwister, Großeltern, Onkel und Tanten, Freundinnen und Freunde, Lehrpersonen, Trainer). Schreibe in die Sprechblasen, was sie von dir sagen. Wenn du dir unsicher bist, führe mit ihnen ein Interview und fülle dann die Sprechblasen aus.

■ **Kennenlernspiele.** Deine neue Schule kennst du jetzt schon viel besser – und im Schulhaus verlaufen wirst du dich sicher nicht mehr. Kennst du schon alle Mitschülerinnen und Mitschüler aus deiner Religionsgruppe?
Recherchiere zum gemeinsamen Kennenlernen deinen eigenen Heiligen / Namenspatron. Welche Eigenschaften sprechen dich an? Stellt euch die Ergebnisse anschließend vor. Wenn ihr Hilfe braucht, fragt eure Lehrkraft, schaut in einem Heiligenlexikon oder im Internet unter www.heiligenlexikon.de nach.

Begegnen – wahrnehmen – sich verstehen

Oft ist es ganz schön schwer, andere zu verstehen oder sich anderen verständlich zu machen. Du erlebst es sicher oft auch bei Erwachsenen, dass sie aneinander vorbeireden, ohne wirklich aufeinander einzugehen.

Die Fähigkeit, andere wahrzunehmen und zu verstehen, kann man einüben. Auf dieser Doppelseite findest du Regeln und Übungen, mit denen du es dir erleichtern kannst, andere zu verstehen und dich selbst verständlich zu machen.

Menschen wahrnehmen

Erinnerst du dich noch an deinen ersten Schultag an der weiterführenden Schule? Alles war neu – das Gebäude, die Klassenzimmer – und vor allem auch die Menschen – Klassenkameradinnen und Klassenkameraden, Lehrerinnen und Lehrer. Der erste Eindruck, die erste Wahrnehmung macht da viel aus: Wie guckt der? Die sieht aber freundlich aus! Haben die zwei aber abgedrehte Jeans an! Und meinen neuen Banknachbarn – den kann ich einfach nicht riechen!

Wir drücken viel mit unserem Gesicht und dem übrigen Körper aus. Man nennt das Körpersprache. Einiges davon setzen wir bewusst ein, vieles von unserer Körpersprache ist uns bei uns und bei anderen gar nicht bewusst. Trotzdem reagieren wir und die anderen auch auf diese nonverbalen (= nichtsprachlichen) Ausdrucksformen. Es ist für ein besseres Verstehen oft hilfreich, wenn wir uns unsere eigene und die Körpersprache der anderen klarmachen.

■ **Ohne Worte.** Teile den anderen nur mit deinen Blicken mit: »Ich bin wütend!« oder »Ich bin traurig!« oder »Ich bin glücklich!«

Teile den anderen nur mit deiner Mimik mit: »Komm her!« oder »Du bist nett!«

Teile den anderen nur mit deiner Gestik mit: »Mit mir nicht!« oder »Ich habe gewonnen!« oder »Geschieht dir ganz recht!«

Teile den anderen nur mit deiner Körperhaltung mit: »Ich bin der bzw. die Größte!« oder »Ich habe Angst!« oder »Ich will im Unterricht nicht drankommen!«

Erfinde noch mehr Anlässe, in denen man anderen etwas nonverbal mitteilt, und stelle es dar. Die anderen aus der Klasse sollen raten, was du jeweils dargestellt hast.

■ **Das Bild erweitern.** Stelle eine Umrisszeichnung vom Bild auf S. 11 her und schreibe in Gedankenblasen, was die beiden denken könnten.

In welche andere Umgebung würdest du deine beiden Figuren stellen? Male ein entsprechendes Bild mit den beiden Figuren.

Anton Räderscheidt, 1921

■ **Bildbegegnung.** Beschreibe das Bild genau: die Personen, ihre Kleidung, ihre Körperhaltung, die Mimik der Frau. Welchen Gesichtsausdruck könnte der Mann haben?

STAUNEN

■ **Bilder betrachten.** Wenn du dir für die Bilder auf dieser Seite ein bisschen Zeit nimmst, gehen dir sicherlich manche Fragen, geht dir vielleicht auch manches Staunen durch den Kopf. Formuliere zu den Bildern, die dich besonders ansprechen, entweder eine Frage oder eine Aussage, die dein Staunen ausdrückt.

UND FRAGEN

Staune

dass du bist

erlebe die welt

als wunder

jedes blatt hat sein

geheimnis

jeder grashalm bleibt

ein rätsel

verlerne das staunen nicht

wenn man dir eintrichtert

wie normal und

einfach alles ist

Günter Ullmann

■ **Ein Gedicht.** Du hast sicher auch schon einmal über eine »Kleinigkeit« gestaunt. Suche dir ein Motiv, über das du gestaunt hast, und schreibe dein eigenes »Staunengedicht« darüber. Vielleicht willst du es auch zeichnerisch gestalten.

STAUNEN UND FRAGEN

Auf Entdeckungsreise gehen

Unsere Erde

Eigentlich ist unsere Erde im Vergleich zum Universum nur ein Staubkorn, und doch leben auf diesem Planeten Milliarden von Menschen, Tieren und Pflanzen. Wenn du dir das Bild auf dieser Doppelseite ansiehst und dir dabei überlegst, wie klein und winzig unsere Erde ist, werden dir sicherlich einige Dinge einfallen, die dich zum **Staunen** bringen. Vielleicht die Tatsache, dass so ein kleiner Planet wie die Erde in unserem riesigen Universum existieren kann. Es ist doch erstaunlich, dass es ausgerechnet dieser Planet ist, der die Bedingungen für ein Leben ermöglicht. Erstaunlich ist es auch, dass die Erde uns Menschen hervorbrachte. Oder nicht?

Zum Staunen gehören die **Fragen**. Das Staunen ist der Beginn des Fragens, wie du sicherlich inzwischen entdeckt hast. Mit dem Staunen werden wir wach für die großen Fragen unseres Lebens. Mit dem Staunen begeben wir uns auf eine Entdeckungsreise, bei der oft die Fragen, die wir stellen, mehr über uns sagen, als die **Antworten**, die wir finden.

■ **Staunen – Fragen – Antworten.** Lege eine Tabelle mit drei Spalten an. Überlege dir, worüber du alles staunst, und trage diese Begriffe in die linke Spalte ein. Hast du das getan, gibst du dein Heft nach rechts weiter. Dein Nachbar bzw. deine Nachbarin überlegt sich zu deinem Staunen Fragen und trägt sie in der mittleren Spalte ein. Im dritten Schritt wird das Heft nochmals nach rechts gegeben. Der dritte Schüler bzw. die dritte Schülerin überlegt sich Antworten auf die gestellten Fragen. Geht anschließend in einer Dreiergruppe zusammen und stellt euch die Ergebnisse gegenseitig vor.

Noch heute staune ich

Manche Erfahrungen des Lebens prägen sich tief ein und bleiben dem Menschen über Jahre, ja Jahrzehnte erhalten. Wenn ich gefragt werde, welches Erlebnis mich zum ersten Mal bewusst zum Staunen brachte, so steigen mir noch heute die Bilder meiner ersten Romreise aus dem Gedächtnis vor mein inneres Auge. Ich war gerade einmal sechs Jahre alt, als ich aus der Enge meiner Heimat im Schwarzwald zum ersten Mal mit meiner Familie nach Italien kam. Zu der Reise gehörte auch ein Besuch der »Ewigen Stadt«. Die Erzählungen meiner Eltern, die Fahrt ins Unbekannte – all dies hatte schon zuvor

> ■ **Der Petersdom.** Der Petersdom wird nicht nur jedes Jahr von vielen hunderttausend Touristen besucht, sondern hat für katholische Christen eine besondere Bedeutung. Der Patron der Kirche ist der Heilige Petrus. Informiere dich über ihn auf Seite 102 und 103. Mehr über ihn kannst du z. B. im Lexikon am Ende des Buches in Erfahrung bringen.

ein Gefühl in mir wachsen lassen, als wäre ich zu einer Entdeckungsreise in ein unbekanntes, fremdes Gebiet aufgebrochen. Dieses Gefühl verstärkte sich während der Fahrt: Die ungewohnten Speisen, die mir unverständliche Sprache, Dinge, die ich noch nie gesehen hatte, sie machten mich aufmerksam und wach für die Erlebnisse dieses Urlaubs.
Unvergleichlich war jedoch das Eintauchen in eine der geschäftigsten Metropolen der Welt – Rom. Um mich und meine Familie herum

schien das Leben unaufhörlich in höchster Lautstärke und Intensität zu pulsieren. Kein Eck, keine Straße – so mein Eindruck – schien nicht von Hunderten, ja Tausenden von Menschen belagert. Das Fremde, das zuvor so aufregend und anregend war, nahm in dieser Stadt fast bedrohliche Züge an.
Ein Tag war für den Besuch des Vatikans und des Petersdoms geplant. Nun hatte meine Familie schon zuvor viele Sehenswürdigkeiten besichtigt, darunter auch die eine oder andere Kirche. Doch wenn ich jetzt gefragt würde, welche Ziele dies gewesen waren, könnte ich es nicht mehr sagen. Anders der Besuch des Petersdoms: Vage erinnere ich mich an den mir damals schier endlos groß vorkommenden Platz vor der gewaltigen Kirche. Es war laut, Menschenmassen schoben sich über den Platz, querten den Weg, den wir nahmen, und versperrten mir die Sicht. Wir standen in einer Schlange, die sich vor dem Eingang von St. Peter gebildet hatte. Ich hatte Durst und wünschte mir sehnlich alles andere als den Besuch einer Kirche. Das Warten zog sich dahin. Wie lange wir gewartet hatten, weiß ich nicht mehr. Genau erinnere ich mich aber an den Moment, in dem ich das erste Mal den Dom betrat: Es war, als würden alle versinken und nur noch ich würde in diesem großen, wunderbaren Raum stehen. Ich hatte nie zuvor eine Kirche in dieser Größe gesehen. Nicht der Marmor war es, der mich beeindruckte: es war allein der riesige Raum mit seiner in den Himmel steigenden Kuppel, der mich staunen ließ. Irgendwann merkte ich, dass ich mitten in der Kirche stand, mein Vater mit mir redete und mich an seiner Hand hielt. Ich wusste aber nicht, wie ich vom Eingang hierhergekommen bin, geschweige,

was um mich herum geschehen war. Ich staunte. Und nur langsam und widerwillig kehrte ich in das Jetzt zurück, dem ich für wenige Momente entrissen war. Der Weg vom Eingang zur Mitte unter der Kuppel nimmt

■ **Was ist gemeint?** Erkläre den letzten Satz: »Jedes Staunen ist für mich die Rückkehr an den Ursprung des Fragens und der Beginn einer neuen aufregenden Reise ins Ungewisse.«

all diese Fragen in einem einzigen Atemzug zu stellen. Selbst als sie ausgesprochen waren, nagte in mir das Gefühl, als seien da noch mehr Fragen, die noch keine Worte gefunden hatten. Manchmal warte ich noch heute auf die eine oder andere Frage, die mit einem Mal den Weg zur Sprache findet.

In meinem Leben habe ich noch oft über ganz unterschiedliche Dinge und Erlebnisse gestaunt. Dafür bin ich dankbar, denn mit jedem Staunen beginnen Fragen in mir zu erwachen, die mich anstoßen zu suchen, zu finden und weiterzufragen. Und mit jedem Staunen finde ich auch ein Stück des Staunens wieder, das ich in Rom im Petersdom erlebt habe. Jedes Staunen ist für mich die Rückkehr an den Ursprung des Fragens und der Beginn einer neuen aufregenden Reise ins Ungewisse.

■ **Erzählen.** Nachdem du die Erzählung gelesen hast, erinnerst du dich vielleicht an ähnliche Erlebnisse. Verfasse eine Erzählung, in der du berichtest, wann und aus welchem Anlass du einmal gestaunt hast. Sprecht in eurer Klasse darüber, welche Anlässe und Gründe zum Staunen führen.

nur wenige Minuten in Anspruch, doch denke ich zurück, so scheinen mir diese Minuten noch heute zu Stunden gedehnt. Im gleichen Augenblick, in dem ich aus dem Staunen in die mich umringende Welt zurückkehrte, explodierten in meinem Kopf die Fragen: Wer hat dies gebaut? Wie geht so etwas? Warum wurde diese Kirche gebaut? Wie lange mag es gedauert haben? Wie alt ist die Kirche? – Es war unmöglich,

Zufall

Wenn statt mir jemand anderer
auf die Welt gekommen wär.
Vielleicht meine Schwester
oder mein Bruder
oder irgendein fremdes blödes Luder –
wie wär die Welt dann,
ohne mich?
Und wo wäre denn dann ich?
Und würd mich irgendwer vermissen?
Es tät ja keiner von mir wissen.
Statt mir wäre hier ein ganz anderes Kind,
würde bei meinen Eltern leben
und hätte mein ganzes Spielzeug im Spind.
Ja, sie hätten ihm sogar
meinen Namen gegeben!

Martin Auer

■ **Zufall?** Diskutiert über das Gedicht von Martin Auer.
Stimmt es wirklich, dass ich nur »Zufall« bin? Und
welche Rolle hat mein Namen für mich? Was würdet
ihr Martin Auer auf seine Fragen antworten?

Was wird sein, wenn ich nicht mehr bin?

»Neles Buch der großen Fragen« handelt von einem Mädchen namens Nele, das über die Geheimnisse des Lebens nachdenkt. Unter anderem setzt es sich auch mit dem Tod auseinander:

Als ich klein war, dachte ich: Jedes Mal, wenn ein Mensch stirbt, wird dafür irgendwo anders ein Mensch geboren, damit das Leben weitergeht auf unserer Erde.

Heute habe ich gelesen: In jeder Minute ist auf der ganzen Erde 260 Mal der Schrei eines neugeborenen Babys zu hören – ein Weltkonzert ohne sichtbaren Dirigenten!

Und in derselben Zeit schließen 101 Menschen ihre Augen für immer auf dieser Erde – sie sterben friedlich, gewaltsam, nach langer Krankheit oder einfach, weil ihre Zeit hier vorbei ist. Die meisten Babys werden mit Freude und Spannung erwartet. Die Toten lassen meistens traurige Menschen auf der Erde zurück.

Lange Zeit hätte ich gern ewig gelebt. Aber je mehr ich darüber nachdenke, umso mehr zweifle ich daran, ob ich dann glücklich sein könnte. Eigentlich hatte ich als kleines Kind recht. Das Leben bringt immer neues Leben hervor, das irgendwann an ein Ende kommt. Ohne ein Ende bräuchte es kein neues Leben zu geben und dann wäre das Leben gar kein Leben. Den Tod gibt es nur, weil es das Leben gibt – das Leben gibt es nur, weil es den Tod gibt. Wie kann ich verstehen, was Leben heißt, wenn ich gar nichts davon weiß, dass alles Leben einmal stirbt? ...

Alles, was es gibt, war vorher nicht da, hat irgendwann angefangen und wird einmal weg sein, nicht mehr bei uns. Was war vor dem Anfang und was wird nach dem Ende sein? Woher komme ich und wohin werde ich gehen? Mama meint, nur Gott hat keinen Anfang und kein Ende. Gott war vor der Zeit. Gott war immer schon DA und wird immer DA sein. Von diesem Geheimnis verrät schon der Name Gottes etwas. Der Name lautet JAHWE. In unsere Sprache übersetzt heißt das; Ich bin der ICH-BIN-DA und der ICH-WERDE-DA-SEIN-FÜR-DICH. Ein merkwürdiger Name, finde ich, eigentlich mehr ein Satz, fast schon eine Geschichte. Gott ist wohl der einzige, der sich selbst und die Zeit – was war, was ist und was sein wird – versteht. Wenn wir leben, wenn wir also da sind, ist Gott DA. Und auch wenn wir tot sind, wenn wir WEG sind von dieser Erde, ist Gott DA. Das sind beruhigende Gedanken.

Rainer Oberthür

■ **Jung und alt.** Betrachte das Foto in Ruhe. Überlege dir, was sich die drei wohl zu erzählen haben. Was erleben die Jungen, was der Großvater? Schreibe ein erfundenes Gespräch zwischen Enkeln und Großvater.

■ **Neles Fragen.** Schreibe Nele einen Brief, in dem du berichtest, was du über Glück, Geburt, Unglück und Sterben denkst.

Die schöne Lilly und ihre wunderbare Freundschaft mit Hieronymus

Sie wurde uns in einem Schuhkarton vor die Türe gestellt. Da war sie vier Wochen alt. Ein kleines Kätzchen, zitternd vor Angst und Kälte. Lilly, so nannten wir das grau melierte Wollknäuel, maunzte derart erbarmungswürdig, dass sie die Herzen ihrer künftigen Mitbewohner in nur wenigen Augenblicken eroberte.

Da war die vierundachtzigjährige Frau Schütz. Von ihr holte sich Lilly das Urvertrauen. Lilly liebte die Langsamkeit dieser alten Frau. Wenn die fast blinde Frau Schütz morgens mit ihrer Lupe die Tageszeitung buchstabierte, hüpfte Lilly grazil von Überschrift zu Überschrift und tippte mit ihren weißen Samtpfoten auf die einzelnen Wörter, so als wolle sie Frau Schütz beim Lesen behilflich sein. Anschließend frühstückte Frau Schütz und man darf sicher sein, dass Lilly an ihrem Tisch einen Ehrenplatz erhielt. Das Büfett für die kleine Lilly muss prachtvoll gewesen sein, denn in kürzester Zeit wurde aus dem struppigen Wollknäuel eine junge Katzendame mit einem Fell glänzend wie Seide. Nach dem Frühstück schaltete Frau Schütz das Radio ein und hörte im Kulturprogramm die soundsovielte Fortsetzung einer Dichterlesung. So wurde Lilly schon sehr früh an Goethe, Hermann Hesse und Hölderlin herangeführt. Um zwölf Uhr mittags war Lilly stadtfein, eine Dame mit Sahnehäubchen, so nannte Frau Schütz den weißen Fleck zwischen Lillys Ohren. Nun spazierte Fräulein Lilly in die große, weite Welt der Gärten und tanzte wie eine Primaballerina durch das hohe Gras. Und weil ihre Katzenmutter 84 Jahre alt war, liebte Lilly alle Menschen und Kreaturen, die ein hohes Alter erreicht hatten.

Da war der schwarze Hieronymus, der verfügte schon über so viele Katzenjahre, dass er sich in seinem Körbchen müde aufs Altenteil gelegt hatte. Hieronymus wollte gerade seine letzten Wochen zählen und dann friedlich verschlummern, als Lilly ihm einen Strich durch seine Lebensrechnung machte. Eines Tages schlüpfte Lilly durch die Balkontüre in Hieronymus' Wohnzimmer und verzehrte von seinem Tellerchen die Hähnchenleber. Dann machte Lilly dem Katzenkerl schöne Augen, lockte ihn in den Garten, und Hieronymus erlebte seinen zweiten Frühling. Trotz seiner Leibesfülle kletterte er die Bäume empor, hüpfte von Ast zu Ast, kraftvoll wie in jungen Katertagen. Zwischen Lilly und Hieronymus begann eine wunderbare Freundschaft. In trauter Zweisamkeit spazierten die beiden über Wiesen und Blumenbeete, wahrscheinlich erzählte ihm Lilly von Goethe, Hesse und Hölderlin, bis sie den Garten von Herrn Schumann erreichten. Der hasste Katzen, weil sie alle Möbel zerkratzen, an der Butter lecken und Vögel fressen. Herr Schumann war 82 Jahre alt und schon deshalb ein natürlicher Freund von Lilly. Sie setzte sich zu seinen Füßen, zerrte an seinen Hosenbeinen und rieb ihre Ohren an seinen Händen, so lange, bis eines Tages diese Hände vorsichtig über Lillys Kopf streichelten. Seitdem wartete Herr Schumann täglich um dieselbe Zeit im Garten auf seine kleine Katzenfreundin, und heimliche Beobachter wissen zu berichten, dass er stets eine Rolle Zwirn in der Hosentasche mit sich führte, die er vor Lillys Nase wie einen Jo-Jo auf und ab rollte. Lange hatte man diesen alten Mann nicht mehr so herzhaft lachen gehört.

Das war Lilly. Mit Herrn Schumann jagte sie den Zwirn, mit der fast blinden Frau Schütz las sie die Zeitung, und dem alten Kater Hieronymus brachte sie die Jugend zurück. Sie alle haben Lilly überlebt. Lilly wurde im Alter von acht Monaten von einem Auto überfahren. Sie hatte keine Ahnung davon, wie gefährlich die Welt sein kann.

Doris Weber

■ **Glück und Leid.** In der Geschichte liegen Glück und Leid ganz nahe beieinander. Stelle zusammen, wo Glück vorkommt und wo Leid.
Sicherlich hast du auch schon einmal erlebt, dass Glück und Leid ganz eng beieinander stehen können. Wenn du willst, berichte darüber.

■ **Erinnerungen.** Stelle dir vor, eine Tierzeitschrift will ein Interview über das Leben mit Katzen machen und befragt die Personen aus der Geschichte. Wie war es für sie, wenn Lilly in der Nähe war? Wie geht es ihnen, wenn sie an Lilly denken? Würden sie wieder eine Katze aufnehmen? Und warum?
Schreibe ein solches Interview, indem du nach weiteren Fragen suchst und diese dann aus der Sicht der verschiedenen im Text genannten Personen, die Lilly kannten, beantwortest.

■ **Wer bin ich?** Tausche dich darüber aus, welche Denkanstöße das Bild dir und euch bei der Beantwortung dieser Frage gibt.

René Magritte, 1937

■ **Fragen über Fragen.** Notiere alle Fragen, die sich dir beim Betrachten des Bildes stellen. Versuche deine Fragen mit deiner Banknachbarin oder deinem Banknachbarn zu beantworten. Welche Frage ist euch dabei die wichtigste? Überlege dir, von welcher Position aus du als Betrachter das Bild siehst.

Ich denke

Ich denke
Ich denke
bevor ich aufstehe:
Ich bin ein Mensch
und bin im Bett
und das Bett ist im Zimmer
und das Zimmer im Haus
und das Haus ist am Weg
und der Weg in der Stadt
und die Stadt ist im Land
und das Land auf der Erde.

Und auf der Erde ist ein anderes Land
und im anderen Land eine andere Stadt
und in der Stadt ein anderer Weg
und am Weg ein anderes Haus
und im Haus ein anderes Zimmer
und im Zimmer ein anderes Bett
und im anderen Bett ist auch ein Mensch.

Bevor ich aufstehe
denke ich.

Hans Manz

■ **Meine Gedanken.** Welche Gedanken gehen dir im Moment durch den Kopf?
Male eine Kopfsilhouette in dein Heft und zeichne oder schreibe alle deine Gedanken hinein. Geht danach in kleinen Gruppen zusammen und versucht, eure Gedanken zu sortieren. Nach welchen Gesichtspunkten könntet ihr dabei vorgehen? Gebt jedem Gesichtspunkt eine Überschrift.
Überlegt euch einen Gedanken, den ihr gerne verschenken möchtet.

■ **Was du alles denken kannst.** Das, was in unseren Köpfen passiert, ist eine ganze Welt voller Geheimnisse. Suche dir eine Partnerin oder einen Partner, mit der oder dem du diese Welt teilen willst. Beantwortet die folgenden Fragen:
Denkst du immer oder nur manchmal?
Denkst du auch, während du schläfst?
Kannst du denken, ohne an jemanden oder etwas Bestimmtes zu denken?
Denkst du in Worten oder gar Sätzen?
Kannst du mehr als einen Gedanken zur selben Zeit haben?
Kann ein Gedanke wie ein Kuchen geteilt werden?
Können Gedanken schön sein?
Können Gedanken schön sein, sogar dann, wenn sie nicht wahr sind?
Wenn dein Körper so alt ist wie du selbst, sind deine Gedanken auch genauso alt?
Können dich andere Leute ihre Gedanken denken lassen?

Staunen, Fragen, Antworten – Philosophieren

Heute besteht Einigkeit darüber, dass jedes Kind philosophieren kann. Das Wort Philosophie kommt aus dem Griechischen. »Philos« heißt auf Deutsch »Freund« und »Sophia« »Weisheit«. Ein Philosoph ist also ein »Freund der Weisheit« und philosophieren heißt so viel wie »sich am Wissen freuen« oder auch »Lust am Wissen haben«.

Alles, was man als guter Philosoph, als gute Philosophin braucht, ist zunächst einmal Neugierde und die Fähigkeit, über das, was man da in seiner Neugier entdeckt hat, zu staunen. Schon für die großen Philosophen der Antike – Sokrates, Platon und Aristoteles – ist Staunen der Ursprung allen Philosophierens. Es zeigt uns, dass das, was wir bisher vielleicht als selbstverständlich betrachtet haben, doch viel ungewöhnlicher ist, als wir gedacht haben. Diese Erfahrung führt dann fast automatisch dazu, dass man sich und anderen Fragen stellt, die uns das Ungewöhnliche erklären sollen. Besonders die Warum-Fragen sind bei Philosophen beliebt.

Wenn jemand Fragen stellt, will er natürlich auch Antworten haben – also beginnt er über die Fragen nachzudenken. Dazu muss man zunächst einmal erklären, welche Antworten zu einer Frage passen könnten, und muss dann aber auch diese Antwort begründen. Damit man nicht zu schnell auf falschen oder halbrichtigen Antworten sitzen bleibt, ist es gut, wenn man selbst oder im Gespräch mit anderen diese Antworten immer wieder überprüft. Deshalb spielt auch das Zweifeln beim Philosophieren eine wichtige Rolle.

> ■ **»Ich denke, also bin ich.«** Dieser Satz des französischen Philosophen René Descartes (1596-1650) gehört zu den Grundaussagen der Philosophie. Finde Gründe, warum.

Können Blumen glücklich sein?

Der Philosoph Hans-Ludwig Freese erzählt in seinen philosophischen Seminaren Kindern folgende Geschichte:

»Tante Gerties Blumen sind wieder glücklich«, berichtet Freddie.

»Blumen können nicht glücklich sein«, sagt Alice, finster in der Ecke sitzend, über eine Schale Cornflakes gebeugt. »Tante Gertie spricht über Blumen, als ob es Menschen wären. Aber in Wirklichkeit haben sie gar keine Gefühle. Sie können nicht durstig, traurig oder glücklich sein.«

»Ist das richtig, Mama?«, fragt Freddie einigermaßen enttäuscht.

»Du solltest darüber lieber mit deiner Tante Gertie sprechen«, sagt die Mutter, »sie weiß mehr über Blumen, als wir alle zusammen.«

> ■ **Können Blumen glücklich sein?** Sprecht in der Klasse über das Problem, das Freddie und Alice bewegt. Was ist eure Meinung? Welche Gründe findet ihr für eure Ansichten?
> Überlege dir, wie die Geschichte weitergehen könnte, und schreibe sie zu Ende.

Der Weg nach innen

Den wichtigen Dingen des Lebens kommen wir nicht nur im Denken und Philosophieren auf die Spur. Gerade dann, wenn unser Denken an Grenzen stößt, brauchen wir neue Zugänge. Einen ganz wichtigen Weg weist uns Teresa von Avila, eine Ordensfrau, die im 16. Jahrhundert in Spanien gelebt hat.

Teresas Weg ist der Weg nach innen: So wie sich die Schildkröte immer wieder in ihren Panzer zurückzieht, so können auch wir uns in uns selbst zurückziehen. In unserem Inneren finden wir dann oft einen ganz ruhigen und geschützten Raum, einen Raum der Stille und der Gelassenheit – und manchmal hören wir dann in unserem Inneren die Stimme Gottes, der uns seine ganz eigenen Antworten auf unsere großen Fragen gibt.

In meinem Haus,
da wohne ich,
da schlafe ich,
da esse ich.

Und wenn du willst,
dann öffne ich
die Tür
und lass dich ein.

■ **Schildkröten-Spruch.** Lest euch gegenseitig das Schildkrötengedicht von Gina Ruck-Pauquèt vor. Ihr könnt die Verse auch nachspielen. Vielleicht fallen euch auch neue Strophen ein? Malt die Schildkröte in euer Heft und schreibt die Strophen auf den Panzer.

■ **Schildkrötenübung.** Willst du ausprobieren, wie es ist, wenn man sich ganz auf sich zurückzieht? Suche dir einen freien Platz am Boden. Wenn alle so weit sind, kann die Übung beginnen: Setze dich mit angewinkelten Knien auf den Boden. Umarme deine Knie und ruhe mit der Stirn auf den Knien. Atme ruhig und tief ... atme so langsam, wie es dir ohne Anstrengung möglich ist ... Lockere alle Muskeln deines Körpers bewusst ... dein Körper soll so entspannt sein, dass du ihn nicht mehr fühlst ... Stelle dir eine Schildkröte vor, die sich langsam und sanft einzieht, wie wenn sie von innen gezogen würde ... Lass dich genauso sanft nach innen ziehen ... Lass es dir gut gehen dort ...
Nimm dir nun Zeit und genieße es, ganz bei dir und in der Stille zu sein ... Achte auf deinen Atem ... Was hörst du noch ... von außen … von innen?
Wenn du möchtest, kannst du jetzt langsam anfangen, deine Glieder und deinen Kopf zu strecken ... Lass dir Zeit dabei ... Dann kannst du dich zum Abschluss räkeln, gähnen und wieder ganz da sein.

■ **Zeichen der Stille.** Schildkröten können ganz lange ganz stillhalten. Du kannst dir eine Schildkröte bauen, die dir hilft, stille zu sein: Suche einen großen Stein (oben gewölbt und unten glatt) für den Panzer, vier schmale längliche Steine für die Beine und einen runden für den Kopf und klebe sie mit Steinkleber zu einem Schildkrötenkörper zusammen. Male ein schönes Muster auf den Panzer und Augen in den Kopf. Sie können offen oder geschlossen sein. Setze die Schildkröte an einen Platz in deinem Zimmer, wo du sie gut sehen kannst. Sie wird dich immer wieder daran erinnern, wie gut Stille tun kann und was die hl. Teresa über Gott in unserem Innern sagt.

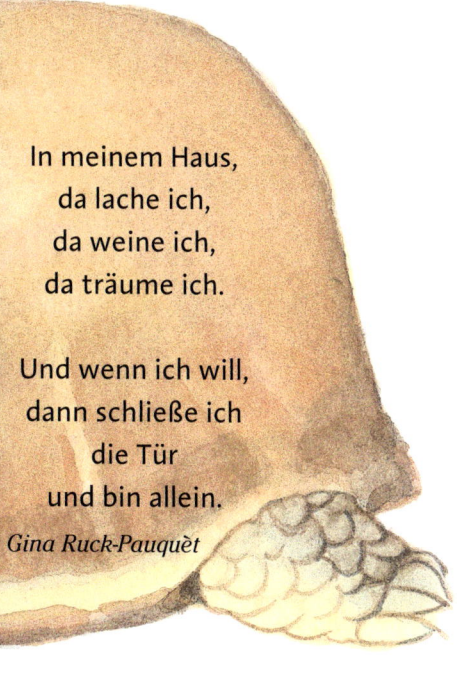

In meinem Haus,
da lache ich,
da weine ich,
da träume ich.

Und wenn ich will,
dann schließe ich
die Tür
und bin allein.

Gina Ruck-Pauquèt

Die Schildkröte

Wenn die Gnade uns einlädt,
Gott im Inneren zu suchen,
soll man nicht denken,
man könne das mit dem Verstand machen
und sich bemühen,
sich Gott im eigenen Inneren zu denken.

Man schafft es auch nicht mit der Fantasie,
indem man sich ausmalt,
wie er in uns ist. Es ist anders:

Man hat das deutliche Gefühl,
als werde man sanft in das Innere
zurückgezogen.
Es ist wie bei einer Schildkröte,
wenn sie sich einzieht.

Teresa von Ávila

■ **Teresa von Ávila.** Informiere dich über das Leben der hl. Teresa von Ávila und bringe ihren Lebenslauf in Verbindung mit ihrem Text »Die Schildkröte«.

■ **Das Leise hören.** Ist das nicht ein Widerspruch, ein Lied darüber zu singen, wie man das Leise hören kann? Überlege dir, wie das Lied so gesungen werden kann, dass Text und Gesang übereinstimmen.

Ich will auf das Leise hören

T: © Wolfgang Longardt/M: Andreas Hantke

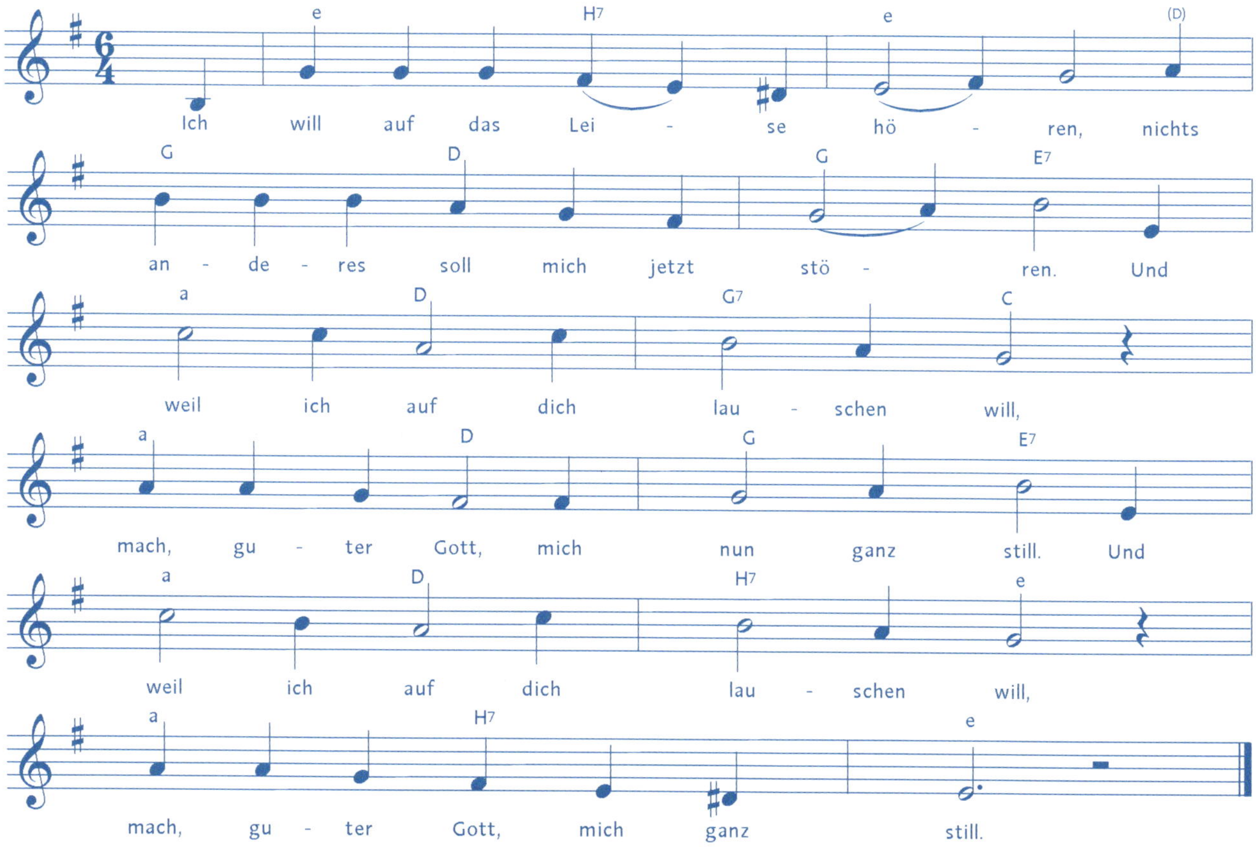
e H7 e (D)
Ich will auf das Lei - se hö - ren, nichts
G D G E7
an - de - res soll mich jetzt stö - ren. Und
a D G7 C
weil ich auf dich lau - schen will,
a D G E7
mach, gu - ter Gott, mich nun ganz still. Und
a D H7 e
weil ich auf dich lau - schen will,
a H7 e
mach, gu - ter Gott, mich ganz still.

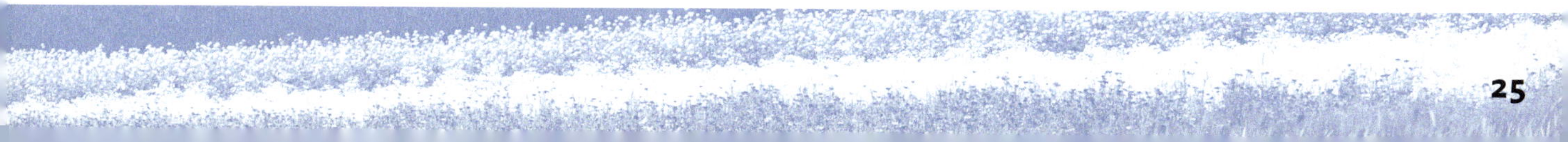

Werkzeugkiste für schlaue Denkerinnen und Denker

In der ganzen Lernlandschaft waren wir neugierig, haben gestaunt und uns Fragen gestellt – wir haben philosophiert! Neben der Neugierde und dem Staunen, dem Fragen und den Zweifeln braucht es zum Philosophieren aber auch eine genaue Vorgehensweise, damit die Gedanken nicht ins Chaos stürzen und damit eine gute philosophische Diskussion mit mehreren Beteiligten möglich ist. Der Kinderphilosoph Thomas Jackson hat dafür einige Vorschläge gemacht, die er die »Werkzeugkiste für schlaue Denker« nennt.

Um diese Werkzeuge anzuwenden, bedarf es schon einiger Übung – aber die Mühe lohnt sich!

Definition
Damit wir nicht aneinander vorbeireden, ist es oft hilfreich, genau zu erklären, was der Sprecher oder die Sprecherin mit einem Wort, das benutzt wird, genau meint. Wer das Werkzeug D zeigt, will eine Definition dessen, worüber gerade gesprochen wird.

Wie viel ist unendlich?

Warum bin ich nicht du?

Wo ist eigentlich die Mitte des Himmels?

Zweifel
Philosophen lassen ihre Aussagen immer wieder überprüfen. Das Werkzeug Z zeigt an, dass ich an einer bestimmten Aussage Zweifel habe und dass ich diese äußern möchte.

■ **Gemeinsam philosophieren.** Lauter philosophisch gewichtige Fragen auf dieser Seite – schaue sie dir genau an! Notiere weitere philosophische Fragen, über die du gerne nachdenken würdest, an der Tafel. Setzt euch nun zu Gruppen zu je fünf bis sechs Personen zusammen und sucht gemeinsam eine Frage aus, mit der ihr euch ausführlich beschäftigen wollt.

Jetzt geht das Philosophieren los – die »Werkzeugkiste für schlaue Denkerinnen und Denker« soll euch dabei helfen, dass euer Gespräch in geordneten philosophischen Bahnen verläuft. Fertigt für jedes der sechs Werkzeuge eine Karte mit dem entsprechenden Anfangsbuchstaben an. Wer etwas sagt, muss überlegen, welches der sechs Werkzeuge zum Einsatz kommen soll, und hebt die entsprechende Karte hoch. Oft empfiehlt es sich, mit einer Annahme (A) zu beginnen. Ihr dürft die Werkzeuge natürlich mehrmals benutzen.

Fasst am Ende der Gesprächsrunde wichtige Ergebnisse in einem Protokoll zusammen.

Folgerung
Die Folgeru[n]
beim Philos
oder einer T
Sachverhalt
Nicht immer
gend – wer d
nur die Folger
verdeutlichen.

Wann ist man tot?

Beispiel
Damit das Philosophieren nicht zu abstrakt wird, können wir mithilfe von Beispielen oder Gegenbeispielen unsere Meinungen veranschaulichen. Dazu zeigen wir das Werkzeug B, wenn wir die oder den anderen um ein Beispiel bitten wollen oder selbst ein Beispiel einbringen können.

Grund
Schlaue Denkerinnen und Denker geben sich nicht nur damit zufrieden, eine Meinung zu äußern; sie fragen danach, warum jemand zu dieser Ansicht kommt. Wer das Werkzeug G hochhält, will eine Meinung begründen.

Gibt es wirklich Engel?

Wie können die großen Bäume in meinen Kopf hineinkommen?

Warum glauben die Starken, dass sie immer recht haben?

Können Blumen glücklich sein?

Annahme
Zum Philosophieren gehört es, dass wir manchmal über Dinge spekulieren müssen, die wir nicht genau wissen können. Umso wichtiger ist es, dass wir solche Annahmen von Fakten unterscheiden. Wer das Werkzeug A zeigt, macht diese Unterscheidung deutlich.

wichtige Aktion
Aus einer Annahme
rd auf einen anderen
n.
lgerungen zwin-
g F zeigt, will nicht
en, sondern auch
end diese ist.

Wo komme ich her? Wo gehe ich hin? Wie kann ich gut, glücklich und sinnvoll leben? Zu allen Zeiten haben Menschen sich diese Fragen gestellt. Antworten suchen und finden sie in den Religionen, in ihrer Hinwendung zu den Göttern bzw. zu Gott.
Aber sie finden nicht nur Antworten, sondern stellen auch weitere Fragen. Nicht wenige Menschen bezweifeln angesichts von Leid, Tod und Schmerz in der Welt, dass es Gott überhaupt gibt.
Über diese Fragen und Antworten wollen wir im folgenden Kapitel miteinander nachdenken.

■ **Das Bild befragen.** Der Maler Andrea Mantegna (1431–1506) hat das Bild auf der rechten Seite in die große Kuppel des *Palazzo Ducale* in Mantua gemalt. Von den Figuren in der Kuppel blicken einige auf den unten stehenden Betrachter, einige schauen nach oben in den Himmel. Stelle dir vor, du stehst unter diesem Kuppelgemälde und betrachtest es von unten:
– Was und wen erkennst du?
– Welche Fragen stellst du den einzelnen Gestalten?
Überlege, warum der Maler in den nach oben offenen Himmel nur Wolken gemalt hat.

MENSCHEN

SUCHEN GOTT

Große Sonderausstellung

Gott

■ **Herzlich willkommen zu unserer Ausstellung!** Bitte setze dich in den Stuhlkreis.
Dort wird die Ausstellung feierlich eröffnet. Eine solche Eröffnung nennt man »Vernissage«.
Als »Ausstellungskatalog« legst du einen DIN-A4-Ordner an, auf den du vorne den Titel unserer Ausstellung schreibst. Alles, was du während der Ausstellungstage an Material bekommst und dir erarbeitest, heftest oder klebst du hier ein. So erhältst du Schritt für Schritt deinen ganz persönlichen Ausstellungskatalog!

Um Himmels willen! Alles leere Bilderrahmen! Und das soll eine Ausstellung sein?
Ja, das stimmt! Es ist ja ganz speziell deine Ausstellung und bevor wir uns anschauen, wie andere Menschen sich Gott vorstellen, sollst du und sollen deine Mitschülerinnen und Mitschüler überlegen, wie ihr euch Gott vorstellt.

Übrigens werden die Ausstellungsräume hier und auf den folgenden Seiten zu Beginn immer kurz erläutert. Diese Erläuterungen sind mit 🎧 gekennzeichnet.

■ **Gottesbilder.** Male auf die erste Seite deines Ordners, wie du dir Gott vorstellst. Wenn du Gott nicht malen willst oder kannst, dann versuche Gott mit Worten zu beschreiben. Wenn dir auch das schwerfällt, kannst du beschreiben, was Gott deiner Meinung nach nicht ist.

Menschen können also nicht nur mit Stiften und Farben, sondern auch mit Worten Gott »malen«. Hier findest du einige der vielen Bildworte aus der Bibel, welche die christlichen Vorstellungen von Gott entscheidend prägen. Sie sind ganz unterschiedlich, wollen und sollen sich gegenseitig ergänzen.

Gott hüllte ihn ein,
gab auf ihn acht
und hütete ihn wie
seinen Augenstern,
wie der Adler,
der sein Nest
beschützt.

Dtn 32,10f.

Herr, du mein Fels,
meine Burg,
mein Retter.

Ps 18,3

(Gott,) du bist mit Hoheit
und Pracht bekleidet.
Du hüllst dich in Licht
wie in ein Kleid.

Ps 104,1f.

Gott,
der Herr,
ist Sonne
und Schild.

Ps 84,12

Denn bei dir ist die
Quelle des Lebens,
in deinem Licht
schauen wir das
Licht.

Ps 36,10

(So spricht Gott zu seinem
Volk:)
Ich war für sie wie die Eltern,
die den Säugling
an ihre Wange heben.

Hos 11,4

Die Stimme
des Herrn
sprüht
flammendes Feuer,
die Stimme
des Herrn
lässt die Wüste
beben.

Ps 29,7f.

■ **Mit Worten malen.** Suche dir dein Lieblingswortbild aus. Schreibe es in deiner »Sonntagsschrift« ab und male das entsprechende Bild dazu in deinen Ausstellungskatalog.
Mit welchem der angebotenen Gottesbilder hast du Schwierigkeiten? Warum?

Was ist denn das für ein merkwürdiger Ausstellungsraum?
Mit einem Bild von einem Elefanten?
Und was hat ein Elefant mit Gott zu tun?

Die Blinden und der Elefant

Es war einmal eine Stadt, deren Bewohner alle blind waren. Die hatten von Elefanten gehört und waren begierig, einem solchen einmal in Wirklichkeit zu begegnen. Sie lebten noch in diesem Wunsch, als eines Tages eine Karawane anlangte und vor der Stadt lagerte. In dieser Karawane befand sich ein Elefant.

Als die Bewohner der Stadt hörten, dass ein Elefant dabei sei, beschlossen die Weisen und die Vernünftigen der Stadt, hinauszugehen und den Elefanten zu betrachten. Eine Anzahl verließ die Stadt und begab sich zum Elefanten. Einer streckte die Hände aus, ergriff das Ohr des Elefanten und nahm etwas wie ein Schild wahr. Dieser bildete sich die Vorstellung, der Elefant sehe wie ein Schild aus.

Ein anderer streckte die Hände aus, ergriff den Rüssel des Elefanten und nahm etwas wie eine Keule wahr. Dieser bildete sich die Vorstellung, der Elefant sehe wie eine Keule aus.

Ein Dritter streckte die Hände aus, ergriff das Bein des Elefanten und nahm etwas wie eine Säule wahr. Dieser bildete sich die Vorstellung, der Elefant sehe wie eine Säule aus.

Ein Vierter streckte die Hände aus, ergriff den Rücken des Elefanten und nahm etwas wie einen Sitz wahr. Dieser bildete sich die Vorstellung, der Elefant sehe wie ein Sitz aus. Sie freuten sich alle und kehrten nach der Stadt zurück.

Nachdem nun ein jeder in sein Quartier zurückgekehrt war, fragten die Leute: »Habt ihr den Elefanten gesehen?« Ein jeder antwortete: »Ja!«

Sie fragten: »Wie sieht er aus? Was für eine Gestalt hat er?« Da sagte der eine in seinem Quartier: »Der Elefant sieht wie ein Schild aus.« Der andere im anderen Quartier: »Der Elefant sieht wie eine Keule aus.« Der Dritte im dritten Quartier: »Der Elefant sieht wie eine Säule aus.« Der Vierte im vierten Quartier: »Der Elefant sieht wie ein Sitz aus.« Und die Bewohner eines jeden Quartiers bildeten sich ihre Meinung nach dem, was sie hörten. Als nun die Auffassungen miteinander in Berührung kamen, zeigte sich, dass sie einander entgegengesetzt waren. Da lehnte ein jeder den anderen ab und begann für seine Ansicht und um die Auffassung des anderen zu widerlegen, Beweise vorzubringen …

■ **Die Blinden.** Die Menschen vergleichen die Teile, die sie ertasten, mit Dingen, die sie kennen. Stelle in einer Tabelle zusammen, womit sie verschiedene Körperteile des Elefanten vergleichen (z. B. Ohr = Schild). Die Blinden halten ihre Vergleiche für die Wahrheit und die Einzelteile für das Ganze. Übertragt das auf eure eigenen Bilder von Gott (vgl. S. 31) und besprecht: Ist Gott so, wie ihr euch Gott vorstellt? Inwiefern sind wir Menschen »blind«, wenn wir uns Bilder von Gott machen?
Vergleicht eure Gottesbilder mit den biblischen Bildworten auf der linken Seite.
Schreibt oder gestaltet in eurem Ausstellungsordner: »Gott ist größer als …«

Der »Ausstellungsraum 4« erzählt von einer biblischen Gestalt, die ihr vielleicht schon kennt: Mose. Mose, ein Israelit, ist am Hofe des Pharao aufgewachsen, als sein Volk in Ägypten Frondienst leisten musste. Als Mose sah, wie hart und willkürlich die ägyptischen Aufseher gegen die Fronarbeiter vorgingen, erschlug er einen von ihnen. Dabei wurde er beobachtet und musste in ein fremdes Land, nach Midian, fliehen. Dort – so erzählt es die Bibel im Alten Testament – hat sich Folgendes ereignet:

Der brennende Dornbusch

Einmal kam Mose mit seinen Schafen bis nahe an den Berg Sinai. Da sah er einen Dornstrauch, der lichterloh brannte. Er betrachtete den Strauch eine ganze Weile. »Wie ist das nur möglich?«, fragte sich Mose erstaunt. »Der Strauch brennt und doch verbrennt er nicht. Ich will hingehen und sehen, warum er nicht verbrennt.« Neugierig ging Mose auf den Strauch zu.
Plötzlich hörte Mose eine Stimme aus dem Feuer: »Mose!« Und Mose antwortete: »Hier bin ich!« – »Komm nicht näher!«, rief die Stimme. »Ziehe deine Schuhe aus, denn du stehst auf heiligem Land.« Und die Stimme sprach weiter: »Ich bin der Gott Abrahams, Isaaks und Jakobs.« Da schlug Mose die Hände vor sein Gesicht. Er wagte nicht aufzuschauen. Aber er hörte, wie Gott zu ihm sprach: »Mose, geh nach Ägypten zurück! Geh zum Pharao und sage ihm: ›Lass mein Volk Israel frei!‹ Denn ich habe gesehen, wie das Volk Israel unter den Ägyptern leidet. Ich habe ihr Klagen gehört. Ich leide mit ihnen und will sie retten und aus Ägypten hinausführen. Ich will sie nach Hause bringen, in das Land, wo Milch und Honig fließen. So geh nun hin und führe mein Volk aus Ägypten heraus.«
»Wer bin ich, dass ich zum Pharao gehen und Israel aus Ägypten führen kann?«, fragte Mose erschrocken. »Ich bin für dich da«, sprach Gott zu Mose. »Aber«, wandte Mose ein, »sie werden mir nicht glauben, wenn ich zu ihnen komme. Sie werden fragen: Was ist das für ein Gott, von dem du redest?« Da sprach Gott: »Ich-bin-da. Das ist mein Name. Ich bin der Gott eurer Väter, der Gott Abrahams, Isaaks und Jakobs. Geh zu den Israeliten und sage ihnen, dass dich der Ich-bin-da gesandt hat.«
Aber Mose zögerte noch. »Ach, Herr«, rief er. »Ich kann es nicht. Ich konnte noch nie gut vor anderen reden. Und jetzt erst recht nicht.« – »Ich werde dir sagen, was du reden sollst«, sprach Gott. »Nein, nein!«, antwortete Mose. »Nimm, wen du willst, aber mich nicht!« Aber Gott sprach: »Aaron, dein Bruder, wird dir helfen. Er wird mit dir zum Pharao gehen und für dich sprechen. Er ist schon unterwegs zu dir und kommt dir entgegen.« Und Mose hörte auf die Stimme Gottes und machte sich auf den Weg zurück nach Ägypten.

Nach Ex 3 und 4

■ **Die Gottesbegegnung.** Teile die Geschichte in kleinere Kapitel ein und gib ihnen jeweils eine Überschrift: Was lässt sich aus deinen Überschriften über den Gott im Alten Testament sagen? Beginne deine Sätze mit: »Gott ist ...« oder schreibe, was er tut. Beschreibe auch die Reaktion des Mose darauf.

■ **Fragen an Gott.** Wenn du Mose wärst, welche Fragen würdest du Gott stellen? Sammelt eure Fragen an Gott an der Tafel.

Gott gibt sich zu erkennen

Marc Chagall, o. J.

■ **Gottesname.** Schreibe »Jahwe«, den Namen Gottes, in deinen Ausstellungsordner und male ein dazu passendes Bild. Informiere dich im Lexikon, was »Jahwe« bedeutet.

■ **Bildbetrachtung.** Sieh dir das Bild auf dieser Seite gut an. Betrachte die verschiedenen Teile, aus denen dieses Bild besteht, ganz genau. Welche Geschehnisse stellen sie dar? Welche Farben sind charakteristisch? Deute die Farbsymbolik des Bildes (vgl. S. 125). Erkläre die Zusammenhänge zwischen Text und Bild.

Im »Ausstellungsraum 5« findest du ein Bild und zwei Texte. Sie veranschaulichen, was Jesus uns von Gott, seinem Vater, sagen wollte.

■ **Bildbetrachtung.** Das Bild von Max Slevogt

ist durch den Bund des Buches in zwei Hälften geteilt. Teilt euch in Zweiergruppen auf, wobei jede und jeder für eine Bildhälfte verantwortlich ist:

Was ist dargestellt? Welche Farben fallen ins Auge? (Vgl. S. 125)

Achtet auf die Raumgestaltung, bei den Personen auf Körperhaltung, Gesichtsausdruck, auf ihre Hände. Formuliert abschließend eine Gedanken- oder Sprechblase für eure jeweiligen Personen.

■ **Bibeltext und Bild.** Vergleicht das Bild mit dem Bibeltext. Welche Szene hat der Künstler dargestellt? Seht ihr Unterschiede zum Text?

Das Gleichnis vom verlorenen Sohn

Weiter sagte Jesus: Ein Mann hatte zwei Söhne. Der jüngere von ihnen sagte zu seinem Vater: Vater, gib mir das Erbteil, das mir zusteht. Da teilte der Vater das Vermögen auf. Nach wenigen Tagen packte der jüngere Sohn alles zusammen und zog in ein fernes Land. Dort führte er ein zügelloses Leben und verschleuderte sein Vermögen.

Als er alles durchgebracht hatte, kam eine große Hungersnot über das Land und es ging ihm sehr schlecht. Da ging er zu einem Bürger des Landes und drängte sich ihm auf; der schickte ihn aufs Feld zum Schweinehüten. Er hätte gern seinen Hunger mit den Futterschoten gestillt, die die Schweine fraßen; aber niemand gab ihm davon.

Da ging er in sich und sagte: Wie viele Tagelöhner meines Vaters haben mehr als genug zu essen und ich komme hier vor Hunger um. Ich will aufbrechen und zu meinem Vater gehen und zu ihm sagen: Vater, ich habe mich gegen den Himmel und gegen dich versündigt. Ich bin nicht mehr wert, dein Sohn zu sein; mach mich zu einem deiner Tagelöhner.

Dann brach er auf und ging zu seinem Vater …

Lk 15,11–20

■ **Fortsetzung.** Stelle Vermutungen an, wie das »Gleichnis vom verlorenen Sohn« wohl ausgeht. Vergleiche sie mit dem tatsächlichen Ende des Gleichnisses in Lk 15,21–32.

Beschreibe jeweils in ein bis zwei Sätzen den Vater und seine beiden Söhne.

Ergänze: Wenn Gott so ist und handelt wie der Vater im Gleichnis, dann ist er …

MENSCHEN SUCHEN GOTT

Gott – wie ein Vater

VATER UNSER IM HIMMEL
Geheiligt werde dein Name.
Dein Reich komme.
Dein Wille geschehe,
wie im Himmel, so auf Erden.
Unser tägliches Brot gib uns heute.
Und vergib uns unsere Schuld,
wie auch wir vergeben unsern Schuldigern.
Und führe uns nicht in Versuchung,
sondern erlöse uns von dem Bösen.
Denn dein ist das Reich
und die Kraft und die Herrlichkeit
in Ewigkeit.
Amen.

Das Vaterunser ist das Grundgebet der ganzen Christenheit. Es ist das Vermächtnis Jesu an alle, die an ihn glauben. In der durchaus respektvollen Anrede »Abba« = »lieber Vater«, »lieber Papa« zeigt sich, wie sehr Jesus Gott, seinen Vater, liebt.

■ **Vater.** Findet Charakterisierungen von Gott, wie er uns im Vaterunser begegnet. Schreibe sie in deinen Ausstellungsordner und ergänze sie. Versetze dich in die Rolle des verlorenen und wiedergefundenen Sohnes und überlege: Welche Bitten des Vaterunsers würde er an seinen Vater richten?

Max Slevogt, 1899

Immer wieder fragen wir Menschen uns, warum es so viel Unglück, Krankheit und Leid in der Welt gibt und wer dafür verantwortlich ist. Ist Gott an allem schuld? Es heißt doch, er wäre barmherzig, allwissend und allmächtig! Warum greift er nicht ein? Oder ist er gar nicht der »liebe Gott«, sondern oft zornig und unberechenbar?

Diese schwierige Frage, warum es völlig unverschuldetes Leid gibt, wo es von Gott doch heißt, er sei ein gütiger, lieber Vater und außerdem allwissend und allmächtig, nennt man die *Theodizeefrage*. Viele Menschen haben sich über diese Frage den Kopf zerbrochen, aber eine Antwort, die alle Menschen zufriedenstellt, ist schwer zu finden.

Warum lässt der gute Gott das Leiden zu?

Diese Frage stellt sich auch der zehnjährige Oskar in dem Buch »Oskar und die Dame in Rosa« von Éric-Emmanuel Schmitt. Oskar hat Leukämie und weiß, dass er nur noch kurze Zeit zu leben hat. Seine Eltern meiden das Thema. Nur seine Betreuerin im Krankenhaus, Oma Rosa, hat den Mut, mit Oskar über seine Fragen nachzudenken. Sie rät ihm, sich jeden verbleibenden Tag seines Lebens wie zehn Jahre vorzustellen. So durchlebt Oskar auf wundersame Weise ein ganzes Menschenleben: Pubertät, erste Liebe, Eifersucht und das Alter.

Über all dies und seine Gespräche mit Oma Rosa schreibt Oskar dem lieben Gott. Auf dieser Seite findest du einige Auszüge aus Oskars Briefen:

So, lieber Gott.
Nun habe ich Dir in meinem ersten Brief ein wenig von meinem Leben hier im Krankenhaus erzählt, wo man mich inzwischen für einen medizinischen Bremsklotz hält, und ich möchte Dich um eine Erklärung bitten: Werde ich wieder gesund?
Antworte mit Ja oder Nein. Ist doch nicht zu schwer? Ja oder Nein. Streich einfach die falsche Antwort durch.
Bis morgen, Küsschen, Oskar
PS: Ich habe keine Adresse von Dir. Was soll ich machen?

Als Oskars Freundin Peggy Blue, die er im Krankenhaus kennengelernt hat, in den OP zu einer lebensgefährlichen Herzoperation geschoben wird, sagt er zu Oma Rosa:
»Warum lässt dein lieber Gott zu, dass es Menschen gibt wie Peggy und mich, Oma Rosa?«
»Zum Glück hat er euch erschaffen, lieber Oskar, denn ohne euch wäre das Leben nur halb so schön.«
»Nein, Sie verstehen mich nicht. Warum lässt Gott es zu, dass man krank wird? Entweder ist er böse. Oder er ist eine Flasche.«
»Oskar, eine Krankheit ist wie der Tod. Das ist eine Tatsache und keine Strafe.«

(Rosa:) »Wollen wir nicht den lieben Gott besuchen?«
»Ach, haben Sie seine Adresse rausgekriegt?«
»Ich glaube, er ist in der Kapelle.«
Oma Rosa zog mich an, als würden wir zum Nordpol auf-

brechen, sie nahm mich in die Arme und führte mich zu der Kapelle, die sich im Krankenhausgarten befindet, noch hinter den vereisten Grünflächen, na ja, Dir brauche ich ja nicht zu erklären, wo Dein Zuhause ist.
Ich habe natürlich einen Riesenschreck bekommen, als ich Dich dort hängen sah, als ich Dich in diesem Zustand gesehen habe, fast nackt, ganz mager an deinem Kreuz … Das hat mich an mich selbst erinnert.
Ich war empört. Wär ich der liebe Gott, wie Du, ich hätte mir das nicht gefallen lassen.
»Oma Rosa, im Ernst: … Sie werden doch so einem nicht vertrauen!«
»Warum nicht, Oskar?« … »Wem fühlst Du Dich näher? Einem Gott, der nichts fühlt, oder einem Gott, der Schmerzen hat?«
»Einem, der Schmerzen hat, natürlich. Aber wenn ich er wäre, wenn ich der liebe Gott wäre, wenn ich so wie er alle Möglichkeiten hätte, würde ich mich um die Schmerzen drücken.«

■ **Fragen.** Schreibe in deinen Ausstellungsordner die Fragen, die Oskar Gott stellt.
Auf Oskars und unsere Frage: Warum lässt der gute Gott das Leiden zu? findest du auf der rechten Seite mehrere Antwortversuche. Sprecht darüber. Schreibe dann Oskar einen Antwortbrief, der ihn vielleicht trösten könnte.

Gottfried Helnwein, 1974

■ **Leid.** Was könnte dem Kind auf dem Bild zugestoßen sein? Was sagt das Bild über Leid aus? Nenne Beispiele für Leid, das eher Einzelne betrifft, und Beispiele für Leid, das ganze Menschengruppen ertragen mussten.
Sprecht über den Titel des Bildes »Leid macht stark«. Stimmt ihr ihm zu?

»» Gott ist gut und allmächtig. Alles, was geschieht, will er auch so. Das Leiden ist eine Strafe für Böses, was Menschen getan haben. Durch die Strafe sollen sich die Menschen bessern. ««

»» Was Menschen einander an Leid zufügen, dürfen wir Gott nicht vorwerfen. Gott lässt es zu, denn er gibt den Menschen die Freiheit, sich für Gutes oder Böses zu entscheiden. ««

»» Gott ist gut, aber seine Stärke ist anders als die Macht von Menschen. Wenn Menschen leiden, leidet er mit ihnen. Er ist immer auf der Seite derer, denen Leid und Unrecht geschieht. Sogar Gottes Sohn hat bis zum Tod am Kreuz gelitten. ««

»» Wir können Gott nicht verstehen und wir können das Leiden nicht ganz erklären. Wir wissen nicht, warum Gott das Leid zulässt. Wir dürfen Gott danach fragen und uns auch bei ihm beklagen. ««

Wenn Christen sich an Gott wenden, dann verbinden sie das häufig mit dem Kreuzzeichen: »Im Namen des Vaters, des Sohnes und des Heiligen Geistes«. Das klingt so einfach und ist doch so kompliziert: Wie können Christen an den Vater, den Sohn und den Heiligen Geist glauben und gleichzeitig doch nur an einen einzigen Gott? Im Ausstellungsraum 7 findest du verschiedene Versuche, diese »Dreieinigkeit« Gottes zu erklären.

■ **Lied.** Gott als dem Vater, als dem Sohn und als Heiligem Geist werden verschiedene Eigenschaften und verschiedenes Handeln zugeschrieben. Denkt darüber nach, was euch zu den drei göttlichen Personen einfällt, und schreibt weitere Liedstrophen.

»Im Namen des Vaters«

1. Im Na - men des Va - ters fröh - lich nun be - gin - nen wir.
2. Im Na - men des Soh - nes kom - men wir zu - sam - men hier.
3. Im Na - men des Geis - tes bit - ten wir um Got - tes Kraft.

Er hat al - le Welt er - schaf - fen. Gott, wir dan - ken dir.
Er ist un - ser al - ler Bru - der. Je - sus Christ, wir fol - gen dir.
Je - dem Kin - de soll er hel - fen, dass es sei - ne Ar - beit schafft.

An einen Gott in drei Personen glauben

Die Israeliten hatten Gott in ihrer Geschichte als einen einzigen erfahren. Sie glaubten nicht mehr an viele Götter, sondern an den einen Gott mit dem Namen »Jahwe – Ich-bin-da«. Auch Christen bekennen sich zu diesem einen und einzigen Gott. Sie glauben, dass Gott im Laufe des Offenbarungsprozesses innerhalb der Geschichte den Menschen immer mehr über sich mitgeteilt hat. So bekennen Christen (wie im Neuen Testament verkündet), dass er der dreifaltige Gott ist.

- Gott über uns: als der Vater, als Schöpfer der Welt.
- Gott mit uns: als Sohn, der sich in Jesus den Menschen gezeigt hat. Sein Name bedeutet: »Jahwe rettet – Gott befreit«. Dabei ist Jesus auf geheimnisvolle Weise zugleich Mensch und Gott: Er ist ganz Mensch,

wie jeder fühlt er Vertrauen, Freude und Liebe, aber auch Angst, Zweifel und Schmerz. Er ist ganz Gott und zeigt uns, wie viel Gott an den Menschen liegt.
- Gott bei uns: als Heiliger Geist, durch den die Liebe Gottes lebendig und mitten unter uns bleibt.

Christen glauben an Gott Vater, Gott Sohn und Gott Heiliger Geist - und doch ist es *ein* Gott, an den sie glauben.

■ **Recherche.** Recherchiert und diskutiert über die verschiedenen Personenbegriffe Gottes. Arbeitet dabei die verschiedenen Bedeutungsverschiebungen im Laufe der Theologiegeschichte heraus.

Gott – auf drei verschiedene Weisen da

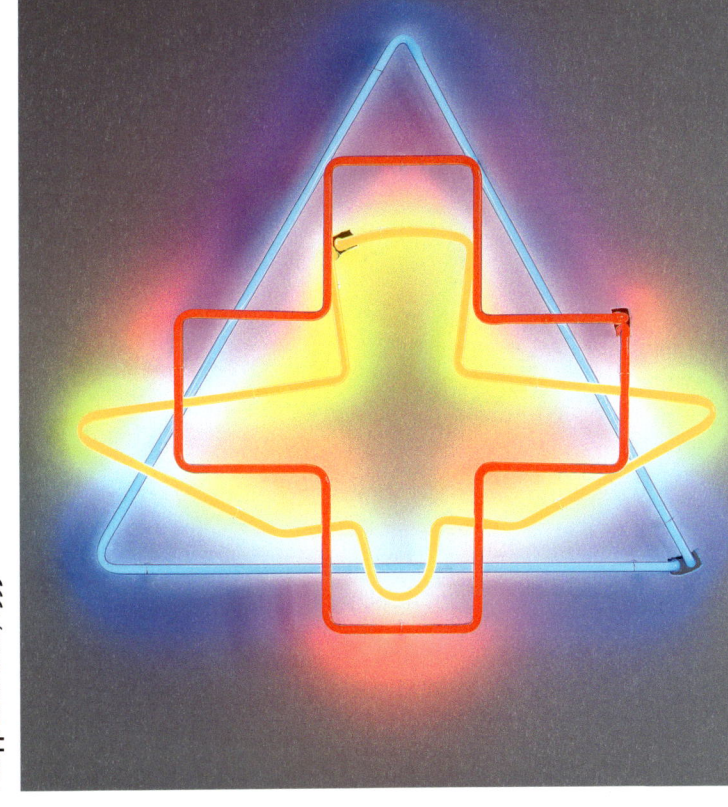

Philipp Schönborn, 1999

Christen beten nicht drei verschiedene Götter an, sondern ein einziges Wesen, das sich dreifach entfaltet und doch eins bleibt. Dass Gott dreifaltig ist, wissen wir von Jesus Christus: Er, der *Sohn*, spricht von seinem *Vater im Himmel* (»Ich und der Vater sind eins«, Joh 10,30). Er betet zu ihm und schenkt uns den Heiligen Geist, der die Liebe des Vaters und des Sohnes ist. Getauft werden wir deshalb »auf den Namen des Vaters und des Sohnes und des Heiligen Geistes« (Mt 28,19).

Youcat, Nr. 35

Womit können wir das gleichzeitig Unterschiedene und Gemeinsame der göttlichen Personen vergleichen?
Du hast sicher schon einmal einen Regenbogen gesehen, der bei Regen und Sonne in vielen Farben erstrahlt, die du am Himmel gleichzeitig wahrnimmst. Auch wenn du noch so genau hinsiehst, wirst du unmöglich herausfinden können, bis wohin genau das Feuerrot, das Bernsteinfarbige oder das Smaragdgrün reicht und wo es in die nächste Farbe übergeht.
So kannst du versuchen, dir den dreieinen Gott vorzustellen: Was Gott-Vater, Gott-Sohn und Gott-Heiliger Geist ist, strahlt auf wie die unterschiedlichen Farben in der Erscheinung des einen, aber bunten Regenbogens.«

Nach Basilius von Caesarea, 4. Jahrhundert.

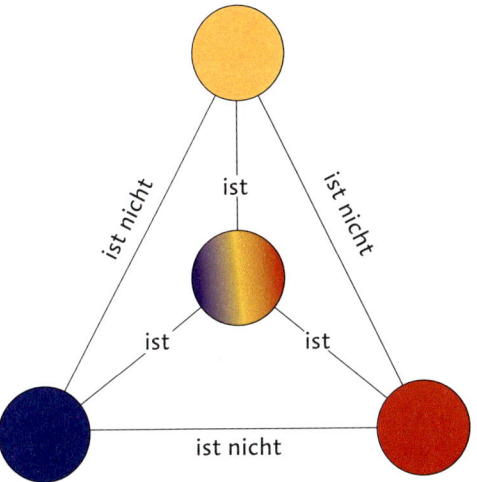

Zu allen Zeiten und in allen Kulturen haben sich Menschen an ihren Gott oder ihre Götter gewandt und ihre Anliegen, ihre Freude, ihre Angst und ihre Trauer zum Ausdruck gebracht. Zum Beten gehören nicht nur Worte und Gedanken, sondern auch Haltungen. Auf den folgenden zwei Doppelseiten erfährst du etwas darüber und kannst diese Erfahrungen auch selbst in die Tat umsetzen.

Beten heißt zu Gott zu sprechen

Beten heißt zu Gott zu sprechen wie zu einem geliebten Menschen. Dies kann in ganz unterschiedlicher Weise geschehen: Einem geliebten Menschen kann ich mein Leid klagen, mich ausweinen, um mich vielleicht trösten zu lassen. Ich kann ihm aber auch mal so richtig die Meinung sagen, wenn ich wütend bin, sogar anschreien. Oder aber ich bin ihm dankbar dafür, dass er mir so oft geholfen hat und mich nicht im Stich lässt. Anderen gegenüber lobe ich dann auch seine Klugheit, seine Liebe und Größe. Manchmal fehlen mir auch die Worte.
Wenn ich ganz froh bin, dann springe, hüpfe und tanze ich vor Freude.
Und wenn ich ganz verzweifelt bin, fällt mir nichts mehr ein – ich sitze dann einfach bei dem geliebten Menschen und sage gar nichts mehr.
Auch Jesus hat gebetet. Als Jude war sein Gebetbuch vor allem das »Buch der Psalmen« aus dem Alten Testament, das für Juden und Christen bis heute ein fester Bestandteil des Gottesdienstes ist. Das wichtigste Gebet für uns Christen aber ist das Gebet, das Jesus selbst seine Jünger gelehrt hat: Das Vaterunser (vgl. S. 39).

Projekt Klassengebetbuch

Wir legen gemeinsam ein Gebetbuch für unsere Klasse an, in dem wir eigene oder auch vorformulierte Gebete sammeln. Jede und jeder darf einmal das Anfangsgebet für unsere Religionsstunde aussuchen, in Schönschrift in das Gebetbuch schreiben und gerne auch noch dazu etwas malen oder ein passendes Bild einkleben. Sie oder er schlägt dann einen Klangstab an, wartet, bis es ganz still geworden ist, und trägt das Gebet anschließend vor. Schließlich wandert das Gebetbuch weiter – am besten folgen wir der alphabetischen Reihenfolge unserer Namen.
Am Schuljahresende haben wir eine schöne Sammlung mit unseren Klassengebeten.

■ **Mit Haltung.** Immer schon haben sich die Menschen im Gebet zu Gott gewandt – so auch die Menschen auf der rechten Seite. Betrachtet einmal genau ihren Körperausdruck. Beschreibt ihre Haltungen, ihre Arme und Hände, Beine, Gesichter.
Versucht selbst einmal solche Haltungen einzunehmen und beschreibt euch gegenseitig, wie ihr euch dabei fühlt.

Geste und Haltung

Beten ist nicht nur etwas Äußerliches. Ein Gebet wird mit einer bestimmten inneren Haltung gesprochen. Beim Beten haben wir das Bedürfnis, etwas vor Gott zu bringen und uns ihm mitzuteilen. Darauf richten wir unsere Konzentration.

Zum Beten gehört neben der inneren Aufmerksamkeit auch eine bestimmte Körperhaltung. Mit Kaugummi im Mund, den mp3-player-Stöpsel im Ohr und den Händen in den Hosentaschen wirst du schlecht eine Unterhaltung führen können – und deshalb auch kein Gespräch mit Gott. Mit folgenden Gesten bringen Christinnen und Christen seit Jahrhunderten ihre Gebetsanliegen zum Ausdruck:

Kreuzzeichen

Erinnerung an die Taufe: Ich bin getaufter Christ. Das Kreuzzeichen (Stirn – Brust – linke – rechte Schulter) umfasst mich ganz: Ich stehe ganz unter dem Segen Gottes. Ich gehöre zu Christus.

Händefalten

1. Ausgestreckte Finger: Beim Treueversprechen legte der Ritter so seine Hände in die Hände des Königs. Beim Gebet bedeutet dies: Gott, ich gehöre zu dir.
2. Verschränkte Finger sind ein Symbol für die innere Sammlung und bringen zum Ausdruck: Ich bin ganz bei der Sache.

Knien

Haltung des Sich-klein-Machens, des Geringseins: Vor Gott sind wir Menschen gering. Wir erkennen mit dem Knien seine Größe an. Knien ist eine in allen Völkern verbreitete Gebetshaltung.

■ **Gebetshaltung.** Lies dir die wesentlichen Gebetshaltungen und Gebärden aufmerksam durch und notiere in deinem Ausstellungsordner die Hauptmerkmale der einzelnen Gesten.

■ **Einwände.** Nicht alle Menschen glauben an Gott, und nicht alle Menschen beten. Hier findest du einige Einwände gegen das Beten. Kannst du die Liste verlängern?
Welchen Einwand findest du besonders schwerwiegend und schwer zu entkräften? Warum?
Organisiert eine Podiumsdiskussion zum Thema »Beten – pro und kontra«.

■ **Eigenes Gebet.** Schreibe selbst ein Gebet zu einer Lebenssituation deiner Wahl.

Die Psalmen des Alten Testaments

Die Psalmen sind das Gebet- und Gesangbuch der Bibel und haben Menschen in allen Lebenssituationen begleitet. »Psalm« bedeutet so viel wie »von einem Saiteninstrument begleitetes Lied«. Das Alte Testament kennt 150 Psalmen, die überwiegend König David zugeschrieben werden. Die tatsächlichen Autoren kennen wir jedoch nicht.

Die Beterinnen und Beter der Psalmen kennen alle Gefühle, zu denen wir Menschen fähig sind: tiefste Trauer und Klage, aber auch höchstes Glück und lauten Jubel. In jeder Lage wendet sich der oder die Betende an Gott.

■ **Standbild.** Setze dich mit zwei bis drei Mitschülerinnen und Mitschülern zusammen. Wählt euch ein Psalmwort aus und baut dann ein Standbild (vgl. S. 95), das euren Satz zum Ausdruck bringt.

DENN ER HAT NICHT VERACHTET, NICHT VERABSCHEUT DAS ELEND DES ARMEN. ER VERBIRGT SEIN GESICHT NICHT VOR IHM, ER HAT AUF SEIN SCHREIEN GEHÖRT.
Ps 22,25

HERR, ICH SUCHE ZUFLUCHT BEI DIR. LASS MICH DOCH NIEMALS SCHEITERN; RETTE MICH IN DEINER GERECHTIGKEIT. WENDE DEIN OHR MIR ZU, ERLÖSE MICH BALD. SEI MIR EIN SCHÜTZENDER FELS, EINE FESTE BURG, DIE MICH RETTET.
Ps 31,2f.

ICH BIN HINGESCHÜTTET WIE WASSER, GELÖST HABEN SICH ALL MEINE GLIEDER. MEIN HERZ IST IN MEINEM LEIB WIE WACHS ZERFLOSSEN.
Ps 22,15

MEINE SEELE IST TIEF VERSTÖRT. DU ABER, HERR, WIE LANGE SÄUMEST DU NOCH?
Ps 63,9

DU UMSCHLIESST MICH VON ALLEN SEITEN UND LEGST DEIN HAND AUF MICH.
Ps 139,5

MEINE SEELE HÄNGT AN DIR, DEINE RECHTE HAND HÄLT MICH FEST.
Ps 63,9

■ **Psalmen.** Alle Zitate auf dieser Seite stammen aus den Psalmen. Lies dir zunächst in Ruhe alle Sätze durch. Bei manchen wirst du sicherlich länger verweilen als bei anderen.
Suche dir dann einen Satz aus, der dir spontan am besten gefällt, und schreibe ihn in Schönschrift in deinen Ausstellungsordner. Du kannst deinen Lieblingssatz auch mit einem besonders schönen Anfangsbuchstaben (Initial) beginnen.
Überlege, in welcher Situation der Beter oder die Beterin sich befand, als er bzw. sie dieses Psalmwort sprach.

Erinnerst du dich noch an den Beginn unseres Kapitels? Wir haben eine Ausstellung mit dem Titel »Gott« feierlich mit einer Vernissage eröffnet. Ganz unterschiedliche Ausstellungsräume haben wir besucht und in unserem Ordner gestaltet. Wir haben uns Neues erarbeitet und Bekanntes vertieft. Und eines ist ganz sicher: Eine Ausstellung zum Thema »Gott« kann niemals abgeschlossen sein – wir haben allenfalls Mosaiksteine gesammelt, poliert und versucht, sie miteinander in Beziehung zu bringen.

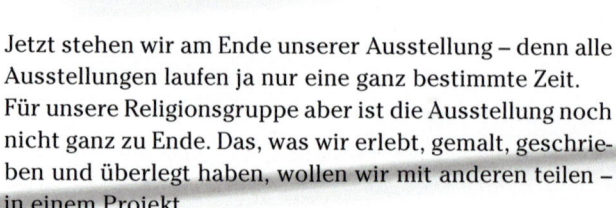

Jetzt stehen wir am Ende unserer Ausstellung – denn alle Ausstellungen laufen ja nur eine ganz bestimmte Zeit. Für unsere Religionsgruppe aber ist die Ausstellung noch nicht ganz zu Ende. Das, was wir erlebt, gemalt, geschrieben und überlegt haben, wollen wir mit anderen teilen – in einem Projekt.

■ **Thema »Gott«.** Notiere auf die letzte Seite deines Ausstellungskatalogs:
An was kann ich mich noch besonders gut erinnern?
Was habe ich für mich dazugelernt?
Was fand ich weniger interessant?
Womit würde ich mich gerne noch mehr beschäftigen?
Was hat mir gefehlt?

■ **Projekt.** Nachdem ihr euch nun intensiv im Religionsunterricht mit Gottesbildern auseinandergesetzt habt, könnt ihr vielleicht sogar eine eigene »Große Sonderausstellung« zum Thema veranstalten. Organisiert Stellwände oder nehmt die Wände eines freien Klassenzimmers.

Besprecht:

Wem wollen wir unsere Ausstellung zeigen (unserer Klasse oder sogar der ganzen Schule)?

Welche der sieben Ausstellungsräume sollen in unserer eigenen Ausstellung vorkommen?

Wie wollen wir unsere Arbeitsergebnisse präsentieren?

Wenn ihr die Bilder/Ergebnisse sortiert und aufgehängt habt:

Geht gemeinsam von einem »Ausstellungsraum« zum nächsten und sprecht über die Arbeiten.

Wenn jemand von euch die eigene Arbeit nur der Lerngruppe, aber nicht einer größeren Gruppe zeigen will, darf er/sie die Arbeit entfernen.

Dann plant die Eröffnung:

Wer schreibt Einladungen?

Was gibt es zu essen und zu trinken?

Wer schreibt einen Artikel für die Schülerzeitung?

Wer fotografiert?

…

KEINER LEBT ALLEIN

■ **Menschen um mich.** Schreibe die Namen deiner Familienmitglieder und deiner Freunde in dein Heft. Vielleicht kannst du ein Foto von deiner Klasse kopieren, in dein Heft kleben und beschriften.

■ **Meine Mitwelt.** Du, deine Familie, Freunde und alle Menschen – wir haben eine Verantwortung für die Schöpfung. Sammle Ideen für einen verantwortungsbewussten Umgang mit Wasser, Luft, Tieren, Nahrungsmitteln … und tauscht euch anschließend darüber aus.

Meine Familie

Ich

Meine Freunde

Meine Mitwelt

Meine Klasse

Was ist eine Familie?

Es gibt viele verschiedene Formen von Familien, z. B.:

- Die Familie mit Mutter, Vater und einem Kind oder mehreren Kindern.
- Die Familie, in der die Kinder mit einem Elternteil (Vater oder Mutter) leben und deren anderen Elternteil sie besuchen.
- Die Familie mit einem leiblichen Elternteil und einem Stiefvater bzw. einer Stiefmutter und evtl. deren Kind oder Kindern.
- Die Familie, in der ein Kind oder mehrere Kinder vorwiegend bei den Großeltern oder anderen Verwandten aufwachsen.
- Die Familie, in der ein Kind oder mehrere Kinder adoptiert wurden oder als Pflegekind(er) aufwachsen.

All dies sind Familien, die einiges unterscheidet, die aber auch vieles gemeinsam haben.

Wir brauchen Familien

Viele sagen, heute wären Familien nicht mehr so wichtig, da der Staat viele ihrer früheren Aufgaben übernommen hat. So sind für die Ausbildung der Kinder und Jugendlichen sowie für große Teile der Kranken- und Altersversorgung nicht mehr die Familien zuständig. Auch zahlreiche Angebote zur Freizeitgestaltung sind eher eine Konkurrenz zu Unternehmungen mit der Familie. Manchmal müssen sich die Familienmitglieder regelrecht verabreden, damit sie wieder etwas zusammen machen. Dennoch sind Familien die wichtigsten Gebilde in unserer Gesellschaft, in denen Menschen sich wohl und aufgehoben fühlen können. Es ist der Kreis von Menschen, in dem wir meistens so angenommen werden, wie wir sind. Auch wenn es für Familien oft nicht einfach ist, miteinander auszukommen, so sind doch die engeren Familienmitglieder meistens die wichtigsten Menschen für uns. Wir haben uns unsere Eltern und Geschwister nicht ausgesucht und müssen mit ihnen zurechtkommen. Das ist nicht immer leicht. Aber sie sind uns sehr nahe, weil wir uns am besten kennen, und die Beziehung, die wir zu ihnen haben, hält meist ein Leben lang.

■ **Meine Familie.** Gestalte eine Seite im Heft zu deiner Familie. Du kannst sie zeichnen oder ein Foto von ihr einkleben. Darunter schreibe, was dir an deiner Familie gefällt und was du gerne anders hättest.
Besprecht in Kleingruppen, was ihr aufgeschrieben habt, und überlegt euch, was euer Anteil sein könnte, damit sich alle in eurer Familie wohlfühlen.
Kannst du dir vorstellen, das, was du gestaltet hast, deinen Familienmitgliedern zu zeigen? Sind sie einverstanden?

Und was ist das Besondere einer christlichen bzw. katholischen Familie?

Alles, was links über Familien zu lesen ist, gilt natürlich auch für katholische! Weil alle in herzlicher Zuneigung zusammenleben, ist die Familie das wichtigste Lernfeld der Nächstenliebe. Kinder können in solch einer intakten und lebenslang stabilen Familie vertrauensvoll aufwachsen. Das heißt nicht, dass es immer ohne Konflikte, Enttäuschungen, Ungerechtigkeiten zugeht! Eine so intensive Gemeinschaft lebt von klärenden Gesprächen und vom Verzeihen, vom Geben und Nehmen der Einzelnen und von gegenseitiger Verantwortung. Kinder haben die gleiche Würde wie ihre Eltern.

Die Liebe der Eheleute ist ein Abbild der Liebe Gottes zu uns Menschen. Deshalb spielt der Glaube in der katholischen Familie eine wichtige Rolle. Vielleicht wird vor dem Essen ein Tischgebet gesprochen oder ein Liedvers gesungen, vielleicht ist es üblich, in einem Abendgebet Rückschau auf den Tag zu halten. Der Sonntag und die Feste im Kirchenjahr unterbrechen den Alltag, neben dem Geburtstag wird auch der Namenstag gefeiert.

■ **Katholisch leben.** Worin unterscheiden sich eine katholische Familien von andern, worin nicht? Was bedeutet es, dass Eltern und Kinder die gleiche Würde haben? Sprecht darüber und findet Beispiele.

■ **Familienbilder.** Frage deine Familienmitglieder (Eltern, Geschwister und Großeltern), was die Familie für sie bedeutet bzw. früher bedeutet hat. Schreibe ihre Aussagen in dein Heft.
Überlege dir ein Ereignis, in dem die Familie und Verwandtschaft ganz besonders wichtig für dich war. Schreibe darüber in dein Heft oder überlege dir dazu eine kleine Szene mit deinen Mitschülerinnen und Mitschülern.
Gestalte alleine oder in der Lerngruppe ein Werbeplakat für das Leben in einer Familie.

Claudia hat heute Geburtstag. Als sie von der Schule kommt, wird sie von ihrer Mutter, die sich heute freigenommen hat, herzlich begrüßt. Küche und Esszimmer sind fest verschlossen. »Lass dich überraschen!«, macht die Mutter Claudia neugierig. Als auch der Vater und ihr Bruder nach Hause kommen, lüftet sie das Geheimnis: Sie hat den Tisch festlich gedeckt und mit Blumen und Kerzen geschmückt. Außerdem gibt es ein Festessen mit allen Lieblingsgerichten von Claudia. Bis spät in den Nachmittag sitzt die Familie beieinander, macht Urlaubspläne und erzählt sich lustige Geschichten.

Es waren verschiedene Schicksalsschläge, die schließlich dazu führten, dass Richard obdachlos wurde und seitdem auf der Straße lebt. Er bettelt sich zusammen, was er zum Leben braucht. Einmal am Tag jedoch macht er sich auf den Weg zum Kloster der Ursulinen. Diese haben eine kostenlose Mittagsspeisung für die Obdachlosen eingerichtet, die in einem einfachen, aber geheizten Speisesaal stattfindet. Zwei Ordensschwestern bedienen die Obdachlosen und haben immer auch ein gutes Wort für sie. Für Richard schmecken der Eintopf und das Brot, das es zumeist gibt, so köstlich wie ein Festmahl!

Nach der Schule stürmt Leon mit ein paar Freunden zum nächsten Fast-Food-Restaurant, aber die Schlange an der Kasse ist schon wieder so lang, dass sie fast eine Viertelstunde warten müssen. Jeder schnappt sich ein Tablett mit Fritten, einem Hamburger und einer Cola. Sie suchen sich einen Platz an einem der Stehtische und verputzen in Windeseile mitten im Gewühl ihr Mittagessen, wobei sie noch über einige Erlebnisse vom Vormittag witzeln. Ihnen schmeckt's.

> ■ **Mahlzeit!** Beurteilt die Situationen in den drei Textbeispielen und auf dem Bild nach den Kriterien »Dauer«, »Sättigung«, »Genuss«, »Gemeinschaft« und »Stimmung«.
> Für jeden Aspekt gibt es einen Stern (*), im besten Fall kann also ein »Essensbeispiel« alle fünf Sterne erhalten. Vergleicht eure Ergebnisse und überlegt, was bei einer gemeinsamen Mahlzeit wichtig ist.

Auguste Renoir, 1881

Unsere Klassengemeinschaft

Schon im ersten Kapitel habt ihr euch Gedanken über eure Klasse bzw. eure Religionsgruppe gemacht. Jetzt kennt ihr euch wahrscheinlich schon mehr – manche besser, manche schlechter. Vielleicht haben sich auch schon unterschiedliche Gruppen gebildet. Manche dieser Gruppen verstehen sich untereinander eher besser, manche können sich nicht ausstehen. Die Mädchen haben oft andere Interessen als die Jungen, einige eurer

■ **Unser Klassenhaus.** Zeichnet die Umrisse des Schulhauses auf dieser Seite auf ein großes Plakat. Jede und jeder von euch überlegt sich nun, was er oder sie besonders gut kann, und schreibt es auf.
Besprecht anschließend gemeinsam, welche eurer Fähigkeiten in eurer neuen Lerngruppe gebraucht werden könnte. Einigt euch auf besonders wichtige, ohne die es in eurer Gruppe und Klasse nicht funktionieren würde, und solche, die zwar nicht so wichtig sind, aber eurer Gemeinschaft erst so richtig Pepp geben. Schreibt die einen Fähigkeiten in »Steine« für das Fundament des Hauses oder in Säulen. Die anderen könnt ihr in die übrigen Steine schreiben. Schneidet nun eure »Steine« aus Papier aus und klebt sie an die entsprechenden Stellen in eurem »Klassenhaus«.

■ **Unsere Ziele.** Formuliert Ziele und erstellt daraus ein gemeinsames Plakat mit den Zielen für eure Lerngruppe und Klasse.

Mitschülerinnen und Mitschüler sind vielleicht sehr modisch gekleidet und besitzen sehr viel, anderen scheint das Aussehen egal zu sein. Cliquen bilden sich, die sich für angesagter als die anderen halten, über die anderen lästern und sich gegenseitig bestärken. Trotzdem scheint es interessant zu sein, die anderen, die doch eigentlich so gar nichts mit einem selbst zu tun haben, zu beobachten und sich mit ihnen zu vergleichen. Vielleicht wäre es interessant, sie auch besser kennenzulernen, denn häufig be- und verurteilen wir andere, ohne sie richtig zu kennen. Oft gibt es auch Streit in der Klasse, der unterschiedlich heftig, manchmal sogar körperlich ausgetragen wird. Dennoch ist die Klasse eine Gruppe, in der es auf jeden und jede ankommt und in der ihr einige Zeit miteinander auskommen müsst. Auf dieser Doppelseite habt ihr Gelegenheit, euch Gedanken über dieses »Gruppengebilde« zu machen. Im weiteren Verlauf der Lernlandschaft findet ihr Spiele und Übungen, mit denen ihr ausprobieren könnt, euch besser kennenzulernen und, wenn es Auseinandersetzungen gibt, euch gewinnbringend miteinander zu streiten.
Probiert es aus!

Ein Netz knüpfen

1. Jeder knüpft am eig'nen Netz, versucht rauszuholen, was zu holen ist. Wer denkt da an Frieden, wer denkt an Schalom. Wer denkt da an Frieden, wer denkt an Schalom? *Refrain:* Wir knüpfen aufeinander zu, wir knüpfen aneinander an, wir knüpfen miteinander, Schalom, ein Friedensnetz. Wir knüpfen Friedensnetz.

2. Jeder fängt ins eigene Netz,
   versucht einzufangen, was zu fangen ist.
   Wer denkt da an Frieden, wer denkt an Schalom?
   Wir knüpfen …

3. Einer hängt im fremden Netz,
   versucht noch zu retten, was zu retten ist.
   Er denkt an den Frieden, er denkt an Schalom.
   Wir knüpfen…

4. Wir zappeln im alten Netz,
   versuchen zu tragen, was zu tragen ist.
   Wir suchen den Frieden, wir suchen Schalom.
   Wir knüpfen …

5. Wir knüpfen ein neues Netz,
   verbinden, was für Frieden ist.
   Wir bringen den Frieden, wir bringen Schalom.
   Wir knüpfen …

■ **Beziehungsnetz.** Setzt euch in einen Stuhlkreis. Jemand nimmt ein Wollknäuel, hält ein Stück des Fadens fest, wirft es jemand anderem zu und nennt dabei dessen oder deren Namen. Dieser oder diese hält ebenfalls ein Stück des Fadens fest und wirft das Wollknäuel einem Drittem zu usw. So entsteht in der Stuhlkreismitte nach und nach ein Fadennetz. Sprecht darüber:
Was hält das Netz stabil, was löst es auf?
Eure Religionsgruppe lässt sich mit dem Netz vergleichen. Was festigt euer Netz, was bringt es in Gefahr?

■ **Schule mitgestalten.** Als Lerngruppe habt ihr Einfluss auf das Leben in der Schule. Denkt an den Umgang mit Strom, Wasser, Müll, euer Miteinander auf den Fluren, im Pausenhof …

■ **Schulgottesdienst.** Feiert mit allen Interessierten eurer Schule oder Jahrgangsstufe einen Schulgottesdienst zu Beginn und / oder Abschluss des Schuljahres. Das Lied könnt ihr gut zur Gestaltung des Gottesdienstes verwenden.

Schulordnung

aus dem 19. Jahrhundert

§ 1   Die Kinder haben pünktlich, zur bestimmten Zeit, an Körper und Kleidung reinlich und anständig und mit den erforderlichen Schulsachen versehen in dem Schulzimmer zu erscheinen, sich sofort an ihre Plätze zu setzen und alles zum Unterricht Nöthige in Bereitschaft zu legen.

§ 3   Während des Unterrichts sollen die Schüler still, ruhig, in gerader und anständiger Haltung auf ihren Plätzen sitzen, die Hände auf den Tisch legen und sich mit den Füßen ruhig auf dem Boden halten. Alles, was den Unterricht hemmt und stört, wie Essen, Spielen, Scharren oder Stampfen mit den Füßen, Schwätzen, Lachen, eigenmächtiges Verlassen des Platzes, ist untersagt. Hat ein Kind während des Unterrichts dem Lehrer etwas zu sagen oder ihn um etwas zu bitten, so gibt es, bevor es spricht, ein Zeichen mit dem Finger.

§ 5   Die Schüler sollen ihre volle Aufmerksamkeit dem Lehrer oder bei mittelbarem Unterricht ihren schriftlichen Arbeiten zuwenden. Beim Aufsagen, Lesen und Singen sollen sie stehen; ihre Antworten sollen sie in gerader Haltung des Kopfes laut, lautrein, wohlbetont und möglichst in ganzen Sätzen geben. Beim Schreiben und Zeichnen sollen sie aufrecht sitzen, die Brust nicht an den Tisch andrücken, noch den Körper stark vorwärts biegen.

§ 8   Die Tafeln, Hefte und Bücher der Kinder sollen reinlich und in guter Ordnung gehalten, die ersteren insbesondere mit einem Schwämmchen oder mit einem Selbandwickel versehen sein.

§ 11   In allen anderen Fällen, namentlich bei der Verwendung der Kinder zu häuslichen oder gewerblichen Geschäften, ist die Versäumniß des Unterrichts nur nach vorher eingeholter Erlaubniß gestattet.

§ 12   Kein Schüler soll den geordneten Gottesdienst versäumen. In der Kirche sollen die Kinder eingedenk der Heiligkeit des Ortes ein anständiges, gesittetes und gottesfürchtiges Verhalten zu erkennen geben.

§ 13   Nach dem Schlusse der Schule verlassen die Kinder bankweise, ohne Lärm und in guter Ordnung das Zimmer und gehen ruhig und anständig ihres Weges.

§ 17   Niemals dürfen die Kinder fremdes Eigentum nehmen oder verderben. Das Quälen der Thiere, das Ausnehmen von Vogelnestern, das Einfangen von Vögeln und das Beschädigen der Bäume und anderer Gewächse ist verboten, ebenso das Tabakrauchen und die Anschaffung von Feuerwerkskörpern, Streichzündhölzchen und anderen leicht entzündlichen und gefährlichen Gegenständen.

§ 18   Fluchen, Schimpfen, Schlagen, Werfen, Nachspringen nach Fuhrwerken, Anhängen oder unbefugtes Aufsitzen auf solche darf nicht vorkommen. Nach dem Abendgebetläuten sollen sich Schulkinder nicht mehr zwecklos auf den Straßen und öffentlichen Plätzen umhertreiben.

■ **Schulordnung.** Vergleiche die abgedruckte Schulordnung aus dem 19. Jahrhundert mit der Hausordnung deiner Schule und finde Gemeinsamkeiten und Unterschiede heraus. Diskutiert in der Gruppe, welche Regeln euch sinnvoll erscheinen und welche nicht.

■ **Familie.** Tauscht euch in der Gruppe darüber aus, in welchen Bereichen bei euch Zuhause bestimmte Regeln gelten (gemeinsame Mahlzeiten, Zu-Bett-Gehen, Taschengeldregelungen etc.). Diskutiert darüber, welche Regeln ihr für sinnvoll haltet und welche nicht.

Wir brauchen Regeln

Regeln gehören zu einem harmonischen Zusammenleben. Viele Regeln befolgen wir automatisch, weil wir es schon immer so gemacht haben. Andere müssen wir uns immer wieder ins Gedächtnis rufen, weil sie entweder neu für uns sind oder weil sie uns nicht so recht passen – wir lassen sie dann gerne aus Bequemlichkeit weg. Wir sollten uns Regeln aber auch immer wieder genau anschauen und überlegen, ob sie in der gegenwärtigen Situation noch sinnvoll sind. Denn wenn eine Gruppe von Menschen in eine neue Situation gerät, müssen oft neue Regeln gefunden und ausprobiert werden.

■ **Welche Regeln?** Sucht für jede »Art« von Regeln Beispiele. Welche Regeln sind in eurer Klasse absolut notwendig, welche wünschenswert? Erstellt eine Rangliste von fünf bis sieben Regeln nach Wichtigkeit. Schreibt sie auf ein Plakat und hängt sie in eure jeweiligen Klassenzimmer. Weist euch gegenseitig auf die Einhaltung eurer Regeln hin.

Es gibt von Gruppe zu Gruppe unterschiedliche Regeln. Auch die Angehörigen verschiedener Kulturkreise regeln ihr Verhalten sehr unterschiedlich. Es gibt jedoch eine Regel, die sich in fast allen Kulturen findet – das ist die sogenannte »Goldene Regel«.

Eine einzige Regel – verschiedene Formulierungen

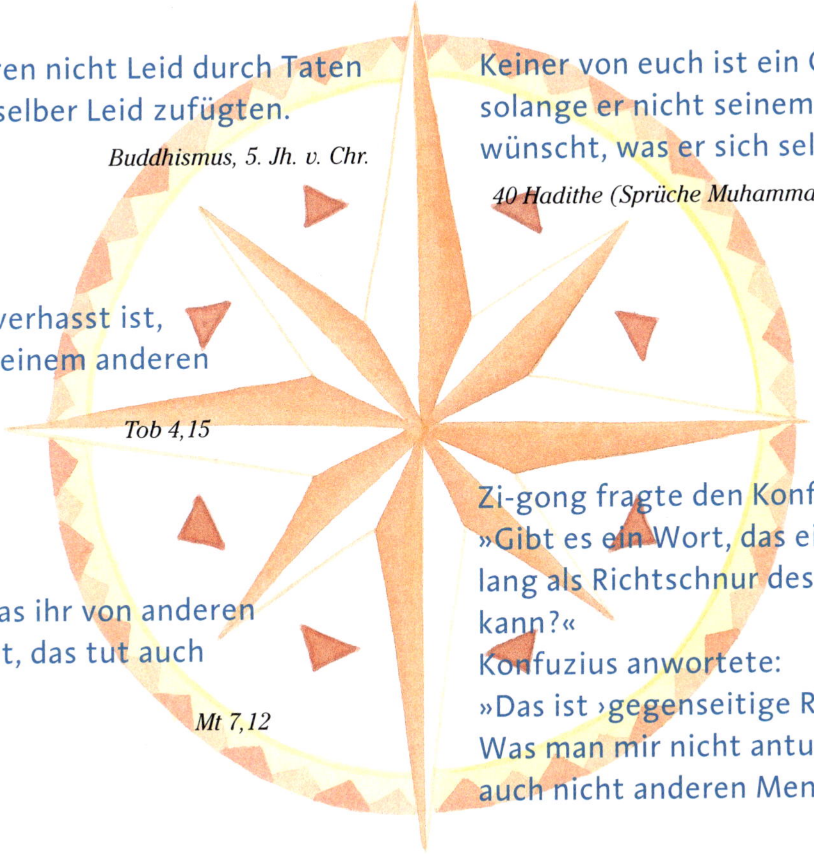

Füge anderen nicht Leid durch Taten zu, die dir selber Leid zufügten.

Buddhismus, 5. Jh. v. Chr.

Keiner von euch ist ein Gläubiger solange er nicht seinem Bruder wünscht, was er sich selber wünscht.

40 Hadithe (Sprüche Muhammads) von an-Nawawi 13

Was dir selbst verhasst ist, das mute auch einem anderen nicht zu.

Tob 4,15

Zi-gong fragte den Konfuzius: »Gibt es ein Wort, das ein ganzes Leben lang als Richtschnur des Handelns dienen kann?« Konfuzius anwortete: »Das ist ›gegenseitige Rücksichtnahme‹. Was man mir nicht antun soll, will ich auch nicht anderen Menschen zufügen.«

China, 6. Jh. v. Chr.

Alles, was ihr von anderen erwartet, das tut auch ihnen.

Mt 7,12

■ **Goldene Regel.** Eine »Goldene Regel« für das Zusammenleben von Menschen gibt es in allen Kulturen und Religionen. Sprecht über die Unterschiede in den Formulierungen. Welche dieser Formulierungen würdet ihr als »Goldene Klassenregel« übernehmen?

Die Zehn Gebote

Schon immer haben Menschen die Erfahrung gemacht, dass Gruppen Regeln für ein gutes Zusammenleben brauchen. So auch das Volk Israel, das nach biblischer Überlieferung vor über 3000 Jahren aus der Sklaverei in Ägypten befreit wurde. Auch während dieser Zeit hatten sie sich an Regeln gehalten, die ihr Zusammenleben und das Verhältnis zu ihrem Gott bestimmten. Doch die Befreiungstat Gottes bestimmte das Verhältnis Gottes zu seinem Volk grundlegend neu. Sichtbares Zeichen hierfür sind die Zehn Gebote. Die Einhaltung dieser Gebote (griech. Dekalog = »Zehnwort« oder zehn Weisungen) ermöglichte Israel ein harmonisches Zusammenleben untereinander und ein ehrfürchtiges und dankbares Verhältnis zu ihrem Gott.

Dann sprach Gott alle diese Worte:

Ich bin Jahwe, dein Gott, der dich aus Ägypten geführt hat, aus dem Sklavenhaus.
Du sollst neben mir keine anderen Götter haben.
Du sollst dir kein Gottesbild machen und keine Darstellung von irgendetwas am Himmel droben, auf der Erde unten oder im Wasser unter der Erde. Du sollst dich nicht vor anderen Göttern niederwerfen und dich nicht verpflichten, ihnen zu dienen. Denn ich, der Herr, dein Gott, bin ein eifersüchtiger Gott: Bei denen, die mir Feind sind, verfolge ich die Schuld der Väter an den Söhnen, an der dritten und vierten Generation; bei denen, die mich lieben und auf meine Gebote achten, erweise ich Tausenden meine Huld.
Du sollst den Namen des Herrn, deines Gottes, nicht missbrauchen; denn der Herr lässt den nicht ungestraft, der seinen Namen missbraucht.
Gedenke des Sabbats: Halte ihn heilig! Sechs Tage darfst du schaffen und jede Arbeit tun. Der siebte Tag ist ein Ruhetag, dem Herrn, deinem Gott, geweiht. An ihm darfst du keine Arbeit tun: du, dein Sohn und deine Tochter, dein Sklave und deine Sklavin, dein Vieh und der Fremde, der in deinen Stadtbereichen Wohnrecht hat. Denn in sechs Tagen hat der Herr Himmel, Erde und Meer gemacht und alles, was dazugehört; am siebten Tag ruhte er. Darum hat der Herr den Sabbattag gesegnet und ihn für heilig erklärt.
Ehre deinen Vater und deine Mutter, damit du lange lebst in dem Land, das der Herr, dein Gott, dir gibt.
Du sollst nicht morden.
Du sollst nicht die Ehe brechen.
Du sollst nicht stehlen.
Du sollst nicht falsch gegen deinen Nächsten aussagen.
Du sollst nicht nach dem Haus deines Nächsten verlangen.
Du sollst nicht nach der Frau deines Nächsten verlangen, nach seinem Sklaven oder seiner Sklavin, seinem Rind oder seinem Esel oder nach irgendetwas, das deinem Nächsten gehört.

Ex 20,1–17

■ **Collage.** Suche Zeitungsmeldungen, die mit einem oder mehreren der Zehn Gebote in Bezug gesetzt werden können. Erstelle eine Collage.

■ **Gebote der Freiheit.** Ordne die Gebote drei Gruppen zu.
1. Gebote, die auf die Freiheit Gottes setzen = Gebote für Menschen, die mit Gott in Frieden leben wollen.
2. Gebote, die auf die Freiheit der Menschen in der Gemeinschaft bezogen sind = Gebote für Menschen, die mit anderen in Frieden leben wollen.
3. Gebote, die auf die Freiheit des einzelnen bezogen sind = Gebote für Menschen, die bereit sind, mit sich selbst in Frieden zu leben.

Erstelle eine eigene Reihenfolge der Gebote nach Wichtigkeit. Vergleiche deine jeweilige Anordnung mit der anderer.

Gottes Weisungen

Du sollst nicht stehlen?!

Schwarzfahren schadet doch niemandem …

In der großen Pause gestern schon wieder drei Stühle geschrottet … Die sollten endlich mal was Stabileres anschaffen.

Drei Euro aus dem Portemonnaie meiner Mutter – die merkt das sowieso nicht …

Gut, dass Tina gestern alle Vokabeln konnte! Hab beim Test alles bei ihr abgeschrieben – hatte mal wieder keine Zeit zum hirnlosen Pauken …

Fünf ausgeliehene Comics in meinem Bücherregal beim Aufräumen entdeckt. Macht nichts! Jan hat noch nicht danach gefragt …

Keith Haring, 1985

Super, die Auswahl von Marcos Computerspielen. Kopier ich mir alle …

Ein völlig überteuerter Lidschatten aus dem Drogeriemarkt – schnell eingesteckt – selber schuld bei diesen Preisen …

■ **Meins oder deins oder unseres?** Beurteilt in Partnerarbeit die oben stehenden Aussagen nach folgendem Raster:
0 = verstößt nicht gegen das siebte Gebot.
1 = verstößt gegen das siebte Gebot.
Vergleicht und diskutiert eure Ergebnisse.
Findet weitere »Klau-Beispiele«. Wer sind die »Bestohlenen« in den Beispielen oben? Findet Formulierungen für das siebte Gebot aus ihrer Sicht.

Das Doppelgebot der Liebe

Die Frage, welches das wichtigste Gebot ist, haben sich schon viele Menschen gestellt.

Einige sagten: »Du sollst nicht töten!« ist das wichtigste Gebot, weil das Leben dadurch geschützt wird. Andere sagten: »Du sollst nicht stehlen!« ist das wichtigste Gebot, weil sonst jeder nimmt, was er will. Manche meinten auch: »Du sollst den Feiertag heiligen!« ist am wichtigsten, weil man sonst nie zur Ruhe kommt.

Einmal fragte ein gelehrter Mann Jesus nach seiner Meinung zu den Zehn Geboten. Der Gelehrte kannte sich in den Überlieferungen der Väter genau aus. Er war sehr darauf bedacht, alle Gebote genau einzuhalten. Mit seiner Frage allerdings wollte er Jesus prüfen. Er dachte: Alle Gebote sind doch gleich wichtig. Wenn ich jetzt nach dem wichtigsten Gebot frage und Jesus eines besonders herausstellt, dann zeigt er damit, dass er über die Gebote nicht richtig nachgedacht hat.

> Du sollst den Herrn,
> deinen Gott,
> lieben mit ganzem Herzen,
> mit ganzer Seele
> und mit all deinen Gedanken.
> Du sollst deinen Nächsten
> lieben wie dich selbst.
>
> *Mt 22,37.39*

Umgeben von einigen Menschen, mit denen Jesus geredet hatte, fragte der Gelehrte: »Lehrer, welches ist das wichtigste Gebot des Gesetzes?«

Jesus schaute ihn lange an und antwortete dann: »Du sollst den Herrn, deinen Gott, lieben von ganzem Herzen, von ganzer Seele und mit all deiner Kraft. Dies ist das höchste und größte Gebot. Das andere aber ist dem gleich: Du sollst deinen Nächsten lieben wie dich selbst.«

Auf diese Antwort konnte der Gelehrte nichts mehr sagen. Lange noch stand er da und dachte über diese Antwort Jesu nach.

Nach Mt 22,34–40

Nächstenliebe

Wer ist eigentlich »mein Nächster«? Und was heißt es ganz konkret, seinen Nächsten zu lieben? Das ist eine Frage, die sich am besten durch ganz konkrete Beispiele beantworten lässt. Jesus hat sich den Fragen seiner Zuhörer gestellt und ihnen das Gleichnis vom barmherzigen Samariter erzählt (Lk 10,25–37).

Und wie lassen sich die beiden Fragen für uns heute beantworten?

»Die nächste Mail schreib ich dir aus der Klinik …«

Ich möchte hier keinen unrealistischen, mitleiderregenden und auf die Tränendrüsen drückenden Artikel über ein krebskrankes Mädchen schreiben – davon gibt es schon viel zu viele … Ich möchte euch etwas erzählen, das genau so passierte, wie ich es hier schildern werde, um euch zu zeigen, dass man todkranken Menschen manchmal schon durch etwas so Normales wie E-Mails helfen kann, sich nicht aufzugeben und um das Leben zu kämpfen.

Alles fing damit an, dass Dr. Ralf Filipp – ein guter Freund unserer Familie und Arzt – im letztjährigen Konzert zugunsten der José Carreras-Leukämie-Stiftung von einem leukämiekranken Mädchen erzählte, das auf seiner Homepage über seine Krankheit schrieb. Da mich dieser Vortrag sehr beeindruckte, bat ich Ralf um eine Möglichkeit, mit dem Mädchen in Kontakt zu treten. Er gab mir ihre E-Mail-Adresse. Das Mädchen hieß Noreen, war 16 Jahre alt und wohnte in Münster. Seit ihrem 15. Lebensjahr litt sie an akuter Leukämie.

Noch am selben Tag, an dem ich die Adresse bekam, setzte ich mich abends vor den Computer und versuchte Noreen eine Mail zu schreiben. Das war aber gar nicht so einfach, weil ich natürlich einen einigermaßen netten Eindruck machen und mich nicht gleich blamieren wollte. Außerdem hatte ich ja gar keine Erfahrungen damit, wie man mit

---

■ **Nur ein Gebot.** Wie begründen die Menschen in der Geschichte »Das Doppelgebot der Liebe« die besondere Bedeutung »ihres« Hauptgebotes? Vergleicht diese Begründungen mit eurer Reihenfolge der Zehn Gebote. Was war für euch das wichtigste Gebot, und wie habt ihr das begründet?
Stellt die beiden Teile von Jesu Hauptgebot der Liebe (Mt 22,37.39) nebeneinander und ordnet die Zehn Gebote diesen beiden Teilen zu.

Leukämiekranken umgeht, und ich wusste auch nicht, wie Noreen auf meine Fragen reagieren würde und was ich überhaupt fragen durfte und was nicht. Wie man sich wahrscheinlich vorstellen kann, war ich ganz schön aufgeregt, als gleich am nächsten Tag eine Antwort von ihr kam. Noreens erste Mail war ziemlich witzig und sie machte sofort einen sympathischen Eindruck auf mich.

… Bitte, bitte sag nicht, dass du dir ganz sicher bist, dass ich wieder gesund werde. Natürlich hoffe ich das auch, aber wirklich sicher kann man sich nicht sein. Eine meiner Freundinnen sagt es auch, um mich zu beruhigen. Vielleicht sagt sie es auch, um sich selbst zu beruhigen. Nein, niemand weiß es, und das macht es auch so schlimm. Wenn es mir schlecht geht, frage ich mich oft, ob es sich überhaupt lohnt. Wenn ich hundertprozentig wüsste, dass der Krebs mal weggeht, dann wäre alles viel leichter. Bitte sei mir nicht böse, dass ich das jetzt geschrieben habe, okay? Die nächste Mail schreibe ich dir aus der Klinik.

Bis bald und viele Grüße!
Deine Noreen

… Bei mir dreht sich im Augenblick leider alles nur um diese scheiß Krankheit und wenn ich dann deine Mails lese, weiß ich dann, dass es eigentlich genau das ist, was ich wieder will … nervige Lehrer in der Schule, mit Freunden etwas unternehmen, dort übernachten, einfach wieder LEBEN. Wenn ich das dann so bei dir lese, wird der Wunsch, dies alles auch wieder tun zu können, noch viel größer. Auch wenn ich dir das noch nicht gesagt habe, aber du verstärkst mit deinen Mails meinen Willen, diese Normalität wieder zu erreichen!

… Es ist zwar sehr anstrengend, weil ich nicht richtig sitzen kann, aber ich möchte dir jetzt unbedingt schreiben. Ach Mann, Leah, ich habe mich über jede einzelne Mail so gefreut und konnte nicht zurückschreiben. Weißt du was? Ich habe 400 Leukos! Die Zellen sind angewachsen. Oh Leah, wenn das so weitergeht, komme ich vielleicht bald aus dem Schleusenzimmer raus. Ich bin auf dem Weg gesund zu werden. Na, wie findest du das? Ich fühle mich zwar noch sehr schwach, aber ich bin richtig glücklich. Du hast mir immer und immer wieder geschrieben und meine Mutter hat mir die letzten Mails alle vorgelesen, weil ich noch nicht mal mehr lesen konnte. Du hast mich aber trotzdem nicht vergessen, obwohl ich nicht zurückgeschrieben habe. Ach Leahchen, immer wenn meine Mutter vorgelesen hat, habe ich in Gedanken

alles nachvollzogen. Manchmal habe ich auch geheult, als ich gehört habe, was du so alles gemacht hast. Ich war dann unheimlich traurig, weil ich hier liegen musste und nichts tun konnte. Das hat mir Kraft gegeben, denn durch deine Mails hast du mir gesagt, dass ich all das nicht mehr erleben kann, wenn ich mich aufgebe. Du glaubst gar nicht, was du durch deine Mails alles bei mir ausgelöst hast. Ich danke dir dafür! – Jetzt schreibe ich dir wieder öfter, denn ich hoffe ganz doll, dass es mir mit jedem Tag besser geht.

Deine Noreen

Einige Wochen hörte ich nichts mehr von Noreen. Zirka einen Monat später bekam ich von Noreens Freundin die für mich unbegreifliche Antwort auf meine Fragen …

Wie soll ich es dir sagen? Erst ging es Noreen ja besser, aber dann hat sie Fieber bekommen und die Untersuchung des Knochenmarks hat ergeben, dass es wieder neue Krebszellen gab. Es ging ihr jeden Tag schlechter, und dann ist sie gestorben …

Dass ich darüber sehr traurig war und auch immer noch bin und dass ich das alles eigentlich immer noch nicht richtig fassen kann, brauche ich euch hier sicher nicht zu erzählen. Im Nachhinein bin ich aber ganz, ganz froh, Noreen kennengelernt zu haben, und ich habe mich schon über jede einzelne Mail von Noreen so gefreut, dass ich keine Sekunde unserer Freundschaft irgendwie bereut hätte. Ich bin mir sicher, dass ich Noreen niemals vergessen werde!!!

Aus: Zartbitter. Schülerzeitung des Gymnasiums Niedernburg, Passau

■ **Zum Beispiel Leah Spitzenpfeil.** Wie kam Leah dazu, mit Noreen Kontakt aufzunehmen, und was waren ihre Befürchtungen?
Lies die Auszüge aus Noreens Mails genau: Was haben Leahs Mails bei Noreen bewirkt?
Informiert euch über Beispiele von Nächstenliebe bei euch vor Ort oder im Internet, z. B. unter www.ktf.uni-passau.de/local-heroes.

Ronja Räubertochter

Ronja, die Tochter eines gefürchteten Räuberhauptmanns, lebt mit den Mattisräubern zufrieden in ihrer Räuberburg und deren Umgebung. Die Burg ist am Tag ihrer Geburt durch einen Blitz in zwei Teile gespalten worden, die nun eine tiefe Schlucht, der »Höllenschlund«, trennt. Vor dem hatte ihr Vater sie eindringlich gewarnt. Eines Tages trifft sie Birk, den Sohn des gegnerischen Räuberhauptmanns, des Anführers der Borkaräuber. Sie erfährt von ihm, dass die feindlichen Räuber sich in dem anderen Teil ihrer Räuberburg niedergelassen haben. Ronja findet Birk arrogant und unsympathisch …

Ronja antwortete nicht. Sie hatte jetzt genug, genug von dem Lümmelgeschwätz und den Frechheiten. Jetzt musste gehandelt werden … Sie stand auf und wollte gehen. Doch da sah sie, was Birk vorhatte. Wirklich und wahrhaftig, dieser Lümmel machte Anstalten, über den Höllenschlund zu springen! Er stand dort ihr gegenüber auf der anderen Seite, und jetzt nahm er einen Anlauf. Da schrie sie: »Kommst du her, dann hau ich dir eins aufs Maul, dass dir die Nase abfliegt!«

»Haha!«, rief Birk und mit einem Satz war er über die Kluft hinweg. »Mach´s nach, wenn du´s kannst«, sagte er mit einem kleinen Grinsen …

Und sie tat es. Sie wusste selbst nicht recht, wie es zuging, aber plötzlich flog sie über den Höllenschlund und landete auf der anderen Seite …

»Du wolltest mir doch eins aufs Maul hauen, warum tust du es denn nicht?«, rief Birk. »Jetzt komme ich!«

»Das seh ich«, sagte Ronja. Und er kam wirklich. Aber auch diesmal wartete sie nicht auf ihn. Wieder sprang sie, und springen würde sie, um ihm zu entkommen, so lange, bis ihr der Atem ausging. … Da sah sie, wie Birk, gerade als er aufsetzte, auf einem Stein ausrutschte, der lose am Rande lag. Und sie hörte seinen Aufschrei, bevor er in die Tiefe verschwand …

Schließlich kroch sie bäuchlings bis an den Rand vor und spähte hinab in die Schlucht. Und da sah sie Birk. Er stand unmittelbar unter ihr auf einem Stein oder Balken oder was es nun war, das aus der geborstenen Mauer ragte. Nur gerade so weit, dass seine Füße dort Platz fan-

■ **Freundschaft.** Erzählt euch gegenseitig, wie bei euch Freundschaften begonnen haben.
Unterhaltet euch in einem Schreibgespräch, was für euch eine Freundin bzw. ein Freund ist. Was würdest du deinem Freund, deiner Freundin von Herzen wünschen? Schreibe ihm oder ihr das.

■ **Ronja und Birk.** Wie findest du das Verhalten von Ronja und Birk? Was könnte Birk mit seinem letzten Satz zum Abschied meinen?

den, aber auch nicht mehr. Dort stand er, den tiefen Höllenschlund unter sich, und seine Hände suchten verzweifelt nach einem Halt, nach irgendetwas, woran er sich festhalten konnte, etwas, das ihn davor bewahrte, in den Abgrund zu stürzen. Und er wusste und auch Ronja wusste es, dass er ohne Hilfe nicht herauskommen konnte. Er würde dort stehen müssen, bis seine Kräfte versagten, das wussten beide, und danach würde es keinen Birk Borkason mehr geben.

»Bleib da stehen!«, rief Ronja, und er antwortete mit einem kleinen Grinsen: »Ja, was anderes kann man hier schlecht tun!«

Aber Angst hatte er, das sah sie ihm an. Ronja riss sich den geflochtenen Lederriemen ab, den sie stets zu einem Knäuel zusammengerollt am Gürtel trug. Er hatte ihr in ihrem Waldleben bei allem Klettern und Hangeln oft gute Dienste getan. Jetzt machte sie eine große Schlinge in das eine Ende des Riemens und knotete sich das andere um den Leib. Danach ließ sie den Riemen zu Birk hinab und sie sah es in seinen Augen aufleuchten, als die Schlinge zu ihm hinuntergebaumelt kam. Ja, der Riemen reichte gerade so weit, wie es nötig war, stellte sie fest, das war ein rechtes Glück für diesen Borkalümmel.

»Streif dir die Schlinge über, wenn du kannst«, sagte sie. »Aber klettre erst los, wenn ich rufe! Nicht früher!«

»Los jetzt!«

Gleich darauf spürte sie, wie sich der Riemen um ihren Bauch schnürte. Es tat weh. Jeder Ruck am Riemen, wenn Birk höherkletterte, ließ sie aufstöhnen. Bald breche ich wohl mittendurch wie die Mattisburg, dachte sie und biss die Zähne zusammen, um nicht zu schreien. Plötzlich ließ der Druck nach, und da stand Birk und sah auf sie hinunter. Sie war liegen geblieben, um auszuprobieren, ob sie noch atmen konnte. Er sagte: »Aha, hier liegst du also!«

»Ja, hier liege ich«, sagte Ronja. »Bist du jetzt fertig mit dem Gehopse?« »Nein, einmal muss ich noch springen. Um auf die richtige Seite zu kommen. Ich muss ja heim in die Borkafeste, ist doch klar!«

»Nimm aber erst meinen Lederriemen ab«, sagte Ronja und sprang auf. »Mit dir will ich nicht länger als unbedingt nötig zusammengebunden sein.«

Er schlüpfte aus der Schlinge. »Nein, versteht sich«, sagte er. »Aber von jetzt an bin ich vielleicht trotzdem an dich gebunden. Auch ohne Riemen.« …

Astrid Lindgren

Die Erschaffung des Menschen

Gleich am Anfang der Bibel stehen zwei anschauliche Erzählungen von der Erschaffung der Welt. Sie sind unterschiedlich alt und haben einen unterschiedlichen geschichtlichen Hintergrund. Die erste Schöpfungserzählung ist ein Schöpfungslied. Die einzelnen »Strophen« dieses Liedes entsprechen den Schöpfungstagen. Die zweite Schöpfungserzählung (Gen 2,4b-26) hat wesentlich ältere Wurzeln als die erste. Sie reichen zum Teil vielleicht schon in das Jahr 1000 v. Chr. zurück.

Aus der ersten Schöpfungserzählung:

Dann sprach Gott: Lasst uns Menschen machen als unser Abbild, uns ähnlich. Sie sollen herrschen über die Fische des Meeres, über die Vögel des Himmels, über das Vieh, über die ganze Erde und über alle Kriechtiere auf dem Land. Gott schuf also den Menschen als sein Abbild; als Abbild Gottes schuf er ihn. Als Mann und Frau schuf er sie. Gott segnete sie und Gott sprach zu ihnen: Seid fruchtbar und vermehrt euch, bevölkert die Erde, unterwerft sie euch und herrscht über die Fische des Meeres, über die Vögel des Himmels und über alle Tiere, die sich auf dem Land regen. Dann sprach Gott: Hiermit übergebe ich euch alle Pflanzen auf der ganzen Erde, die Samen tragen, und alle Bäume mit samenhaltigen Früchten. Euch sollen sie zur Nahrung dienen. Allen Tieren des Feldes, allen Vögeln des Himmels und allem, was sich auf der Erde regt, was Lebensatem in sich hat, gebe ich alle grünen Pflanzen zur Nahrung. So geschah es. Gott sah alles an, was er gemacht hatte: Es war sehr gut. Es wurde Abend und es wurde Morgen: der sechste Tag.

Gen 1,26-29

Aus der zweiten Schöpfungserzählung:

Da formte Gott, der Herr, den Menschen aus Erde vom Ackerboden und blies in seine Nase den Lebensatem. So wurde der Mensch zu einem lebendigen Wesen …
Dann sprach Gott, der Herr: Es ist nicht gut, dass der Mensch allein bleibt. Ich will ihm eine Hilfe machen, die ihm entspricht. Gott, der Herr, formte aus dem Ackerboden alle Tiere des Feldes und alle Vögel des Himmels und führte sie dem Menschen zu, um zu sehen, wie er sie benennen würde. Und wie der Mensch jedes lebendige Wesen benannte, so sollte es heißen. Der Mensch gab Namen allem Vieh, den Vögeln des Himmels und allen Tieren des Feldes. Aber eine Hilfe, die dem Menschen entsprach, fand er nicht. Da ließ Gott, der Herr, einen tiefen Schlaf auf den Menschen fallen, sodass er einschlief, nahm eine seiner Rippen und verschloss ihre Stelle mit Fleisch. Gott, der Herr, baute aus der Rippe, die er vom Menschen genommen hatte, eine Frau und führte sie dem Menschen zu. Und der Mensch sprach: Das endlich ist Bein von meinem Bein und Fleisch von meinem Fleisch. Frau soll sie heißen, denn vom Mann ist sie genommen.
Darum verlässt der Mann Vater und Mutter und bindet sich an seine Frau* und sie werden ein Fleisch. Beide, Adam und seine Frau, waren nackt, aber sie schämten sich nicht voreinander.

Gen 2,7.18-25

* Das klingt etwas merkwürdig. Im hebräischen Urtext ist das ein Wortspiel, das wir am ehesten mit »Männin soll sie heißen, denn vom Mann ist sie genommen« wiedergeben können.

■ **Gen 1,1-25.** Lies Gen 1,1-25. Gestalte den Verlauf der Schöpfungserzählung in einem »Schöpfungsleporello«. Ein Leporello ist ein ziehharmonikaartig gefaltetes Bilderbuch. Du brauchst für jeden Schöpfungstag eine Seite, die durch durch Zeichnungen, Bildkollagen, Fotos o. Ä. gestalten kannst. Schreibe in oder unter die Bilder die für diesen Tag wichtigsten Wörter und Sätze.
Vergiss nicht, dass noch der sechste Schöpfungstag mit der Erschaffung der Menschen und der siebte Tag, der Ruhetag, fehlen. Vorne ist Platz für den Titel und ein schönes Titelbild.

■ **Nicht allein.** Die Autoren der beiden Schöpfungserzählungen wollten Wichtiges über den Menschen und seinen Schöpfer aussagen. Schreibe auf:
1. Wer/wie/was ist der Mensch?
2. Was ist seine Aufgabe?
3. Welches Verhältnis hat er zu seinem Schöpfer?

■ **Gen 2,1-4a.** Lies Gen 2,1-4a. Gestalte die beiden letzten Seiten deines Schöpfungsleporellos (6. Tag: Erschaffung der Menschen; 7. Tag Gott ruht aus vom Schöpfungswerk.)
Nun könnt ihr eine kleine Ausstellung eurer Schöpfungsleporellos machen.

Die Sicht der Bibel auf die Schöpfung

Die Bibel beschreibt die gesamte Entstehung des Universums in einem Satz: Im Anfang erschuf Gott Himmel und Erde (Gen 1,1). Die Bibel erzählt nicht, wie eins aus dem anderen hervorging: Das sehen die Augen der Wissenschaft. Die Naturwissenschaften erklären die Entstehung des Kosmos aufgrund physikalischer Prinzipien. Die Bibel hingegen erzählt, dass Blumen und Bäume, Fische, Vögel, Landtiere und der Mensch aus der Hand Gottes hervorgingen und dass alles sehr gut ist. Sie sieht mit inneren Augen.

Schöpfungslob

Meine Seele, lobe meinen Gott!
Wie groß du bist!
Mit Herrlichkeit und Kraft
bist du bekleidet.
Du hüllst dich ein in ein Kleid
aus Licht.
Der Himmel ist dein Zelt.
Die Erde hast du auf festem Grund gebaut,
in Ewigkeit wird sie nicht untergehen.
Einst hat die Urflut die Erde bedeckt,
die Wasser standen über den Bergen.
Doch das Wasser ist geflohen vor deiner Macht,
du hast dem Wasser eine Grenze gesetzt,
nie mehr überflutet es die ganze Welt.
Du lässt Quellen hervorsprudeln in den Tälern,
allen Lebewesen spenden sie Trank,
aus deinen Wolken wird die Erde satt.
Du lässt Gras wachsen für das Vieh
und Pflanzen für den Menschen,
damit sie Brot gewinnen von der Erde
und Wein, der ihr Herz erfreut.
Du hast den Mond gemacht
als Maß für die Zeit,
die Sonne weiß, wann sie untergeht.
Du bringst die Finsternis und es wird Nacht,
die Tiere erwachen und fordern von Gott
ihre Nahrung.
Strahlt die Sonne wieder,
kommt der Mensch
und macht sich an die Arbeit bis zum Abend.

Mein Gott,
wie zahlreich
sind deine Werke,
mit Weisheit hast du sie
alle geschaffen,
die Erde ist voll von
deinen Geschöpfen.
Sie warten auf dich, du
gibst ihnen Nahrung
zur rechten Zeit.
Öffnest du deine Hand,
werden sie satt an Gutem.
Versteckst du dich, sind sie verwirrt.
Lässt du sie nicht mehr atmen, ist das ihr Tod.
Sie kehren zurück zum Staub der Erde.
Wenn du es willst, dann kommen sie
zu neuem Leben,
und auch die Erde wird neu.
Ich will meinem Gott singen, solange ich lebe.
Ich will meinem Gott spielen,
solange ich da bin.
Mögen ihm meine Gedichte gefallen.
Ich freue mich an meinem Gott.
Es sollen keine
Unmenschen mehr
auf der Erde leben,
keine Bösen sollen
mehr da sein.
Meine Seele, lobe
meinen Gott!

■ **Begeistert.** Der Psalmist preist den Schöpfer und alles, was er geschaffen hat. Schreibe dir drei Schöpfungstaten heraus, die dich besonders begeistern.

■ **Farben.** »Übersetze« den Schöpfungspsalm in Farben. Wähle zu jeder Psalmaussage eine Farbe und male so Psalm 104 als »Farbgedicht«.

Psalm 104 in der Übertragung von Rainer Oberthür

■ **Wahrheiten.** Manche sagen: »Die Welt wurde gar nicht in sechs Tagen geschaffen! Und auch der Psalm beschreibt nicht, wie es am Anfang war!«. Diskutiert anhand des Textes »Die Sicht der Bibel auf die Schöpfung«: Wann sehen wir mit inneren, wann mit wissenschaftlichen Augen? Und was ist dabei wahr? Wenn du genauer wissen willst, was mit »inneren Augen« gemeint ist, informiere dich auf S. 196 und im Lexikonstichwort »Mythos«.

Miteinander Schöpfung bewahren

Die Linde

»Fährst du in den Wald?«, fragte Andreas seinen Vater, der die Motorsäge aus der Scheune holte. »Darf ich mit?«

»Heute fahr ich nicht in den Wald«, sagte der Vater. »Heute kommt die Linde dran.«

»Die Linde auf unserem Hof?«, fragte Andreas erschrocken. Der Vater sah den Jungen nicht an. »Sie muss weg«, sagte er und räusperte sich. »Sie macht der Mutter so viel Arbeit, vor allem im Herbst. Aber es sind nicht nur die Blätter. Auch wenn sie blüht, macht sie Dreck.«

»Blätter und Blüten sind doch kein Dreck«, sagte Andreas. »Nenn's, wie du willst«, sagte der Vater. »Weggekehrt werden muss es so oder so. Die Mutter hat das Kehren satt. So viel Arbeit, die nichts bringt.«

»Aber die Linde ist doch so schön!«, rief Andreas. Der Vater warf einen Blick in den mächtigen Baum. »Für die Schönheit zahlt mir keiner was«, sagte er. »Außerdem steht sie an einer ungünstigen Stelle. Ich muss mit dem Traktor immer einen Bogen um sie fahren, wenn ich in den Schuppen will.«

»Ist das denn so schlimm?«, fragte Andreas. »Zwei Minuten Umweg?«

»Jeden Tag ein paar Mal rein und raus mit dem Traktor«, sagte der Vater, »das macht schon eine halbe Stunde pro Tag. Im Jahr summiert sich das. Und jetzt verzieh dich, Junge, du hältst mich auf.« Andreas lief neben dem Vater her, der im Schuppen die Axt holen ging. »Aber dein Urgroßvater hat sie doch gepflanzt«, rief er. »Das hast du mir erzählt!«

»Na und?«, brummte der Vater.

»Deinem Großvater hat der Dreck nichts ausgemacht und dein Vater hat sie auch nicht gefällt«, sagte Andreas.

»Die sind ja auch noch auf ein Plumpsklo gegangen, damals«, sagte der Vater. »Heute herrschen andere Sauberkeitsmaßstäbe. Also jetzt verschwinde.«

»Aber ich weiß von der Großmutter, dass der Großvater die Linde lieb hatte!«, rief Andreas. »Noch als er im Krieg auf Urlaub kam, hat er sich immer darungergesetzt. Deshalb hat die Großmutter auch oft daruntergesessen, nachdem er gefallen war. Und sein Vater hat sie sicher auch lieb gehabt. Wozu hätte er sie sonst stehen lassen? Da gibt's doch sicher noch ein altes Foto, wo er unter der Linde sitzt. Damals war sie aber noch längst nicht so dick wie jetzt.«

»Früher hatten die Leute eben noch Zeit, sich abends unter eine Linde zu setzen«, knurrte der Vater. »Sowas kann man sich heutzutage nicht mehr leisten, wenn der Schornstein rauchen soll.«

»Du sitzt doch auch eine Menge Zeit vor dem Fernseher«, sagte Andreas.

»Das ist was ganz anderes«, sagte der Vater ärgerlich. Er winkte dem Nachbarn, der gerade mit seinem Sohn, dem langen Bernd, zur Hofeinfahrt hereinkam und auch eine Axt in der Hand hielt. »Na, kann's losgehen?«, rief er herüber.

»Auf geht's!« rief der Vater zurück und zeigte zwischen Schuppen und Scheune. »Am besten, wir lassen sie dort hinüberfallen.«

»Nein!«, rief Andreas, lief zur Linde und versuchte, den dicken Stamm zu umklammern. »Ich hab sie doch auch lieb! Ich will auch drunter sitzen!«

»Jetzt mach keine Schau«, sagte der Vater zornig. »Der Baum ist ja kein Mensch.«

»Du willst doch, dass ich später mal hier Bauer bin«, rief Andreas. »Aber wenn du die Linde fällst, kannst du deinen Hof behalten!« Und er brach in Tränen aus.

Der Vater blieb unschlüssig stehen und sah den Jungen an. »Ich kann ihn verstehen«, sagte der Nachbar. »Ich würde sie auch nicht umlegen. Wär' verdammt kahl hier ohne sie.«

»Und dann die vielen Vögel in den Zweigen«, sagte der lange Bernd. »Dann gäb's im Frühling kein Gezwitscher mehr im Hof.«

»Ich kehr auch jeden Tag«, sagte Andreas und wischte sich die Tränen weg. »Und ich will zu meinem Geburtstag nichts geschenkt bekommen, damit das mit dem Umweg ausgeglichen wird.«

»Also so knapp geht's ja bei uns doch nicht, dass wir das nicht verkraften könnten«, sagte der Vater. »Komm her, trag die Axt in den Schuppen. Aber wie bringen wir der Mutter bei, dass die Linde stehen bleibt?«

Gudrun Pausewang

■ **Die Schöpfung bewahren.** Stelle die Argumente, die für das Fällen der Linde sprechen, denen gegenüber, die dies ablehnen. Aus welchen Lebensbereichen (z. B. Sauberkeit) kommen sie?
Entwirf ein Gespräch, das Andreas und sein Vater mit der Mutter führen, um sie zu überzeugen.
Informiere dich darüber, welchen Einfluss ein großer Baum auf unsere Luftqualität hat.

Wir planen ein Klassenfest:

Welches Motto geben wir ihm?
Wer kann was dazu beitragen? (Essen, Getränke, Dekoration, Einladungen schreiben, Programmpunkte gestalten) Wann und wo soll es stattfinden. Wen laden wir ein? Musik und Tanz?
Spiele?

Was kann unsere Klasse für andere tun?

Wer könnte unsere Hilfe brauchen? Hat unsere Schule z.B. eine Partnerschule in einem Entwicklungsland? Wollen wir mit Geld, oder mit dem, was wir gut können, helfen? Wie organisieren wir die Hilfe? Welchen Zeitrahmen stecken wir uns?

Welches oder Themen in MITTENDRIN 5/6 würdet ihr gerne die zwei Schuljahre hindurch als „fortlaufende Aktivität" gestalten? (Zum Beispiel ein Klassengebetbuch anfertigen, das Kirchenjahr als Plakat gestalten und die einzelnen Feste allmäh-

Wir an unserer Schule:

Diskutiert über eure Schulordnung - was findet ihr berechtigt
und welche Punkte seht ihr überhaupt nicht ein?
Was wisst ihr über die Streitschlichter an eurer Schule?

Informiert euch darüber, ob eure
Schule ein Leitbild hat:
Sprecht darüber.

Verteilt Aufgaben in eurer Klasse.
Plant hierbei einen regelmäßigen
Wechsel der Aufgaben mit ein.

Was kann eure Klasse für
das nächste Schulfest oder eine
Weihnachtsfeier beitragen?

Führt mit eurem Klassenlehrer oder
eurer Klassenlehrerin regelmäßig
ein Gespräch über eure Klassen-
gemeinschaft. Was gefällt euch,
was würdet ihr gerne verbessern?

lich einfügen; das Klassenzimmer jahreszei-
tengemäß und passend zu den kirchlichen
Festen schmücken und ausgestalten; eine
Zeitleiste von den Anfängen unserer Kirche
bis heute anfertigen und immer wieder
vervollständigen usw.)

■ **Orientierung.** Auf dieser Doppelseite findest du viele Gegenstände und Situationen, die im Judentum eine Bedeutung haben. Mithilfe der kurzen Erläuterungen auf der rechten Seite kannst du ihre Bedeutung bestimmen.

Alle Bilder tauchen auf den nächsten Seiten wieder auf. Willst du mehr über ein bestimmtes Bild erfahren, dann suche die entsprechende Seite auf. Mit welchem Bild wollt ihr eure »Reise« durch das Judentum beginnen?

JUDENTUM

Bar Mizwa – die Feier der Religionsmündigkeit eines Jungen im Alter von 13 Jahren, Bat Mizwa eines Mädchens (im Alter von zwölf Jahren).

Davidstern – ein wichtiges Symbol für das Judentum, das z. B. in der Flagge des Landes Israel wieder auftaucht. Oft wird der Davidstern auch als Fenster in Synagogen verwendet.

Grabsteine – Sie erzählen im Judentum oft sehr viel über die Menschen, die an diesem Ort begraben liegen. Besucht ein Jude ein Grab, so legt er einen Stein auf den Grabstein.

Jad – eine Lesehilfe, die beim Vorlesen der Tora in der Synagoge verwendet wird. Am vorderen Ende ist eine Hand mit einem ausgestreckten Finger dargestellt.

Mesusa – eine kleine Kapsel, die oft reich verziert und aus Metall ist, die an dem Türpfosten einer jüdischen Wohnung oder eines jüdischen Hauses angebracht wird.

Sabbatleuchter und -brot – Sie gehören zum Beginn des Sabbats. Mit dem Entzünden der Leuchter und dem Gebet der Mutter beginnt der wöchentliche Feiertag.

Schofar – ein Widderhorn, das am Jom Kippur, dem Versöhnungstag, geblasen wird.

Tora – die heilige Schrift des Judentums. Sie wird als Schriftrolle in jeder Synagoge im Toraschrein aufbewahrt.

Tefillin – Gebetsriemen, die zum Gebet angelegt werden.

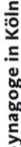
Synagoge in Köln

■ **Davidstern.** Recherchiere die Bedeutung des Davidsterns, der in allen Synagogen auftaucht.

■ **Synagogen bei uns.** Informiere dich über eine der Synagogen, die hier abgebildet sind. Im Internet (z. B. unter www.alemannia-judaica.de) findest du zu allen diesen Synagogen Informationen über ihr Alter, ihre Architektur, ihren Aufbau und vieles mehr. In der Zeit der Verfolgung der Juden durch die Nationalsozialisten im »Dritten Reich« wurden viele Synagogen zerstört. Recherchiere, ob es eine Synagoge in deinem Ort gibt oder gegeben hat. Weitere Ideen findest du in dem Auftrag »Spurensuche vor Ort« beim Thema »Juden und Christen begegnen sich«.

Die Synagoge

Der Mittelpunkt einer jüdischen Gemeinde ist die Synagoge. »Synagoge« ist das griechische Wort für Versammlung. Eine Synagoge ist also ein Versammlungshaus für den Gottesdienst, aber auch ein Bet- und Lehrhaus. So finden sich in Synagogen Räume für die Gemeindeversammlung und den Religionsunterricht. Außerdem findet sich dort in der Regel auch die *Mikwe*, ein Bad für die rituelle Reinigung.

Vor allem vor dem Sabbat versammelt sich die Gemeinde zu den Gottesdiensten in der Synagoge. Das Wichtigste, das Herz der Synagoge, ist der Toraschrein, in dem die Torarollen aufbewahrt werden. Um einen Gottesdienst feiern zu können, müssen nach orthodoxem Verständnis mindestens zehn religiös volljährige Männer anwesend sein. Diese verpflichtende Zahl heißt *Minjan*. Religiös volljährig wird ein jüdischer Junge mit 13 Jahren.

Den Gottesdienst in der Synagoge leitet ein Vorbeter, er spricht teilweise alleine, teilweise mit der Gemeinde die Gebete, während die Gesänge von einem Kantor vorgetragen werden. Der Rabbiner ist der Lehrer der Gemeinde.

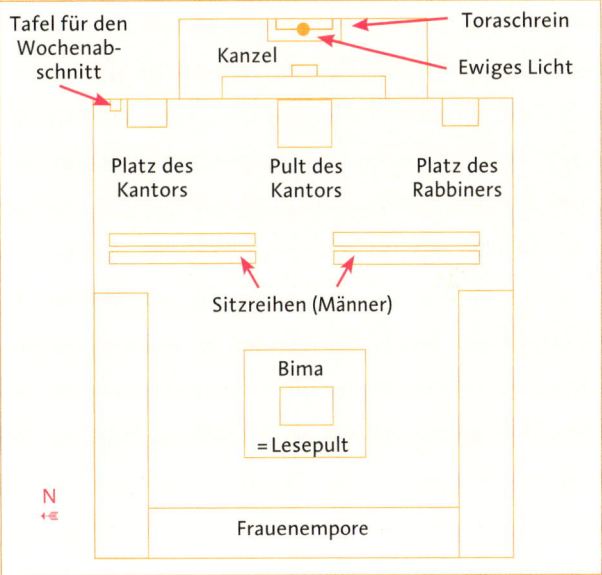

Tafel für den Wochenabschnitt

Kanzel

Toraschrein

Ewiges Licht

Platz des Kantors

Pult des Kantors

Platz des Rabbiners

Sitzreihen (Männer)

Bima

= Lesepult

N

Frauenempore

■ **Synagogen vergleichen.** Vergleiche die hier abgebildeten Synagogen miteinander und beschreibe die Gemeinsamkeit, die du entdeckst. Erkläre anschließend die entdeckten Gemeinsamkeiten.

■ **Regenbogen.** Woher stammt das Zeichen des Regenbogens? Genaueres erfährst du in Gen 9,8-17. Der Regenbogen ist ein sichtbares Zeichen der Liebe Gottes zur gesamten Menschheit. Im Judentum ist er bis heute ein wichtiges religiöses Symbol. Wer einen Regenbogen sieht, spricht: »*Gepriesen seist du, Ewiger, unser Gott; du regierst die Welt. Du erinnerst dich an den Bund und bleibst ihm treu. Du stehst zu deinem Wort.*« Von einem weiteren wichtigen »Bundeszeichen«, das Gottes besondere Liebe zu seinem Volk Israel symbolisiert, ist im Text unten die Rede. Um welche Zeichen handelt es sich dabei?

Von der Geburt bis zum Tod

Wer als Kind einer jüdischen Mutter geboren wird, ist Jude und bleibt es sein ganzes Leben lang. Im Judentum wird keine Mission betrieben. Dennoch gibt es die Möglichkeit für Nichtjuden, nach einem bestimmten Aufnahmeverfahren zum Judentum überzutreten. Jungen werden in jüdischen Familien am achten Tag nach der Geburt beschnitten. Das hebräische Wort für Beschneidung heißt *berit*, übersetzt »Bund«. Die Beschneidung ist das Zeichen des Bundes Gottes mit Abraham und seinem Volk (Gen 17,7-14). Dabei wird ein Stück der Vorhaut am Penis des Jungen vom Mohel, dem Beschneider, abgetrennt. Die Beschneidung ist ein großes Familienfest.

Am Sabbat nach ihrem 13. Geburtstag werden jüdische Jungen in einer großen Feier in die Selbstverantwortung für Religion und ihre Gebote gestellt: Sie werden zum »Sohn der Pflicht«, hebräisch *Bar Mizwa*. Während der Feier in der Synagoge dürfen sie zum ersten Mal einen Abschnitt der Tora vorlesen, selbstverständlich auf Hebräisch. Von diesem Augenblick an sind nicht mehr ihre Eltern, sondern sie selbst vor Gott für ihr Tun und Handeln verantwortlich – sie sind »religionsmündig«. Auch für Mädchen gibt es ein Fest, wenn sie »Tochter der Pflicht«, hebräisch *Bat Mizwa*, werden. In der Regel wird dieses bereits im zwölften Lebensjahr gefeiert. In liberalen Gemeinden dürfen dann auch sie im Gottesdienst aus der Tora lesen. Bei strenggläubigen Juden ist dies jedoch ausschließlich den Jungen vorbehalten.

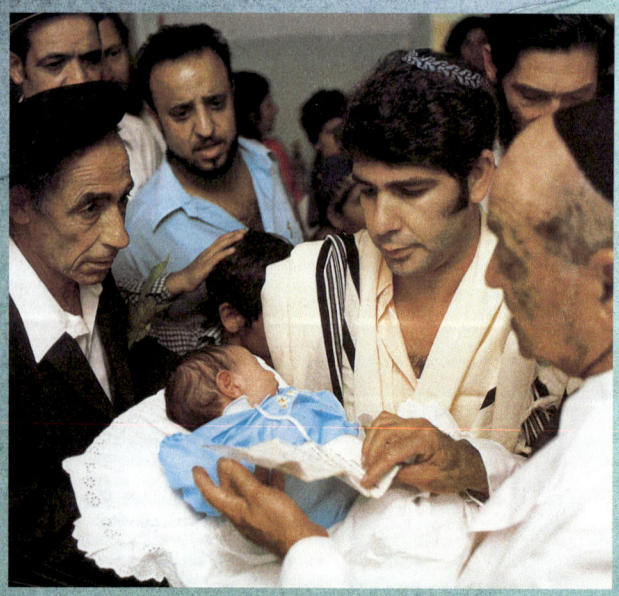

■ **Religionsmündig.** Überlege, was es heißt, »religionsmündig« zu sein. Welche Rechte und welche Pflichten ergeben sich – für einen Juden wie für einen Christen – daraus?

■ **Auch Christen leben im Bund.** Im christlichen Lebenslauf gibt es ganz ähnliche Feste, die an den Bund mit Gott erinnern. Gestalte eine Seite in deinem Heft, indem du Bilder der entsprechenden christlichen Feste einklebst.

Die Hochzeit von zwei Menschen gilt als Abbild des Bundes Gottes mit den Menschen. Die Brautleute treten unter einen Hochzeitsbaldachin, der das Haus symbolisiert. Braut und Bräutigam trinken gemeinsam einen Becher Wein und der Bräutigam steckt der Braut einen Ring an den Finger. Nach der Trauung trinken beide aus einem Glas zum Zeichen ihrer Liebe. Dann werfen sie das Glas auf den Boden. Die Scherben sollen am Tag der Freude an die Zerstörung des Tempels in Jerusalem erinnern. Aber sie sollen auch die Zerbrechlichkeit der menschlichen Liebe symbolisieren.

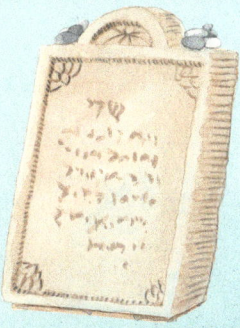

Der Bund Gottes, so der Glaube der Juden, wird im Tod vollendet. Für Juden gehört der Tod zum Leben wie die Nacht zum Tag. Wer den Tod bewusst nahen sieht, bringt seine Angelegenheiten in Ordnung und betet das *Schma Israel*.

Nach dem Tod wird der Leichnam in einen schlichten Sarg gelegt. Männer werden zuvor in ihren Gebetsmantel, den *Tallit*, gehüllt. Feuerbestattungen sind nicht erlaubt. Die Trauerzeit beginnt mit sieben Trauertagen, während deren die Trauernden keine Arbeit verrichten. Eine zweite Phase der Trauer dauert bis zum 30. Todestag. Im ganzen Trauerjahr wird von den Kindern im Gottesdienst das *Kaddisch* für den Verstorbenen gebetet. Am ersten Jahrestag wird der Grabstein gesetzt. Die Gräber werden nicht mit Blumen geschmückt, sondern Besucher legen zur Erinnerung einen Stein auf den Grabstein.

■ **Jesus, der Jude.** Auch Jesus hat als Jude die Lebensstationen eines gläubigen Juden – mit Ausnahme der Hochzeit – durchlaufen. Auch auf Hochzeiten war er eingeladen. Schlage folgende Bibelstellen nach und arbeite die verschiedenen Stationen des religiösen Lebensweges Jesu heraus: Lk 2,21-24; Lk 2,41-52; Mt 27,59-60.

Auch heute noch werden die Torarollen von einem speziell ausgebildeten Schreiber, dem sogenannten *Sofer*, mit Gänsekielen und Tinte auf Pergament geschrieben. Eine schwierige Aufgabe, denn jeder Buchstabe hat eine bestimmte Schreibweise und der kleinste Fehler würde die Torarolle unbrauchbar machen.

■ **Ein Lexikon.** Im Text hast du viele neue Begriffe kennengelernt. Schreibe sie in alphabetischer Reihenfolge in dein Heft und erkläre ihre Bedeutung. Welche der Gegenstände findest du auf dem Bild rechts wieder?

Die Tora wird besonders geachtet. Im Gottesdienst wird sie feierlich aus dem Toraschrein gehoben. Nie wird sie mit den Händen berührt. Zum Lesen wird aus diesem Grund ein aus Silber gefertigter Stab, an dessen Ende eine Hand mit ausgestrecktem Finger dargestellt ist, verwendet *(Jad)*. So kann der Leser oder die Leserin die Textzeilen der Torarolle entlangfahren ohne zu verrutschen, aber auch ohne die Rolle zu berühren. Als Zeichen der Verehrung wird die Tora nach dem Lesen zusammengerollt, mit dem Wimpel verschnürt und der *Mappa*, einem einfachen Tuch, umhüllt. Danach wird sie mit dem *Me´il,* einem reich bestickten Mantel bekleidet. Häufig trägt die Torarolle auch die *Kether*, die Krone, oder mit Glöckchen verzierte Aufsätze, die *Rimonim*. Geschmückt wird die Rolle auch mit dem *Tass*, einem Schild. Auf diese Weise ausgestattet wird die Torarolle in den Toraschrein gehoben, der das Zentrum der Synagoge bildet. Dort bleibt die Rolle, bis sie zur nächsten Lesung herausgehoben wird.

Die Tora

Die Tora ist ein besonders heiliger Gegenstand des jüdischen Lebens. In der Tora wird die Beziehung des Menschen zu Gott, aber auch die Beziehung zu seinen Mitmenschen gelehrt. Daher auch der Name »Tora«, was so viel wie »Lehre, Unterweisung, Gesetz« bedeutet. Sie ist das Wort Gottes an den Menschen und so die Hauptquelle jüdischen Rechts, jüdischer Ethik und der Wegweiser für das Denken und den Lebenswandel. Die Tora umfasst fünf Bücher. Sie werden einfach mit dem ersten Wort, mit dem das Buch beginnt, benannt: *Bereschit, Schemot, Wajikra, Ba Midbar* und *Debarim*.

■ **Die fünf Bücher der Tora.** Die fünf Bücher der Tora sind auch den Christen bekannt. Es sind die ersten fünf Bücher des Alten Testaments. Fertige zu jedem dieser fünf Bücher im Heft eine Informationstafel an, die den hebräischen Namen, den Namen im Alten Testament und seine deutsche Übersetzung sowie eine kurze Beschreibung des Inhaltes wiedergibt. Deine Bibel und ein Bibellexikon helfen dabei. – Finde auch heraus, wie diese Bücher in der Bibel eurer evangelischen Mitschüler und Mitschülerinnen heißen.

■ **Bildbetrachtung.** Was zeigt das Bild rechts? Beschreibe die Haltung des Mannes und seinen Gesichtsausdruck. Welchen Eindruck hinterlässt das Bild bei dir? Schreibe die Gedanken, die Gefühle des Mannes. Sammelt eure Ergebnisse in der Klasse.

Ernst Alt, 1975

Schma Israel

Höre, Israel!
Jahwe, unser Gott, Jahwe ist einzig.
Darum sollst du den Herrn, deinen Gott,
lieben mit ganzem Herzen,
mit ganzer Seele und mit ganzer Kraft.
Diese Worte, auf die ich dich heute verpflichte,
sollen auf deinem Herzen geschrieben stehen.
Du sollst sie deinen Söhnen wiederholen.
Du sollst von ihnen reden, wenn du zu Hause sitzt
und wenn du auf der Straße gehst,
wenn du dich schlafen legst und wenn du aufstehst.
Du sollst sie als Zeichen um das Handgelenk binden.
Sie sollen zum Schmuck auf deiner Stirn werden.
Du sollst sie auf die Türpfosten deines Hauses
und in deine Stadttore schreiben.

Dtn 6,4-9

Die Mesusa

Einer der wichtigsten Texte des jüdischen Glaubens ist das Bekenntnis »Höre Israel« (hebräisch: *Schma Israel*) aus Dtn 6,4-9. Diese Worte werden zu den Feiern des Sabbats und der anderen Festtage gesprochen, sind aber auch Teil der Morgen- und Abendgebete. In diesem Bekenntnis drückt sich die Anerkennung der Herrschaft Gottes und seiner Gebote aus und es erinnert an die Befreiung Israels aus der Sklaverei in Ägypten.

Weil dieses Bekenntnis für den gläubigen Juden so wichtig ist, wird an jeder Haus- oder Wohnungstür eine *Mesusa* am rechten Türpfosten angebracht. Eine Mesusa ist eine verzierte Metallkapsel mit einem kleinen Fensterchen, in deren Innern sich eine kleine Pergamentrolle befindet. Auf dieser befinden sich drei Abschnitte aus der Tora: Dtn 6,4-9 (das *Schma Israel*); Dtn 11,13-21 und Num 15,37-41. Auf der Rückseite steht das Wort *schadai*, was so viel wie »Allmächtiger« bedeutet. Die kleine Schriftrolle steckt so in die Mesusa, dass durch das kleine Fensterchen das Wort *schadai* zu lesen ist. Beim Verlassen des Hauses oder der Wohnung berühren Juden die Mesusa mit den Fingerspitzen und küssen diese dann. Dabei sprechen sie die Worte: »Gott schütze mich bei meinem Fortgehen und bei meinem Ankommen, jetzt und in Ewigkeit.«

■ Schma Israel. Das ist das erste Gebet, das ein jüdisches Kind lernt. Es ist seit Jahrtausenden unverzichtbarer Bestandteil des jüdischen Gottesdienstes. Das Schma Israel ist kein Gebet im eigentlichen Wortsinn, sondern es ist vielmehr das jüdische Glaubensbekenntnis, im weitesten Sinne das Bekenntnis zum Judentum. Übertrage dieses Bekenntnis schön gestaltet in dein Heft.

■ **Drei Texte der Tora.** Der Text erwähnt drei Bibelstellen, die auf der Pergamentrolle der Mesusa zu finden sind. In ihnen werden die Pflichten eines Juden genannt, Mahnungen erteilt und Verheißungen gegeben. Suche dir einen Partner oder eine Partnerin und stelle diese zusammen. Sammelt dann gemeinsam, an welche anderen biblischen Texte euch diese Pflichten, Mahnungen und Verheißungen erinnern.

Juden beten zu Gott

Fromme Jüdinnen und Juden begleitet das Gebet ihr ganzes Leben. Im Vordergrund des jüdischen Glaubens steht es, Gott als Herrn und Schöpfer zu bekennen. Mit dem Morgengebet wird der Tag geweckt. Er endet mit dem Nachtgebet, in dem die Bilanz des Tages gezogen wird. Auch anlässlich der Mahlzeiten werden Gebete gesprochen. Gebete gibt es für besondere Ereignisse, bei der Beschneidung, der Hochzeit und im Todesfall.

Zum Morgengebet und zum Gottesdienst tragen männliche Juden den *Tallit* (Gebetsmantel), ein großes, viereckiges Tuch mit »Schaufäden« an den Ecken. Ein weiteres wichtiges Zeichen sind die Gebetsriemen *(Tefillin)* mit kleinen Kästchen, in denen Pergamente mit den Bibelstellen Ex 13,1-16 und Dtn 6,4-9 *(Schma Israel)* enthalten sind.

Als Zeichen der Demut wird eine Kopfbedeckung getragen – die sogenannte *Kippa*. Die Hände werden beim Beten nicht gefaltet. Einige bewegen den Oberkörper vor und zurück, andere hüllen sich in den Gebetsmantel.

So bestimmt das Gebet das gesamte Denken und Tun des Menschen. Im Gebet wird er von Gott mit Kopf, Herz und Hand ergriffen.

Jüdischer Junge mit Tallit, Tefillin und Kippa

■ **Mit Kopf, Herz und Hand.** Auch Christen beten »mit Kopf, Herz und Hand«. Probiert gemeinsam die Gebetshaltungen aus, die ihr kennt.

■ **Bekenntnis im Alltag.** Für Juden war von Anfang an wichtig, das *Schma Israel* als Bekenntnis nicht nur zu sprechen, sondern ganz in ihrem alltäglichen Leben zu verankern. Der Text des Gebetes selbst gibt Auskunft darüber, wie dies geschehen soll. Beschreibe, wie der Junge auf dem Bild die Vorschriften des *Schma Israel* erfüllt. Welche Gegenstände erkennst du auf dieser Doppelseite noch? Benenne sie und beschreibe ihre Aufgabe für das jüdische Gebet.

Ruth muss sich entscheiden

Ruth ist ratlos. In der Klasse hatten sie vereinbart, eine Musical-Aufführung zu besuchen. Der einzige freie Termin war ein Freitagabend. Die Lehrerin und alle anderen Eltern, die Mitschülerinnen und Mitschüler sowieso, waren einverstanden. Nur nicht Ruth. Sie wusste genau, dass ihre Eltern ihr das nie erlauben würden. Denn Ruth ist Jüdin und für Juden ist ab Freitagabend Sabbat. Der Sabbat ist heilig und gehört der Familie. Aber sie hat sich nicht getraut, den anderen davon zu erzählen.

Die Lehrerin hatte bald bemerkt, dass mit Ruth etwas nicht stimmte. Da sie wusste, dass Ruth Jüdin ist, ahnte sie den Grund. Nach einem langen Gespräch zwischen den beiden war Ruth bereit, der Klasse ihre Sorgen zu erzählen:

»Ab Freitagabend bis zum Sonnenuntergang am Samstag ist bei uns Sabbat, der heilige Tag der Woche und strenger Ruhetag. Wir erinnern uns an den siebten Tag der Schöpfung, als Gott ruhte. Er hat alles so wunderbar geschaffen, dass nichts mehr zu tun war. Daher wollen auch wir Menschen der Schöpfung nichts mehr hinzufügen und tun am Sabbat nichts. Sabbat fängt bereits am Freitagabend an, wenn die ersten Sterne am Himmel erscheinen. Alle haben sich vorbereitet, das Haus ist geputzt und geschmückt, der Tisch schon gedeckt und auch wir, meine ganze Familie, haben uns schöne Kleider angezogen. Meine Mutter holt die beiden Kerzenleuchter, die nur für den Sabbat verwendet werden, und zündet die Lichter an. Sie hält die Hände vor die Augen und segnet uns alle. Sie schließt mit den Worten: ›Schalom! Gut Schabbes!‹ Jetzt ist der Sabbat zu uns gekommen. Danach setzen wir uns alle an den festlich geschmückten Tisch, auf dem zwei Hefezöpfe liegen. Mein Vater bricht für uns und für sich ein Stück ab und teilt es aus. Dann spricht er einen Segen über ein Glas Wein und wir alle trinken davon. Jetzt beginnt das Essen, bei dem wir auch Lieder singen. Lange sitzen wir zusammen und oft spielen wir etwas miteinander. Kein Telefon stört uns, keiner hat etwas vor. Am Morgen des Sabbat gehen meine Eltern in den Synagogengottesdienst. Manchmal gehe ich mit. Mittags gibt es nochmals ein besonders leckeres Essen. Den ganzen restlichen Tag verbringen wir in der Familie. Der Sabbat mit seinem Sabbatfrieden ist uns Juden heilig. Und deswegen kann ich auch nicht mit auf den Ausflug gehen.«

Ruth ist erleichtert, ja sogar ein bisschen stolz. Jetzt wissen alle zumindest, warum sie nicht mitgehen kann. Und als sie mittags nach Hause geht, ist sie froh. Nach einer lebhaften Fragerunde und einer kurzen Diskussion hat die Klasse einstimmig beschlossen: Das Musical kann warten.

■ **Eine schwere Entscheidung.** Welche der Gründe Ruths kannst du verstehen, welche nicht? Diskutiere in der Klasse darüber. Wie hättet ihr als Klasse entschieden?

■ **Sabbat = Sonntag?** Der christliche Sonntag ist vergleichbar mit dem jüdischen Sabbat, es gibt aber auch Unterschiede (vgl. Lexikon). Schreibe Ruth einen Brief, in dem du beschreibst, wie der Sonntag bei dir zu Hause gefeiert wird.

■ **Die Sabbatfeier.** Fertige mithilfe von Ruths Erzählung und der Bilder auf dieser Doppelseite ein Protokoll an über den Ablauf einer Sabbatfeier und über die Gegenstände und Handlungen, die währenddessen zum Einsatz kommen.

Koscher essen

Die Speisegesetze im jüdischen Glauben sind oft das Erste, was Nichtjuden auffällt. Da sie eine Besonderheit des Judentums sind, werden sie oft belächelt oder als seltsam betrachtet, doch haben sie einen tiefen Sinn: In der Vorstellung des Judentums gehören Seele und Körper zusammen und nur in dieser Einheit kann der Mensch seiner Bestimmung durch Gott folgen. Daher ist es wichtig, körperlich und geistig rein zu sein, dies bedeutet nämlich *koscher*. Zu den Bemühungen des Juden und der Jüdin um Reinheit zählen auch die Speisegesetze, die zum größten Teil aus der Tora stammen.

Was heißt »koscher«?

Viele Menschen fragen mich immer wieder, was »koscheres Essen« eigentlich bedeutet. Dass Schweinefleisch nicht koscher ist, wissen die meisten, aber damit hört das Wissen über diesen Begriff auch auf.

Ehe ich auf unsere Speisegesetze *(Kaschrut)* eingehe, möchte ich erklären, was »koscher« überhaupt bedeutet. Dieses Wort stammt vom hebräischen *cascher* und heißt »gut« oder »angemessen«. Heute wird es vielfach mit der Bezeichnung »rein« übersetzt. Übrigens werden auch Personen, die geeignet sind, als Zeuge aufzutreten, als »koscher« bezeichnet.

Koscher essen heißt also, die Speisegesetze einzuhalten. Grundregel ist, Milchiges mit Fleischigem nicht zu vermischen. Das heißt im Klartext, dass wir keine Milchprodukte mit Fleisch zusammen essen dürfen. Kein Rahmschnitzel, kein Cheeseburger … für manche sicher unvorstellbar! Aber das ist nur eine Gewohnheitssache und bekanntermaßen ist die jüdische Küche sehr lecker, auch für Soßen gibt es sehr viele andere Zubereitungsmöglichkeiten.

Der Genuss von Blut ist verboten, deshalb müssen die Tiere nach dem Schächten – das rituelle Schlachten von koscheren Tieren – ausgeblutet werden. Zu medizinischen Zwecken im Notfall (Bluttransfusion) ist Blut allerdings erlaubt, so wie unsere Schabbat-Verbote im Notfall generell aufgehoben sind. Schließlich kann ich nicht mit ansehen, wie das Haus des Nachbarn an Schabbat abbrennt, nur, weil ich an diesem Tag keine Arbeit verrichten darf!

Interessant wäre noch, dass Milchprodukte und Fleisch in verschiedenen Töpfen und Pfannen zubereitet werden. Eine koschere Küche hat alles doppelt: Kochutensilien und Zubehör, Geschirr und Besteck.

Das klingt kompliziert, ist es aber nicht, wenn man daran gewöhnt ist.

Strenggläubige Juden halten sich an die Speisegesetze. Es gibt aber auch Juden, die die Kaschrut weniger streng auslegen, manche empfinden die Gesetze sogar als veraltet und nicht mehr zeitgemäß. Jeder Jude muss selbst entscheiden, ob er die Vorschriften einhält oder nicht, und trägt damit auch die alleinige Verantwortung gegenüber G`tt.

Im Übrigen gibt es bei uns – wie in allen anderen Religionen auch – Menschen, die ihren Glauben leben, und solche, die es nicht tun.

Leah Schurr

(*Anmerkung zu der Schreibweise G`tt:* Sie wird von der Autorin aus Hochachtung vor dem Namen Gottes verwendet, den gläubige Juden und Jüdinnen heiligen und nicht aussprechen).

■ **Menükarten.** Wenn du herausfinden willst, woher die Speisevorschriften stammen, schlage nach unter Lev 11,1-47; Dtn 14,3-21 und Ex 23,19. Erstelle eine Tabelle, in der du die Speisen nach »koscher« und unrein (»trefe«) unterteilst. Ergänze die Tabelle mit einem Partner oder einer Partnerin.
Jetzt kannst du bestimmt begründen, welche der beiden Menükarten du nicht in einem koscheren Restaurant findest.

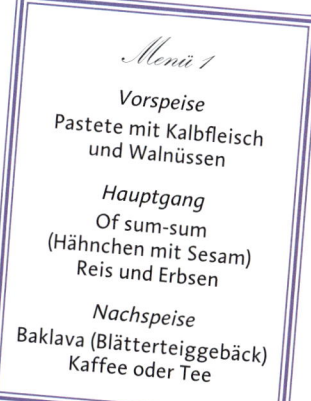

Menü 2

Vorspeise
Kleiner Muschelteller
mit Knoblauchbrot

Hauptgang
Wildhase mit Nudeln und
Preiselbeeren

Nachspeise
Konafa (Gebäck mit Sirup,
Mandeln und Pistazien)

Menü 1

Vorspeise
Pastete mit Kalbfleisch
und Walnüssen

Hauptgang
Of sum-sum
(Hähnchen mit Sesam)
Reis und Erbsen

Nachspeise
Baklava (Blätterteiggebäck)
Kaffee oder Tee

Ein Gott der Geschichte

Das Volk Israel hat Gott immer wieder als denjenigen erfahren, der in die Geschichte seines Volkes eingreift, der sein Volk begleitet und tröstet, der es befreit und errettet. Er ist ein Gott, der den Menschen sagt, was gut für sie ist, und ihnen vergibt, auch wenn sie seine Gebote brechen. In einer Vielzahl von Festen erinnert sich Israel an diese Erfahrungen mit Gott und erzählt sich von Jahr zu Jahr neu diese Geschichten weiter.

Schawuot – Gott gibt das Gesetz
Das sogenannte Wochenfest wird gefeiert zur Erinnerung an die Übergabe der Gebote Gottes an Mose auf dem Berg Sinai.

Pessach – Gott befreit
Pessach bedeutet »Vorübergehen«. Gemeint ist damit, dass der Todesengel an den Hütten der Hebräer vorüberging, als er die erstgeborenen Söhne der Ägypter tötete. Die Juden erinnern sich somit in dieser Woche an die Befreiung aus Ägypten. Höhepunkt des Festes ist der Sederabend, an dem der Nacht des Auszugs gedacht wird.

■ **In der Bibel.** Alle Feste des jüdischen Festkreises können in ihrem Ursprung auf biblische Texte zurückgeführt werden. Schlage die folgenden Stellen nach und ordne sie den einzelnen Festen zu: Ex 12; Dtn 16,13-17; Dtn 16,9-12; Lev 23,23-25; Lev 23,26-32; 1 Makk 4,36ff.; Ester 9,20-32.

Purim – Gott rettet
Dieses Fest wird gefeiert in Erinnerung an die Errettung der Juden in Persien. Dort wollte der Hofbeamte Haman alle Juden töten lassen. Die Jüdin Ester aber legte beim persischen König ein gutes Wort für die Juden ein und vereitelte so den Plan des Haman. Schließlich wurde dieser selbst hingerichtet. Die Erinnerung an die Rettung wird mit einem ausgelassenen Fest gefeiert, bei dem die Kinder sich verkleiden dürfen.

■ **Große Ereignisse.** In vielen Festen feiert Israel Ereignisse seiner Geschichte mit Gott. Finde heraus, wann sich die Ereignisse der Bibel zufolge zugetragen haben, und ordne die Feste in dieser Reihenfolge.

Chanukka – Gott macht die Welt hell
Das Lichterfest erinnert an die Wiedereinweihung des Tempels im Jahr 164 v. Chr. Nachdem die Feinde Israels, die den Tempel entweiht hatten, abgezogen waren, suchten die Juden im Tempel nach geweihtem Öl für die Tempelleuchten, fanden jedoch nur Öl für einen einzigen Tag. Wie durch ein Wunder hielt dieses Öl aber acht Tage lang – so lange, bis neues geweihtes Öl zur Verfügung stand.
Zur Erinnerung an dieses »Chanukka-Wunder« wird während des Festes jeden Abend ein neues Licht am achtarmigen Leuchter entzündet.

Mit Gott durch das Jahr

Rosch Haschana – das Jahr beginnt
Mit dem Blasen des Schofar-Hornes wird das
neue Jahr angekündigt. Die ersten zehn
Tage des Jahres sind Tage der Besinnung
und der Buße.

■ **Ein großer Jahreskreis.** Ihr könnt
die Feste untereinander
verteilen und für das Klassenzimmer einen großen Jahreskreis mit weiteren Informationen und Bildern gestalten.
Mehr Infos zu jüdischen Festen
findet ihr zum Beispiel im Internet. Eine gute Startadresse ist
www.payer.de/judlink.htm.

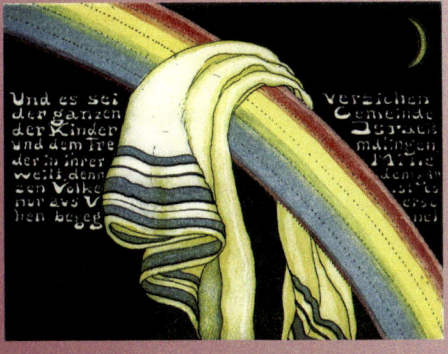

Jom Kippur – Gott verzeiht
Mit dem Versöhnungstag *Jom Kippur* endet die zehntägige
Bußzeit. Früher wurde ein Ziegenbock symbolisch mit allen
Sünden beladen und in die Wüste gejagt. Heute ist der *Jom-
Kippur*-Tag ein strenger Fastentag.

■ **Der christliche Festkreis.** Wenn
ihr euch im Religionsunterricht
schon mit der Lernlandschaft
»Feste feiern« beschäftigt habt
(vgl. S. 120-137), wisst ihr
bestimmt schon viel über den
christlichen Festkreis. Erstellt
eine Liste christlicher Feste.
Klärt gemeinsam, welche Bedeutung diese Feste haben, und
erfinde für jedes Fest ein geeig-
netes Symbol. Untersuche die
Feste auf Gemeinsamkeiten und
Unterschiede zu den jüdischen
Feiern. Nun kann jeder einen
Jahreskreis für beide Religionen
in sein Heft übertragen. Könnt
ihr auch die Festtage der
Muslime mit eintragen?

Sukkot – Gott geht mit
Sukkot ist das Laubhüttenfest: Fromme Juden
verbringen die acht Tage des Festes in einer selbst
gebauten Laubhütte, um sich daran zu erinnern, dass
Gott das Volk Israel auch in der Zeit der Wüstenwande-
rung, als es in Zelten wohnen musste, nicht verlassen
hat.

Der neunte und letzte Tag des Festes ist *Simchat Tora*,
der Tag des Tora-Freudenfestes, mit dem die Leseabschnitte
der Tora von Neuem beginnen.

Geschwister im Glauben

Juden und Christen sind Geschwister im Glauben: Die hebräische Bibel bzw. das Alte Testament ist für beide Religionen die heilige Schrift, das Wort Gottes, die Grundlage des Glaubens. Psalmen werden sowohl im Synagogengottesdienst als auch in den Kirchen gebetet und gesungen. Abraham ist beiden Vorbild wegen seines Glaubens und Gehorsams gegenüber Gott. Gemeinsam ist beiden auch der Glaube an Gott, den Schöpfer der Welt und Vater aller Menschen. Die Zehn Gebote und das Gebot der Gottes- und Nächstenliebe ist die gemeinsame zentrale Weisung für ein gelingendes Leben. Auch die Hoffnung auf Auferstehung und das ewige Leben verbindet die beiden Religionen.

Es gibt aber auch Unterschiede, v. a. bei der Bewertung der Person Jesu: Juden warten auf das Kommen des Erlösers. Für sie ist Jesus ein großer Prophet, aber nicht der Messias. Wir Christen glauben dagegen, dass in Jesus Gott Mensch geworden ist. Daher ist Jesus für uns der Messias (griech. »der Christus«), der schon gekommen ist. Deshalb glauben Juden an den Einen Gott, während das christliche Glaubensbekenntnis davon spricht, dass sich dieser eine Gott als Vater, Sohn und Heiliger Geist geoffenbart hat.

Für Juden führt der Weg zu Gott über die Beachtung der Tora und ihrer Gebote. Für Christen besteht dieser Weg im Leben Jesu, das als Vorbild zur Nachfolge auffordert. Juden verstehen sich als von Gott auserwähltes Volk Israel, mit dem Gott seinen Bund geschlossen hat.

■ **Verbindendes und Trennendes.** Erstelle mithilfe des Sachtextes »Geschwister im Glauben« eine Tabelle mit Verbindendem und Trennendem zwischen Juden und Christen. Ergänze diese durch die Informationen der vorangehenden Seiten.

Stellt euch vor: Ein Jude und ein Christ begegnen sich und berichten von ihrem Glauben. Spielt das Gespräch einander vor. Beobachtet, ob es mehr Verbindendes oder mehr Trennendes gibt.

Formuliert gemeinsam Regeln für den Umgang von Juden und Christen.

Christen verstehen sich als Kirche, das heißt als Gemeinschaft der an Jesus Christus Glaubenden. Oft ist das Verhältnis zwischen Juden und Christen kein geschwisterliches gewesen. Auch wenn es in der Geschichte immer wieder Christen – und ausdrücklich auch Päpste – gegeben hat, die sich nachdrücklich für die Religionsfreiheit der Juden eingesetzt haben, haben aber auch Christen den Juden das Trennende oftmals zum Vorwurf gemacht. Beleidigungen, Verfolgungen, Zwangstaufen bis hin zur Ermordung waren in den vergangenen Jahrhunderten die Folge; dabei wurden religiöse Argumente oft zur Begründung politischer Untaten missbraucht. Zur schlimmsten Verfolgung kam es zur Zeit der Hitler-Herrschaft (1933–1945), als in Deutschland und ganz Europa sechs Millionen Juden in Konzentrationslager verschleppt und ermordet wurden.

■ **Spurensuche vor Ort.** Nach der Verfolgung und Vernichtung von Millionen von Juden in Europa leben heute nur noch wenige Menschen jüdischen Glaubens bei uns in Deutschland. Erkundige dich …

… ob und wie viele jüdische Mitschülerinnen und Mitschüler es an deiner Schule gibt. Haben sie auch Religionsunterricht? Wann und wo? Und was lernen sie dort?

… wo die nächstgelegene Synagoge ist: Wann finden dort Gottesdienste statt? Gibt es auch einen jüdischen Friedhof?

… welche Straßennamen in deinem Ort auf Juden verweisen: Gibt es bekannte Juden in deinem Ort?

… welches Schicksal die Juden in deinem Ort während des Nationalsozialismus hatten.

… wann in diesem Jahr das jüdische Neujahrsfest ist. Trage deine Ergebnisse auf einem Plakat zusammen.

Während der Reichspogromnacht vom 9. auf den 10. November 1938 wurden in ganz Deutschland jüdische Einrichtungen geplündert und zerstört sowie die Synagogen in Brand gesetzt. Das Bild zeigt die brennende Synagoge von Eberswalde in Brandenburg.

Juden und Christen begegnen sich

**Seht doch, wie gut und schön ist es,
wenn Geschwister miteinander
in Eintracht wohnen.**

Psalm 133,1

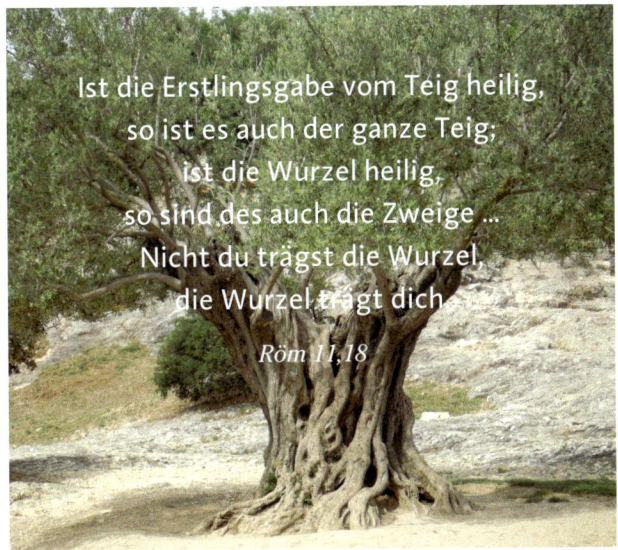

*Ist die Erstlingsgabe vom Teig heilig,
so ist es auch der ganze Teig;
ist die Wurzel heilig,
so sind des auch die Zweige ...
Nicht du trägst die Wurzel,
die Wurzel trägt dich.*

Röm 11,18

*Aus dem feurigen Kern des Sterns
schießen die Strahlen.
Sie suchen sich ihren Weg
durch die lange Nacht
der Zeiten.*

*Franz Rosenzweig,
jüdischer Philosoph*

■ **Ölbaum und strahlender Stern.** Überlege, was die beiden Bildworte vom Ölbaum und vom strahlenden Stern zum Verhältnis Juden und Christen ausdrücken. Suche ein weiteres passendes Bildwort und zeichne es.

■ **Schön ist es, wenn ...**
Dichte zu dem jüdischen Lied weitere Strophen, die zum Miteinander von Juden und Christen passen.

Hinnei matóv

Hín - nei ma - tóv u - ma na - jim, shé - vet a - chím gam já - chad.
Schön ist es, wenn un - ter *Brü - dern Lie - be und Frie - de woh - nen.

Hí - nei ma - tóv, shé - vet a - chím gam já - chad.
Sucht Ge - mein - schaft; Lie - be und Frie - de ü - bet.

*wahlweise Schwestern

Auf dieser Seite seht ihr einige Personen abgebildet, die nach der Überlieferung der Evangelien Jesus begegnet sind. Auf den nächsten Doppelseiten erzählen diese Personen von ihrer Begegnung mit ihm. Anders als der konzentrierte Bibeltext sind diese Erzählungen fiktiv, das heißt frei erzählt und fantasievoll ausgeschmückt. Vergleicht sie mit den Originaltexten in den Evangelien. Wo ihr die Stellen im Neuen Testament nachschlagen könnt, zeigen euch die Hinweise am Ende der jeweiligen Texte.

Er ist von Sinnen!

Ein Einwohner von Nazaret

Er hat mich wirklich sehen gelehrt!

Ein Blinder aus Jericho

■ **Aussagen über Jesus.** Lies die Sprechblasen. Welche der Aussagen interessiert dich am meisten? Suche die dazugehörige Person auf den nächsten Seiten. Mit welcher Person wollt ihr in der Klasse beginnen?

Er war tatsächlich Gottes Sohn!

Ein Hauptmann in Jerusalem

JESUS KOMMT AUS

Er lästert Gott!

Ein Pharisäer aus Kafarnaum

Er hat mich nicht verurteilt!

Eine Frau aus Jerusalem

■ **Und du?** Was sagst du über Jesus? Male eine leere Sprechblase in dein Heft und formuliere deine Meinung.

■ **Wo Jesus herkommt.** Sammelt Informationen über Israel und Palästina und gestaltet damit ein Poster für euer Klassenzimmer.

NAZARET

Kafarnaum

See Gennesaret

GALILÄA

Nazaret

Jordan

SAMARIA

Jericho

Jerusalem

Betlehem

Judäische Wüste

Totes Meer

JUDÄA

Jakobus, ein Verwandter des Jesus aus Nazaret

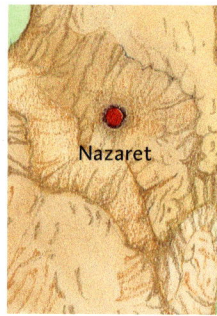

Nazaret

Ich bin zusammen mit Jesus in Nazaret aufgewachsen. Eigentlich war alles ganz normal. Er hat schon recht früh seinem Vater Josef bei der Arbeit geholfen und so, wie es sich gehört, den Beruf des Vaters erlernt. So weit, so gut. Allerdings war da immer schon so ein merkwürdiges Interesse für alles, was mit Gott und der Tora zu tun hat. Als er einmal mit seinen Eltern – ich glaube, er war damals zwölf Jahre alt – nach Jerusalem reiste, um dort das alljährliche Paschafest zu feiern, hat er sich, ohne den Eltern Bescheid zu sagen, in den Tempel begeben und dort mit den Schriftgelehrten diskutiert und ihnen Fragen gestellt. Als Zwölfjähriger im Tempel! Und dann über Gott diskutieren! Als gäbe es für Zwölfjährige nicht ganz andere, spannendere Themen!

Aber jetzt, wo er immerhin schon das reife Mannesalter von 30 Jahren erreicht hat, wundern wir uns noch mehr über ihn. Stellt euch einmal vor, euer Bruder oder euer bester Freund würde sich auf den Marktplatz stellen und rufen: »Das Gottesreich ist nahe! Kehrt um und glaubt an meine Worte, sie werden euch froh machen!«

■ **Was tun?** Jakobus fragt sich: Was also tun? Was würdest du ihm antworten? Verfasse einen Brief an ihn.

Was würdet ihr denken? Was würdet ihr tun? Vermutlich das Gleiche, was meine Brüder und ich getan haben: Wir haben versucht, ihn mit Gewalt zurückzuholen, ihn ins Haus zu ziehen, wo ihn niemand mehr gehört hätte. Es war uns so peinlich, dass er so laut vor allen Leuten solche Worte gesprochen hat! Woher nahm er das Recht? Wir haben sogar schon gehört, wie er Gott mit »Abba« anrief. »Abba«, das sagt man zärtlich zu seinem lieben Vater, wenn man ein kleines Kind ist. Aber doch nicht zu Gott, den Einzigen und Ewigen, dessen Name uns Juden so heilig ist! Doch Jesus spricht Gott ganz vertraulich an und meint sogar, sein Reich zu kennen und davon sprechen zu können!

Manchmal denke ich aber auch: Woher nimmt er nur den Mut und die Kraft? Was ist bloß in ihn gefahren, dass er so von Gott besessen ist? Er vergisst in solchen Momenten alles – seine Umgebung, seine Familie, seine Herkunft. Als wir versuchten, ihn zurückzuholen, stieß er uns brüsk zurück mit den Worten: »Wer ist meine Mutter und wer sind meine Brüder?« Und er schaute seine Zuhörerinnen und Zuhörer an und rief ihnen zu: »Ihr, ihr seid meine Schwestern und Brüder, ihr seid meine Familie!« Leider ist er jetzt fort aus Nazaret. Wir konnten ihn nicht aufhalten. Nun gut, er hat es ja so gewollt. Gottes Wille, so hat er gesagt, sei ihm wichtiger als unsere Angst. Denn von Gott zu erzählen sei niemals peinlich. »Ihr fürchtet doch nur, dass ich euch blamiere, wenn ich von Gott und seinem Reich erzähle. Aber von Gott zu erzählen ist niemals peinlich. Und wer Gottes Willen befolgt, der ist mein wirklicher Bruder, meine Mutter, meine Schwester«, sagte er. Was sollen wir bloß tun?

■ Vergleiche diese Nacherzählung mit dem biblischen Originaltext Mt 12,46–50.

■ **Gegenüberstellung.** Stelle in einer Tabelle gegenüber, welche Gründe die Familie Jesu zu ihrem Verhalten und was Jesus zu seinem Verhalten bewegt.

Nirgends hat ein Prophet so wenig Ansehen wie in seiner Heimat.
Mk 6,4

■ **Sprechblase.** Überlege, was Jesus mit den Worten in der Sprechblase gemeint hat. Gilt dieser Satz auch heute noch? Suche nach Beispielen.

■ **Wohnen.** Beschreibe, was dir an dem Haus auf dieser Seite auffällt. Vergleiche es mit anderen, dir bekannten Wohnungen.

■ **Ein Haus zur Zeit Jesu.** Auf dieser Seite erfährst du eine ganze Menge über das Leben in Palästina zur Zeit Jesu. Auch aus der Bibel kann man darüber viel erfahren. So zum Beispiel in folgenden Texten: Mt 9,17; Mt 13,33; Mk 2,1-4; Lk 17,35; Joh 2,6-9. Zeichne mithilfe der Informationen auf dieser Seite und aus der Bibel ein Haus zur Zeit Jesu in dein Heft. Verwende dabei alle genannten Gegenstände und Personen.

In einem jüdischen Dorf zur Zeit Jesu

Damals lebten die meisten Menschen in einfachen Häusern aus Lehm- oder Natursteinen. Tiere und Menschen teilten sich einen Raum, der spärlich möbliert war.

Ein großer Teil der Bevölkerung arbeitete auf den Feldern, in Weinbergen, als Fischer oder Viehhirten, aber auch als Handwerker, wie z. B. Zimmermänner, Schmiede, Töpfer und Weber.

Vielen Menschen ging es schlecht: Sie hatten keine regelmäßige Arbeit und verdienten sich ihr Brot durch Gelegenheitsarbeiten als Tagelöhner; andere mussten sich sogar das Nötigste zum Überleben erbetteln.

Die Frauen arbeiteten auf den Feldern und im Haus, wo sie für den Haushalt und die Zubereitung der Mahlzeiten zuständig waren. Diese Tätigkeiten waren körperlich sehr anstrengend, weil es kaum Geräte gab, die die Arbeit erleichterten. Dabei war das Getreide, das zunächst in einer Handmühle zu Mehl gemahlen und dann als Fladenbrot ausgebacken wurde, das Hauptnahrungsmittel.

streng an die Weisungen der Tora, sondern auch an viele andere Gesetze, die im Lauf der Zeit mündlich überliefert wurden. Alle diese Weisungen und Gesetze gaben ihnen Rückhalt und Hilfe im Leben. Aus Angst, »unrein« zu werden, hielten sie sich von allem, was die religiöse Reinheit beflecken könnte, fern. Dazu gehörten beispielsweise auch kranke Menschen. Auch Jesus stand den Pharisäern wahrscheinlich ursprünglich nahe, auch wenn er sich später durch seine Auslegung der Tora von ihnen abgrenzte und daher angefeindet wurde.

Der größte Teil der Bevölkerung war in der Gesellschaft wenig angesehen. Zu dieser Gruppe gehörten Bettler und Tagelöhner, aber auch Zöllner und Kranke. Besonders die Zöllner waren zwar wohlhabend, aber auch besonders verachtet, weil sie mit der verhassten Besatzungsmacht der Römer zusammenarbeiteten. Sie erhoben an Grenzen, Brücken, Stadttoren und größeren Straßenkreuzungen Zölle, indem sie sich die Waren der Reisenden zeigen ließen, ihren Wert schätzten und entsprechend Geld verlangten. Das Recht dazu pachteten sie von den Römern, denen sie wiederum einen Teil von dem eingenommenen Zoll abgeben mussten. Je höher jedoch der Zoll war, den sie verlangten, umso mehr konnten sie in ihre eigene Tasche wirtschaften. Deswegen waren sie in der Bevölkerung verhasst und galten als Verräter.

Kranke standen gesellschaftlich am Rand, weil Krankheit zur Zeit Jesu als selbstverschuldet und als Strafe Gottes galt. Wer krank war, so dachte man, musste zuvor eine schwere Sünde begangen haben. Häufige Krankheiten waren Lepra (eine Nervenkrankheit, bei der die äußeren Gliedmaßen absterben und regelrecht verfaulen), psychische Erkrankungen oder körperliche Behinderungen und Verkrüppelungen. Nach den Vorschriften machte der Kontakt mit Kranken unrein. Daher vermieden ihn fromme Juden wie die Pharisäer.

Frauen hatten – je nach ihrer gesellschaftlichen Schicht – unterschiedlichen Einfluss. Johanna, die Frau eines römischen Beamten, hat z.B. die Jesusbewegung finanziell unterstützt. Frauen haben den Weg Jesu von Galiläa bis unter das Kreuz in Jerusalem begleitet und waren erste Zeuginnen seiner Auferweckung. Auf den unteren Stufen der gesellschaftlichen Pyramide – als Sklavinnen, Tagelöhnerinnen, Bäuerinnen – waren Frauen beinahe rechtlos, dem jeweiligen Hausvorstand unterstellt.

■ **Säulen.** Betrachte oben stehende Zeichnung und benenne mithilfe des Textes die einzelnen Personen, die du dort entdeckst. Was sagt die Größe der einzelnen Säulen über die jüdische Gesellschaft der damaligen Zeit aus? Bestimme mithilfe des Sachtextes die Gruppen.

Oben und unten

Nur sehr wenige Menschen zur Zeit Jesu waren reich. Sie waren Großgrundbesitzer oder gehörten zu den Priesterfamilien des Jerusalemer Tempels. Letztere nannte man Sadduzäer. Sie waren fromm und richteten sich nach den Vorschriften des jüdischen Gesetzes, der Tora. Sadduzäer hatten einflussreiche Positionen inne und saßen z. B. im Hohen Rat, der obersten Gerichtsbehörde.

Zur Mittelschicht gehörten Handwerker und Bauern. Sie waren sehr besorgt um den Erhalt ihres Besitzes und fürchteten sich vor Veränderungen. Manche gehörten zu der Gruppe der Pharisäer (den »Abgesonderten«). Diese waren sehr gottesfürchtig und hielten sich nicht nur

Das Land, in dem Jesus lebte

Das Land, in dem Jesus lebte, hat viele Gesichter. Auch das Klima ist dort sehr unterschiedlich: Große Gebiete sind so trocken, dass dort gar nichts wächst. Dies gilt z. B. für die Wüste Juda, in der nur Viehhirten überleben konnten und Räuberbanden ihr Unwesen trieben. In Galiläa dagegen, um den See Gennesaret, gibt es auch fruchtbare Gegenden. Der See versprach zu allen Zeiten reichen Fischfang. Auch das Jordantal, mit über 400 Metern unter dem Meeresspiegel das tiefstgelegene Gebiet der Erde, gehört zu den fruchtbaren Gebieten. Jerusalem dagegen liegt über 800 Meter hoch und wird daher auch die »Stadt auf dem Berg« genannt. Sie ist zur Zeit Jesu das religiöse und politische Zentrum des Judentums – nach damaligen Verhältnissen eine pulsierende Großstadt.

■ **Stationen.** Nach dem Aufbruch aus Nazaret durchquert Jesus fast ganz Israel. Zeichne eine Karte Israels und trage folgende Stationen seines Lebensweges dort ein: Mk 1,9; Mk 1,12f.; Mk 1,16f.; Mk 1,21; Mk 10,46; Mk 11,1-11.
Ordne die Bilder auf dieser Seite den einzelnen Orten zu.

Lea, eine Frau aus Jerusalem

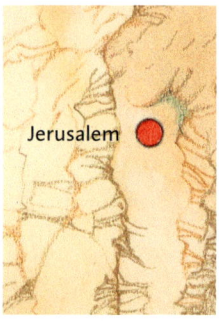

Jerusalem

Als die Männer mich zu ihm brachten, hatte ich Angst. Die Schriftgelehrten und Pharisäer hatten mich mit einem anderen Mann angetroffen und sagten, ich habe die Ehe gebrochen. Auf Ehebruch stand die Todesstrafe, die Steinigung. Sie sagten, sie wollten Jesus, den bekannten Wanderprediger, auf die Probe stellen und fragen, was sie mit mir machen sollten. Mir war klar, es gäbe nur eins, was mich erwartete: Sie würden Steine auf mich werfen, bis ich tot zusammenbräche. Was sollte Jesus anderes sagen als: »Steinigt sie! Sie hat das Gesetz des Mose gebrochen.«

Sie fanden Jesus umgeben von einer großen Gruppe Männer und Frauen, die er sicherlich zuvor gelehrt hatte. Als wir den Kreis der Menschen betraten, wurde es still. Die Pharisäer erzählten ihm, ich sei eine Ehebrecherin, und fragten: »Was sollen wir mit ihr tun?« Und was tat er? Nichts! Er saß nur da und malte mit dem Finger im Sand. Hatte er uns überhaupt bemerkt? Hörte er zu? Die Pharisäer wurden ungeduldig und fragten lauter: »Was sollen wir mit ihr tun?«

Und dann sah ich zum ersten Mal seine Augen. Er blickte mich an, ganz kurz, und dann sah er zu den Pharisäern und den Menschen um ihn herum. Die Spannung, die inzwischen in der Luft lag, war mit den Händen zu greifen. Und dann sagte er nur einen Satz und blickte wieder auf die Erde: »Wer von euch ohne Sünde ist, der werfe den ersten Stein!« Die Menschen blickten einer nach dem anderen zu Boden, dann gingen die ersten. So folgten alle, die um uns

herumgestanden hatten. Schließlich waren wir allein. Und jetzt sah er mich wieder an. Er sprach mit mir. Er, ein Rabbi, ein Gottesmann, sprach mit mir, einer Frau, einer Sünderin! »Hat dich keiner verurteilt?« – »Nein«, antwortete ich. – »Dann will auch ich dich nicht verurteilen. Geh und sündige in Zukunft nicht mehr.«

Mehr als seine Worte war es die Art und Weise, wie er mich ansah. Es war nicht der kalte, abschätzende Blick anderer Männer, sondern es lag ein Verstehen und eine Liebe darin, die ich nicht kannte. In diesem Moment fühlte ich mich nicht nur gerettet, sondern befreit. Ich konnte, ja ich sollte neu werden, anders leben als bisher, weil auch ich geliebt wurde. Ich habe mich geändert, ich habe seit diesem Tag mein Leben umgekrempelt. Später begegnete ich noch anderen Menschen, auch vielen Frauen, denen es ebenso ergangen war wie mir, als sie Jesus trafen. Für ihn waren wir Frauen vollwertige Menschen.

■ Vergleiche diese Nacherzählung mit dem biblischen Originaltext Joh 7,53–8,11

■ **Mit dem Finger im Sand.** Jesus malt mit dem Finger im Sand. Überlegt gemeinsam, welche Gedanken ihm dabei im Hinblick auf die Pharisäer und im Hinblick auf die Frau durch den Kopf gehen, und schreibt sie auf. Beachtet dabei das Wort Jesu in der Sprechblase. Warum antwortet Jesus nicht sofort, sondern bückt sich und schreibt – laut Originaltext – in den Sand?

Warum siehst du den Splitter im Auge deines Bruders, aber den Balken in deinem Auge bemerkst du nicht?

Mt 7,3

■ **Begegnen.** Was ist Jesus in der Begegnung mit Menschen wichtig? Schreibe eine Geschichte, in der Jesus Menschen heute begegnet. Beginne mit dem Satz: »Als Jesus wieder einmal durch die Fußgängerzone ging ...«

■ **Ansichten.** Betrachte das Bild in aller Ruhe: Welche Gefühle und Empfindungen ruft es spontan in dir hervor? Achte auf die Hände der Personen. Was drücken die Handhaltungen jeweils aus? Du kannst diese nachahmen. Zeichne das Bild mit den Umrissen der einzelnen Personen ab – du kannst dazu Butterbrotpapier benutzen. Teile das Bild dann in verschiedene Personen oder Personengruppen ein, die deiner Meinung nach zusammengehören. Gehe nun in dem Bild mit deinen Augen spazieren. Verweile bei einer Person deiner Wahl und lass diese erzählen, was gerade passiert.

Max Beckmann, 1917

Bartimäus, ein ehemals blinder Bettler

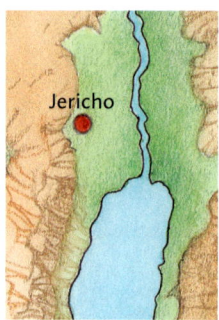

Jericho

Ihn hat nichts und niemand gleichgültig gelassen. Egal, ob er etwas anderes vorgehabt hat oder in Eile war, für seine Mitmenschen hat er immer ein Auge und Zeit gehabt. Nichts war ihm wichtiger. Ich weiß, wovon ich rede, denn ich habe es am eigenen Leibe erfahren.

Als ich ihm zum ersten Mal am Stadttor von Jericho begegnete, war mein Bettelsack zwar reichlich gefüllt, aber in meinem Inneren fühlte ich mich leerer als je zuvor. Niemand nahm mich wirklich wahr, aber der Blick Jesu traf mich. Er hat nicht in meine blinden Augen gesehen, sondern in mein Innerstes. Das habe ich genau gespürt. Er sah mich an, eben nicht gleichgültig, wie manche dieser Spenderinnen und Spender, die mir mein nacktes Überleben durch ihr Almosen ermöglichten. Nein, als er mich ansah, hatte ich zum ersten Mal das Gefühl, dass mich wirklich jemand versteht. Und so nahm ich allen meinen Mut zusammen und sprach ihn an. Die Umstehenden wurden ärgerlich und riefen, ich solle ja meinen Mund halten. Aber es war schon längst zu spät, denn, wie gesagt, er hatte mich schon längst wahrgenommen. Ich dachte, nun würde er zu mir kommen – aber nein, er wollte, dass ich zu ihm ginge. Ich, der Blinde, sollte ohne die Hilfe eines anderen durch die Menge gehen?

Ich zögerte zunächst, hatte Angst zu stolpern, die Orientierung zu verlieren, ihn zu verlieren. Dann fasste ich mir ein Herz und machte mich auf. Ich warf den störenden alten Mantel weg und lief los, auf den Weg zu ihm. Ich wusste plötzlich genau, wo ich ihn finden konnte.

Als ich bei ihm war und ihn umfassen konnte, stellte er eine seltsame Frage: »Was willst du, was soll ich dir tun?« Welch eine Frage! Was sollte ich schon wollen? Und dennoch, ich fühlte mich zum ersten Mal ernst genommen. Eben nicht mehr der blinde Bettler, der Geld will, sondern als richtiger Mensch, der andere Bedürfnisse und

■ **Blind sein?** »Blind sein« wird in unserer Sprache oft für verschiedene Sachverhalte benutzt. Sammelt an der Tafel Beispiele und überlegt, was diese Beispiele gemeinsam haben.

■ **Gottes Liebe erfahren**. Jesus hat von Gott erzählt und zugleich durch sein Handeln Gottes Liebe gezeigt. Seine Nähe konnte Menschen heilen, schenkte ihnen Vergebung und machte sie frei. Er zeigt: Das Reich Gottes hat schon begonnen. Erinnere dich an solche Jesus-Geschichten und erzählt sie euch gegenseitig.

Wünsche hat! Und dann sagte ich die Worte, von denen ich zuvor nur immer wieder geträumt hatte: »Rabbi, ich möchte wieder sehen!« Da schaute er mich an mit diesem verstehenden Sehen und sagte: »Geh! Dein Glaube hat dir geholfen!«

Heute bin ich ein angesehener Mann und muss nicht mehr betteln. Und all das habe ich der Zusage Jesu zu verdanken, der aus mir wieder einen vollwertigen Menschen, einen normalen Menschen gemacht hat – nur weil er nicht gleichgültig über mich hinweggesehen hat, sondern sich mir wirklich zugewandt hat. So habe ich wieder sehen gelernt, und das heißt für mich: nicht die Probleme der Mitmenschen übersehen, sondern eben genau hinsehen, was sie bewegt und kümmert. Er hat mir die Augen geöffnet für das, was im Leben wirklich wichtig ist.

■ Vergleiche diese Nacherzählung mit dem biblischen Originaltext Mk 10,46–52 parr.

Geh! Dein Glaube hat dir geholfen.
Mk 10,52

■ **Was geschieht da?** Lies dir die Bartimäus-Geschichte genau durch. Lege eine Tabelle mit drei Spalten an. Trage in je einer Spalte in Stichworten das Verhalten der Umstehenden, von Jesus und dem Bettler ein. Erkläre nun, was Jesus mit dem Satz in der Sprechblase gemeint haben könnte.

Echternacher Codex, um 1050

■ **Seitenwechsel.** Betrachte das Bild in aller Ruhe: Wie sind die Personen dargestellt? Achte auf die Farben der Gewänder (vgl. S. 125), den Gesichtsausdruck, die Körperhaltungen, die Hände (vgl. S. 10). Wie sind die einzelnen Personen auf dem Bild verteilt? Wo unterscheidet sich das Bild vom nebenstehenden Text (S. 92)?
Versetze dich nun in die Situation einer der umstehenden Personen: Wie hat diese wohl die Szene gesehen? Schreibe die Geschichte aus ihrer Sicht auf.
Lest euch gegenseitig eure Geschichten vor und vergleicht sie mit der Geschichte links. Was hat sich verändert?

■ **Vergleichen.** Vergleicht das Bild oben und die Geschichte links mit dem Bibeltext Mk 10,46–52. Er regte Maler, Liedtexter, Schriftsteller an, die Heilung auszuschmücken und zu deuten. Diskutiert, welche Vor- und Nachteile solche Ergänzungen haben.

Jonadab, ein Pharisäer

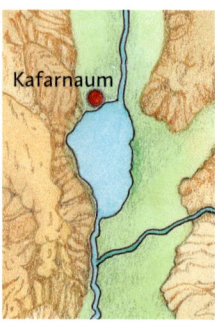

Ich hatte ganz und gar nichts gegen den »Meister«, wie ihn seine Jünger auch nannten. Er hat ja durchaus die Nähe zu uns Pharisäern gesucht und für mich war er zunächst einfach ein Rabbi, der das Wort Gottes verkünden wollte. Und das muss er recht gut getan haben, denn die Menge, die ihm folgte, wurde immer größer. Sogar ich selbst war furchtbar neugierig, ihn einmal kennenzulernen. Und als er in unsere Gegend kam, machte ich mich sogleich auf, um ihm entgegenzueilen und ihn zum Essen einzuladen.

Nun müsst ihr wissen, dass Gastfreundschaft für uns Juden etwas ganz Wichtiges ist. Es gibt zahllose Vorschriften, die ich als Gastgeber und auch der Gast einhalten müssen. Die sind uns sehr wichtig! Und was macht dieser Jesus? Setzt sich einfach an den Tisch, ohne sich die Hände zu waschen! Dabei weiß doch so ziemlich jeder halbwegs gesetzestreue Jude, dass die Reinheit vor dem Essen für Gott das Wichtigste ist. Unerhört! Als er meine Empörung merkt, fängt er auch noch an, mich, ein Mitglied der Partei der Gesetzestreuen, zu belehren! »O ihr Pharisäer!«, so sagt er, »ihr wascht euch zwar brav vor jedem Essen die Hände, haltet auch Becher und Teller außen sauber, innen aber seid ihr voll Raubgier und Bosheit. Ihr Unverständigen! Hat nicht der, der das Äußere schuf, auch das Innere geschaffen? Gebt lieber, was in den Schüsseln ist, den Armen, dann tut ihr wirklich Gottes Willen.« Den Armen etwas geben – als sei es damit getan! Nein, das Gesetz, die Tora, muss geachtet werden und wer das nicht kapiert, ist kein Gottesfreund.

Was dann neulich noch passiert ist, das schlug dem Fass den Boden aus: Da geht er an einem Sabbat in die Synagoge und sieht einen Mann dort sitzen, dessen Hand verkrüppelt ist. Der sitzt da schon immer und bettelt – den nimmt keiner mehr richtig wahr. Und was macht dieser Jesus? Bleibt stehen!

Es war ja Sabbat und das Gesetz verbietet es, am Sabbat zu arbeiten. Das heißt aber auch, dass es strengstens untersagt ist, einen Menschen zu heilen, wenn dieser nicht in äußerster Lebensgefahr schwebt. Das würde er nicht wagen, noch dazu in der Synagoge, dachte ich. Aber er hat es getan! Hat uns gefragt: »Was ist am Sabbat erlaubt: Gutes zu tun oder Böses, ein Leben zu retten oder es zu vernichten?« Keiner hat sich getraut, ihn zurückzuhalten, so zornig führte er sich auf. Und dann hat er zu dem Mann gesagt: »Strecke deine Hand aus« – da war sie gesund.

Das ist nun wirklich zu viel. Wir Pharisäer haben uns sogleich vor der Synagoge getroffen und beraten, was zu tun sei. Unser Beschluss war eindeutig: Im Namen der Partei der Gesetzestreuen – dieser Jesus muss verschwinden, und zwar endgültig!

■ Vergleiche diese Nacherzählung mit dem biblischen Originaltext Lk 11,37–54 par., Mk 2,23–3,6.

Der Sabbat ist für den Menschen da und nicht der Mensch für den Sabbat.

Mk 2,27

■ **Stellung nehmen.** Was kritisiert der Pharisäer an Jesus? Was Jesus an dem Pharisäer? Trage die Punkte in einer Tabelle zusammen und diskutiert, wer recht hat. Was meint Jesus mit dem Satz in der Sprechblase dazu?

■ **Gesetz und Sabbat.** Wenn du Näheres über die Tora, das Gesetz der Juden, und den Sabbat erfahren willst, findest du in der Lernlandschaft »Judentum« (S. 68ff.) verschiedene Informationen. Trage diese Informationen zusammen und verfasse einen kleinen Vortrag dazu.

Standbild

In einem Standbild könnt ihr eine Situation, Personen, Gefühle oder Sachverhalte ohne Worte als ein »Denkmal« darstellen, indem ihr diese mit euren Körpern nachgestaltet.

So funktioniert das:

1. Teilt euch zunächst in Gruppen von wenigstens vier, höchstens aber sechs Personen auf.
2. Sprecht über die Geschichte, die Situation oder den Sachverhalt, den ihr darstellen wollt:
   - Was fällt euch auf?
   - Was gefällt euch?
   - Was stört euch?
   Wenn Personen mit im Spiel sind:
   - Welche Gefühle haben wohl die einzelnen Personen?
   - Wie stehen sie zueinander in Beziehung?
3. Überlegt euch, wie ihr das Thema darstellen wollt:
   - Welche Szenen gibt es?
   - Welche Personen sind beteiligt?
   - Wer möchte welche Rolle übernehmen?
   - Welche Körperhaltung, welcher Gesichtsausdruck sollte gezeigt werden?
4. Baut Schritt für Schritt gemeinsam das Standbild auf, indem ihr die Haltung der Mitspielerinnen und Mitspieler so lange mit den Händen formt, bis sie die richtige Position eingenommen haben. Während dieser Bauphase wird nicht gesprochen, die Mitspielerinnen und Mitspieler verhalten sich völlig passiv und lassen sich von den Erbauern formen.
5. Nun baut die erste Gruppe ihr Bild auf, ohne dass sie dazu etwas sagt. Wenn das Bild fertig ist, »friert« sie es ein, d. h. alle Mitspielerinnen und Mitspieler erstarren für eine kurze Zeit.
6. Die Beobachtenden betrachten das Bild, beschreiben und deuten, was sie sehen:
   - Wie ist das Bild aufgebaut?
   - Wer steht im Mittelpunkt, wer steht außen?
   - Welche Aufgaben haben die einzelnen Teile des Standbilds?
   - Welche Gefühle kommen zum Ausdruck?
   Wenn ihr über die Personen redet, sprecht sie nicht mit ihren eigentlichen Namen an, sondern als Standbilder (z. B. »die Person da vorne«).
7. Danach wird das Bild wieder aufgehoben und es gibt donnernden Applaus! Die Standbildgruppe selbst berichtet nun über ihre Erfahrungen, Gefühle und Ideen. Dann ist die nächste Gruppe dran.
8. Ihr könnt die Standbilder in einem zweiten Durchgang auch sprechen lassen: Einzelne Zuschauerinnen und Zuschauer treten in das Bild hinein. Sie stellen sich hinter eine der Personen des Bildes, legen dieser die Hand auf die Schulter und äußern sich dann als »Ich-Aussage« über Gedanken und Gefühle der dargestellten Person oder des Themas.

■ **Standbild bauen.** Die Erzählung vom Mann mit der verdorrten Hand steht in Mk 3,1–6. Ihr könnt diese Geschichte wie hier beschrieben in ein Standbild umsetzen.

■ **Todesurteil.** Lest die S. 94 angegebenen Bibeltexte nach. Tragt zusammen: Warum fassen die Pharisäer den Beschluss, Jesus zu töten? Vergleicht die Parallelstellen der Perikopen und führt einen synoptischen Vergleich durch. Eure Lehrerin / euer Lehrer hilft euch dabei.

Cornelius, ein römischer Hauptmann

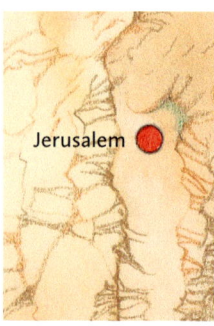

Jerusalem

Beim Jupiter! Das waren die verrücktesten Tage meines ganzen Soldatenlebens! Aber das ist ja nun, Gott sei Dank, vorbei. Wo soll ich anfangen? Ich weiß ja nicht, was ihr schon wisst! Außerdem verstehe ich selbst immer noch nicht, warum das Ganze passiert ist. Wir Römer haben nie die merkwürdigen jüdischen Sitten und Gesetze, erst recht nicht ihren Eingottglauben und ihre ganze Religion verstanden. Am besten ist es, ich fange ganz von vorne an:

Also, da war dieser Mann aus Galiläa, den alle Jesus nannten. Überall, wo er auftrat, gab es Aufregung. Das gefiel Pontius Pilatus, dem römischen Statthalter, gar nicht. Der wollte nur seine Ruhe haben und am liebsten mit Jesus kurzen Prozess machen. Pilatus war brutal und unberechenbar. Das Einzige, was für ihn zählte, war die Sicherung seiner Macht. Da kam es für ihn auf einen Menschen mehr oder weniger überhaupt nicht an. Das Gerichtsverfahren für Jesus ist dann auch ziemlich unfair verlaufen. Am Ende hatte er überhaupt keine Chance. Die Stimmung war so aufgeheizt, dass Pilatus einen Tumult befürchtete und das Todesurteil sprach. Jetzt war ich an der Reihe. Als Hauptmann der römischen Besatzungsarmee in Jerusalem war ich damals zuständig für politische Verbrecher. Also begann die ganze Prozedur mit dem Auspeitschen und der Vorschrift, dass der Verurteilte sein eigenes Kreuz tragen musste. Als wir an der Schädelhöhe angekommen waren, ließ ich ihn zusammen mit zwei weiteren Verbrechern kreuzigen.

Und jetzt kommt das Unglaubliche! Die ganze Zeit vorher war mir aufgefallen, mit welcher Haltung dieser Jesus sein Schicksal trug. So was hatte ich noch nie gesehen! Kein Wort der Klage. Schon am Kreuz hängend, betete er zu seinem Judengott. »Vater!«, so redete er ihn an, »Vergib ihnen, denn sie wissen nicht, was sie tun!« Was für ein merkwürdiges Gebet! Nicht für sich, für andere, für uns Soldaten, für mich, bat er bei seinem Gott! Ich habe schon viel gesehen und mitgemacht als Hauptmann – bei Verurteilungen und in vielen Schlachten. Aber so in Würde und Vertrauen auf seinen Vatergott, wie dieser Jesus gestorben ist, das ist unbeschreiblich! So stirbt nur jemand, der spürt, dass mit dem Tod nicht alles aus ist. Für diesen Jesus scheint sein Gott mächtiger zu sein als der Tod. Wir alle, die wir ihn haben sterben sehen, waren tief betroffen. Dieser gewaltlose, vertrauensvolle Tod war ein Sieg über alle, die ihn verurteilt, verspottet, getötet hatten!

■ Vergleiche diese Nacherzählung mit dem biblischen Originaltext Mk 15,39 parr.

Wahrhaftig, dieser Mensch war Gottes Sohn.
Mk 15,39

■ **Unbeschreiblich.** Cornelius bezeichnet das Verhalten Jesu als »unbeschreiblich«. Stelle zusammen, was für dich an Jesu Verhalten unbeschreiblich ist.

■ **Glaubensbekenntnis.** Der Hauptmann sagt über Jesus: »Dieser Mensch war Gottes Sohn.« Erkläre das Bekenntnis in einem Brief an eine/n muslimische/n Mitschüler/in. Lies dazu den Lexikonartikel »Jesus« und den Sachtext auf S. 40

■ **Abschiedsgesuch.** Nachdem Cornelius Jesus so hat sterben sehen, will er kein Soldat mehr sein. Helft ihm beim Verfassen eines Abschiedsgesuchs an Pontius Pilatus, indem ihr Kleingruppen bildet und Argumente sammelt, die ihn zu diesem Schritt bewogen haben. Wie könnte er Pilatus überzeugen?
Von welchen Gefühlen wird er seinem Vorgesetzten erzählen?
Jetzt wird es schwieriger: Cornelius muss vor Pilatus erscheinen und ihm persönlich sein Anliegen begründen. Schreibt mithilfe eurer Argumente eine kleine Rede, die Pilatus überzeugt, und übt diese Rede ein (die Hinweise auf S. 197 können euch dabei helfen). Gebt euch Tipps und verbessert euch gegenseitig beim Einüben der Rede.
Dann wählt einen Pilatus, dem ihr der Reihe nach als Cornelius eure Reden vortragt. Tauscht euch abschließend darüber aus, welche Argumente besonders überzeugend waren und welche nicht.

Leben unter der Römerherrschaft

Zur Zeit Jesu war der gesamte Mittelmeerraum von den Römern erobert worden. Die Römer gewährten den Juden wie den meisten unterworfenen Völkern viele Sonderrechte. Vor allem durften sie ihre Religion weiter ausüben. Und der Hohe Rat, das höchste Regierungs- und Richterkollegium der Juden, hatte in religiösen Fragen alle Rechte und Befugnisse, durfte aber keine Todesurteile aussprechen. Die Juden mussten außerdem den Römern ziemlich hohe Steuern und Zölle zahlen. Daher war die römische Besatzung sehr verhasst. Auch die Zöllner, die diese Steuern eintrieben, wurden als Helfershelfer der Römer verachtet.

Als Jesus geboren wurde, regierte in Rom Kaiser Augustus (30 v. Chr. bis 14 n. Chr.). In Palästina hatte er Herodes zum König der Juden eingesetzt. Nach dem Tod des Herodes im Jahre 4 v. Chr. wurde das Reich unter seinen Söhnen aufgeteilt und später als römische Pro-

■ **Das Römische Reich.** Vergleiche die Karte oben mit einer Landkarte, auf der die heutigen Staaten eingezeichnet sind. Notiert, welche davon auf dem Gebiet des Römischen Reiches liegen.

vinz Judäa von einem römischen Statthalter regiert. Von 26 bis 36 n. Chr. hieß dieser Statthalter Pontius Pilatus. Die meiste Zeit des Jahres lebte er in Cäsarea am Meer. Nur bei besonderen Festtagen hielt er sich in Jerusalem auf, um für Ruhe und Ordnung zu sorgen. Er überwachte das Steuerwesen und hatte als oberster Richter allein das Recht, die Todesstrafe zu verhängen. Die Todesstrafe wurde durch die Kreuzigung vollzogen, eine grausame Art der Hinrichtung, die im ganzen Römischen Reich ausgeübt wurde, aber für römische Bürger verboten war.

■ **Oft gemalt.** Die Kreuzigung Jesu ist eines der bedeutendsten Motive der Malerei. Betrachte die Darstellung von Matthias Grünewald auf S. 131. Beschreibe die Personen, die bei Grünewald unter dem Kreuz stehen.
Wie würden sie von den Geschehnissen erzählen?
Sucht weitere Kreuzigungsdarstellungen und vergleicht sie miteinander.

Limburg. Nachdem im Jahr 2011 die Wehrpflicht und damit auch der Zivildienst ausgesetzt wurden, sind die Stellen für ein „Freiwilliges Soziales Jahr" (FSJ) sehr begehrt. Für viele Schülerinnen und Schüler, die vor Ausbildung oder Studium stehen, bietet sich das FSJ an. Während des FSJ möchten sie sich orientieren, sozial engagieren und gleichzeitig ihre Persönlichkeit entwickeln. Sie möchten ihren Fähigkeiten und Grenzen auf die Spur kommen und sich mit Glaubens- und Sinnfragen auseinandersetzen. Bei der Suche nach einem FSJ-Platz bietet die Arbeitsstelle Soziale Dienste im Bistum Limburg ihre Unterstützung an.

???. Auch in eurer näheren Umgebung engagieren sich Menschen für andere Menschen. Sucht als Kleingruppe ein Beispiel heraus und dokumentiert auf einer Wandzeitung, was diese Menschen tun und wer ihnen dabei hilft.

Bensheim. Die Christoffel-Blindenmission in Bensheim ist eine international tätige, christliche Entwicklungshilfsorganisation mit dem Auftrag, blinden und anders behinderten Menschen in der ganzen Welt zu helfen. Allein im vergangenen Jahr wurden rund zwölf Millionen Patienten untersucht, behandelt und wo nötig operiert.

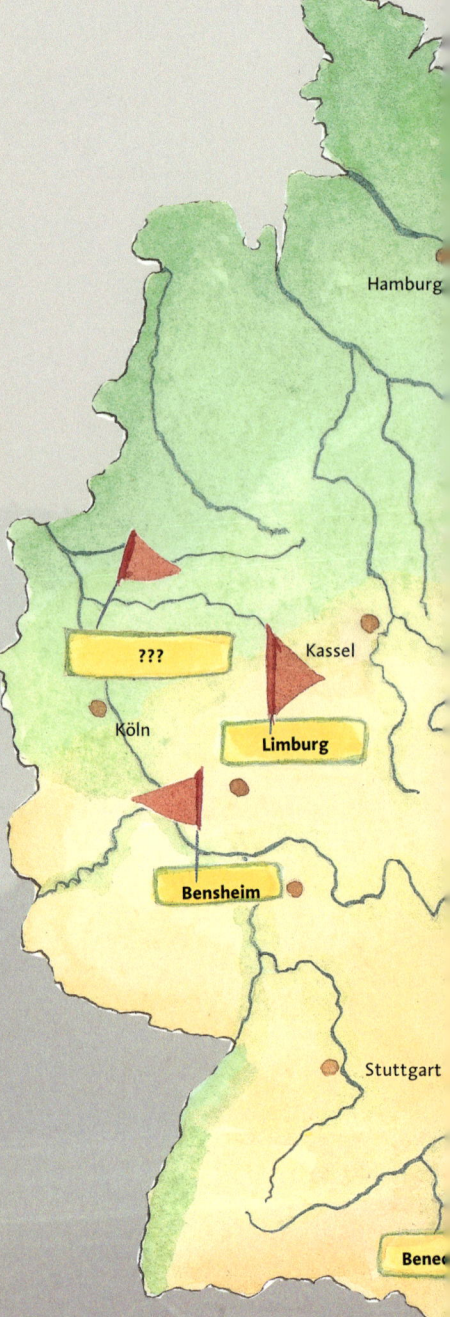

Hamburg

???   Kassel

Köln   **Limburg**

Bensheim

Stuttgart

Bene

■ **Jesus heute.** Zeige Gemeinsamkeiten zwischen den in dieser Lernlandschaft vorgestellten Personen zur Zeit Jesu und den hier genannten Personen in Deutschland heute auf.
Wo siehst du dennoch Unterschiede?

Berlin. In Berlin haben viele Kinder nicht genug zu essen. Eine warme Mahlzeit ist oft Luxus. Mit aller Kraft versuchen die Betroffenen, ihre Armut zu verbergen. Pastor Siggelkow hat daher eine Suppenküche für hungrige Kinder in Berlin ins Leben gerufen. Bis zu 150 Kinder und Jugendliche essen hier und nicht selten nehmen sie auch Reste mit nach Hause. Für ihre Eltern.

Erfurt. 1991 gründete Schwester Benedikta Hoffmann in Erfurt ein Haus für Frauen in Not. Die damals 68-jährige Ordensschwester erkannte, wie wichtig es ist, Frauen und ihre Kinder vor gewalttätigen Männern zu schützen. Betroffene Frauen werden meist von der Polizei und den Behörden ins Frauenhaus gebracht.

Benediktbeuern. Das Kloster in Benediktbeuern/Oberbayern wurde mit einem ökologischen Zertifikat ausgezeichnet, weil es ein hohes Umweltbewusstsein zeigt. Die Welt wieder stärker als Schöpfung Gottes zu begreifen, ist Anliegen der Mönche bei der Landwirtschaft, aber auch bei der Bildung und Erziehung vor allem der Jugend. Mit ihren »Bio-Ansichten« wurden die Mönche aber auch schon oft belächelt und verspottet.

■ **Die tun was.** Finde heraus, wer die vorgestellten Menschen unterstützt und finanziert. Erstelllt mithilfe des Internets zu den jeweiligen genannten Einrichtungen ein Plakat, das Aufgaben und Ziele näher vorstellt. Die Homepage local heroes (vgl. S. 115) bietet weitere Anregungen.

■ **Motivation.** »Er war tatsächlich Gottes Sohn«, bekennt der römische Hauptmann (vgl. S. 84). Besprecht, warum Jesu Taten und Worte diese Menschen bis heute antreiben.

Eine alte Legende erzählt:

Als Christus nach seinem Tod zum Himmel
aufgefahren war, fragten ihn die Engel,
wie es denn nun mit seinem Reich
auf der Erde weitergehen solle.
»Ich habe doch meine Jünger auf Erden«,
antwortete Christus. Aber die Engel sahen,
wie unbedeutend, wie schwach und verzagt
die Jünger waren, und fragten erschrocken:
»Herr, hast du denn wirklich keinen anderen,
keinen besseren Plan?«
Und Christus antwortete: »Nein – einen
anderen Plan habe ich nicht.«

■ **Anfangen.** Überlegt, warum die
Engel so erschrocken über die
Antwort von Christus waren.

WIE ALLES

BEGANN

■ **Bildbetrachtung.** Schaue dir das Bild genau an.
Beschreibe die Stimmung des Bildes: Farben (vgl.
S. 125), der Gesichtsausdruck von Maria und den
Jüngern. Überlege dir Sprech- und Gedankenblasen
für einzelne Personen am Tisch.
Woran erinnern sie sich? Was werden sie wohl als
Nächstes tun?

Ein Augenzeuge berichtet

Wenn ich gemeint hatte, die Sache mit Jesus sei zu Ende, war ich wirklich auf dem falschen Weg. Es waren Wochen vergangen. Es schien wirklich Gras über die Jesus-Affäre zu wachsen. Dann gingen neue Gerüchte in Jerusalem um: »Die Jesusjünger sind wieder da!«, »120 Männer haben sich zu einem Jesuskult versammelt«, »Der Galiläer Petrus ist der Wortführer der neuen Sekte«. Die Wahrheit solcher Gerüchte müsste sich ja nachprüfen lassen. Und tatsächlich war nichts erlogen.

Als ich in die Nähe der Versammlung kam, erkannte ich unter den Männern meinen Freund Aaron. Ich versuchte, mich ihm zu nähern, und sprach ihn an: »Wer ist denn der Mann, der da immer redet?« – »Weißt du das nicht? Petrus ist es, ein Fischer aus Galiläa, vom See Gennesaret. Wie der reden kann!« – »Und was ist jetzt hier los? Warum versammelt ihr euch hier? Euer Meister ist doch tot!« – »Das meinst du, Ruben! Jesus ist nicht tot. Er lebt! Er ist auferstanden! Frauen haben ihn gesehen, auch Petrus hat ihn gesehen und andere Jünger.« – »Die Leute sagen doch, die Jünger hätten ein Ding gedreht und Jesus aus dem Grab gestohlen, oder?« – »Was die Leute alles sagen! Um einer Wahrheit auszuweichen, sind schon immer Lügen recht gewesen.« – »Was tut ihr nun hier?« – »Wir sind zusammen, um uns über unsere Aufgabe klar zu werden. Jesus hat sich uns vor einigen Tagen zum letzten Mal als Lebendiger gezeigt. Petrus erzählte, dass Jesus gesagt habe: ›Ihr bekommt den Heiligen Geist. Seid nun Zeugen in Jerusalem und Judäa und auf der ganzen Welt.‹« – »Noch eine Frage: Wer ist eigentlich dieser Petrus? Er scheint der Wortführer von euch Jesus-Leuten zu sein.« – »Petrus? Ich kenne ihn auch noch nicht allzu lange. Aber das habe ich schon erfahren: Er ist ein Draufgänger. Lieber macht er etwas Falsches als nichts. Er erlitt auch schon schwere Niederlagen. Aber warum erzähle ich dir dies alles ...« – »Rede nur weiter, das interessiert mich. Welche Niederlagen hat Petrus denn erlitten?« – »Er hat's ja selbst erzählt: Bei der Verhandlung Jesu habe er, als er am Wachfeuer der Soldaten saß, Jesus rundweg verleugnet und so getan, als ob er ihn nicht gekannt hätte.« – »Davon habe ich gehört. Das war Petrus? Kaum zu glauben! Diese Veränderung! Das ist ja eine totale Umkehr!« – »Jesus berief ihn nach der Auferstehung nochmals – in Erinnerung an seine erste Berufung am See Gennesaret. Ich glaube schon, dass Petrus von seiner Schuld frei ist und jetzt neu Tritt gefasst hat. Es scheint so, als ob Petrus nicht mehr so schnell umfallen wird.« – »Abwarten.« – »Du hast recht! Auch wir Jesus-Leute sind und bleiben Menschen.«

Kurt Rommel

■ **Nach Ostern.** Stelle in deinem Heft die möglichen Reaktionen der Anhängerinnen und Anhänger Jesu nach dessen Tod zusammen.

■ **Rubens Frage.** Beantworte mit eigenen Worten Rubens Frage: Wer ist eigentlich dieser Petrus?

Bilder entdecken

In unserem Buch gibt es vieles zu entdecken: Texte, Lieder und vor allem auch Bilder. Bilder laden uns zu einer Entdeckungsreise ein, auf der Wegweiser sehr hilfreich sind. Die folgenden fünf »Wegmarken« kannst du bei einem Bild deiner Wahl ausprobieren:

1. *Sehen*
   Schaue dir das Bild ganz genau an. Achte dabei besonders auf die Farben und Formen (vgl. dazu S. 125). Es kommt zunächst nur darauf an, dass du genau hinsiehst und ganz exakt beschreibst, was du siehst: Ich sehe ...

   Deuten
   Jetzt erst kommt dein persönlicher Eindruck, die Deutung und Interpretation des Bildes:
   Mir gefällt an diesem Bild ..., mir gefällt nicht ...
   Ich denke bei diesem Bild an ..., ich vermute ...

   Sich einfühlen
   Stelle dich in Gedanken in das Bild hinein.
   Wo würdest du gerne stehen?
   Ich höre ...   Ich schmecke ...
   Ich rieche ...   Ich fühle ...
   Ich sage ...

2. *Versprachlichen*
   Finde einen Titel für das Bild. Vergleiche deinen Titel mit dem der Künstlerin/des Künstlers.
   Schreibe für einen Ausstellungskatalog einen Text zu dem Bild.

3. *Sich informieren*
   Informiere dich über die Künstlerin/den Künstler in einem Lexikon oder im Internet. Eine sehr knappe Information findest du auch im Schlussteil unseres Buches.

Mt 4,18-20

Lk 24,34

Mt 10,2

Apg 1,15

Mt 14,29-31

Apg 2,14-36

Mt 16,18-20

Gal 2

Mt 26,69-75

Albrecht Dürer, 1526

Apg 8,14-25; 10; 11,1-18; 15

■ **Annäherungen an Petrus.** Beschreibe den Gesichtsausdruck und die Haltung des Petrus mit fünf bis sieben Adjektiven.
Jetzt setzt euch in Dreier- oder Vierergruppen zusammen. Schlagt die genannten Bibelstellen nach und notiert euch die wichtigsten Informationen. Vergleicht sie mit euren Aufzeichnungen von »Ein Augenzeuge berichtet«. Entwerft abschließend ein »Kurzporträt des Petrus«.

Feuer und Flamme

Danach kamen wir jeden Tag in dem Haus zusammen, in dem wir das letzte Abendmahl gefeiert hatten, und es war immer, als wären in uns zwei Menschen. Der eine war glücklich, weil er wusste: Jesus ist der Herr. Er hat unser Leben in der Hand und er hat auch die ganze Welt in der Hand. Der andere war unglücklich, weil Jesus weggegangen war und wir so untätig zusammensaßen und nicht wussten, was wir tun sollten. Dann kam wieder so ein besonderer Tag, an dem alles anders wurde. Es war das Pfingstfest. Das Erntefest. Überall auf den Feldern wurde das Korn geschnitten, und von überall her brachten die Pilger die ersten Garben nach Jerusalem zum Tempel. Überall feierten die Menschen den Dank für die Ernte.

■ **Etwas Neues beginnt.** Lies Apg 2,1–47 und vergleiche den Bibeltext mit der Nacherzählung von Jörg Zink. Welche Gemeinsamkeiten findest du und welche unterschiedlichen Akzente fallen dir auf? Was bewirkt der Geist Gottes bei diesem Ereignis? Welche verschiedenen Deutungen dieses Geschehens gibt es?

Wir saßen schon am frühen Morgen, wie fast an jedem Tag, im Saal oben im Haus. Einer erinnerte sich: Vor zwei oder drei Jahren, es war ein paar Tage vor dem Erntefest, hat Jesus gesagt: »Seht euch die Felder an. Sie sind schon ganz hellgolden, fast weiß. Sie sind reif. Das Korn wartet auf den Schnitter. So ist es auch mit den Menschen.

Sie warten darauf, dass jemand zu ihnen geht, sie zusammenholt und heimbringt zu Gott.« Vielleicht ist jetzt auch für uns Erntezeit? Jesus hat das Korn in die Erde geworfen: Das Wort von Gott. Vielleicht sollen wir jetzt die Erntearbeiter sein, die die reife Frucht, die Herzen der Menschen, einbringen?

Während wir so miteinander redeten, kam plötzlich etwas über uns wie ein Sturm. Es war, als wehte ein Wind durchs Haus und als würden wir alle durcheinandergewirbelt. Es war, als wäre das Haus voll Feuer und voll Licht. Dann, nach wenigen Augenblicken, war wieder Stille. Aber wir waren ganz und gar verwandelt. Wir sprangen von den Bänken und sangen und redeten durcheinander. Und einige riefen: »Das ist es! Das ist es, was er gesagt hat! Das ist der Geist Gottes!« Wir umarmten uns und konnten gar nicht recht in Worte fassen, was uns erfüllte. Immer wieder riefen wir durcheinander: »Das ist es, was Jesus uns versprochen hat! Nun will er, dass wir aus unserem Versteck hervorkommen und zu den Menschen reden!« Einige Leute auf der Straße hörten, dass wir solchen Lärm machten, und blieben unten stehen, von den anderen Häusern sahen sie herüber und schließlich staute sich eine große Menge vor der Tür. »Die sind verrückt!«, sagten einige. »Die sind betrunken«, sagten andere. Aber Petrus ging zu ihnen hinaus und sagte: »Wir sind weder verrückt noch betrunken. Wir freuen uns nur, dass Jesus lebt und bei uns ist. Und er ist auch bei euch, wenn ihr zu ihm gehören wollt.« Und viele Leute baten uns: »Lasst uns auch dazugehören! Wir möchten auch glauben, dass Jesus lebt!«

Seitdem reden wir mit den Leuten in Jerusalem von Jesus, wo immer wir Gelegenheit haben, und viele schließen sich uns an. Unsere Gemeinde wird täglich größer, und es ist eine große Freude und Begeisterung.

Jörg Zink nach Apg 2,1–42.47

■ **Pfingstbilder.** Betrachte das Pfingstbild von Arnulf Rainer ganz genau. Was springt dir ins Auge? Was kannst du erkennen? Welche Stimmung drückt dieses Bild aus?
Auf S. 101 siehst du ein ganz anderes Pfingstbild. Vergleiche dieses mit dem Bild von Arnulf Rainer. Welche Gemeinsamkeiten, welche Unterschiede erkennst du?
Überlege dir, mit welchen Farben du das Pfingstereignis darstellen würdest. Male ein eigenes abstraktes Pfingstbild in dein Heft.

WIE ALLES BEGANN
Pfingsten

Arnulf Rainer, 1995/98

Komm herab, o Heiliger Geist

Komm herab, o Heiliger Geist,
der die finstre Nacht zerreißt,
strahle Licht in diese Welt.

Komm, der alle Armen liebt,
komm, der gute Gaben gibt,
komm, der jedes Herz erhellt.

Höchster Tröster in der Zeit,
Gast, der Herz und Sinn erfreut,
köstlich Labsal in der Not.

In der Unrast schenkst du Ruh,
hauchst in Hitze Kühlung zu,
spendest Trost in Leid und Tod.

Komm, o du glückselig Licht,
fülle Herz und Angesicht,
dring bis auf der Seele Grund.

Ohne dein lebendig Wehn
kann im Menschen nichts bestehn,
kann nichts heil sein noch gesund.

Was befleckt ist, wasche rein,
Dürrem gieße Leben ein,
heile du, wo Krankheit quält.

Wärme du, was kalt und hart,
löse, was in sich erstarrt,
lenke, was den Weg verfehlt.

Gib dem Volk, das dir vertraut,
das auf deine Hilfe baut,
deine Gaben zum Geleit.

Lass es in der Zeit bestehn,
deines Heils Vollendung sehn
und der Freuden Ewigkeit.

Amen. Halleluja.

■ **Welcher Geist?** Welche Strophen des alten Gebets aus dem 9. Jahrhundert sprechen dich besonders an?
Fertige eine Umrisszeichnung der Taube und gestalte ein Poster, in das du Taube und »deine« Strophen integrierst.
Macht eine Ausstellung eurer Poster.

Was der Geist bewirkt

■ **Das Bild zum Text.** Auf dem Bild von Bernhard Heisig gibt es viel zu entdecken. Sammelt eure Entdeckungen an der Tafel. Wenn ihr den Impuls »Texte vergleichen« bearbeitet habt, vergleicht die Ergebnisse mit eurer Tabelle zu den Texten. Welche Eigenschaften und Verhaltensweisen von Menschen hat der Maler ins Bild gebracht?

Be-geistert oder von allen guten Geistern verlassen?

Begeisterung führt eine Gemeinschaft zusammen, schafft Zusammenhalt und ermöglicht es, Aufgaben gemeinsam anzugehen. Es gibt Gemeinschaften mit einem »guten Geist« und solche, die von einem »bösen Geist« geprägt sind.

In der »Geburtstagsgeschichte« der Kirche zeigen sich Beispiele für einen guten Geist.

Im Alten Testament (Gen 11,1–9) findest du das genaue Gegenteil unserer Erzählung. Die Überheblichkeit der Menschen, einen Turm bis zum Himmel bauen zu wollen und so Gott zu erreichen, endet in totalem Chaos. Keiner versteht mehr den anderen, gemeinsames Handeln ist nicht mehr möglich.

Im Gegensatz dazu verstehen sich an Pfingsten alle Menschen trotz unterschiedlicher Sprachen und Kulturen – der Geist Gottes fördert gegenseitiges Verstehen und gibt Kraft, gemeinsam Aufgaben zu bewältigen.

Bernhard Heisig, 1977

■ **Texte vergleichen.** Lies Apg 2,1–42 und vergleiche diesen Text mit der Erzählung vom Turmbau zu Babel (Gen 11,1–9). Stelle das Verhalten und die Eigenschaften der Menschen in den beiden Erzählungen in einer Tabelle gegenüber.

■ **Geist und Gemeinschaft.** »Guten Geist« und »bösen Geist« gab es nicht nur damals, sondern auch heute – du kennst sicher Gemeinschaften mit Teamgeist und solche mit einem schlechten Klima.
Teilt euch in Vierergruppen auf und beschreibt in einem Schreibgespräch die Kennzeichen einer Gemeinschaft mit »bösem Geist« (Symbol geballte Faust). Die andere Hälfte stellt im Schreibgespräch zusammen, wie sich eine Gemeinschaft mit »gutem Geist« verhält (Symbol Handschlag).

Die Bekehrung des Saulus

Saulus, mit römischem Namen Paulus genannt, kommt aus Tarsus, der Hauptstadt der römischen Provinz Kilikien. Er erhielt eine umfassende Bildung und kannte sich sowohl in der griechischen Kultur als auch im Judentum gut aus. Sein reicher Vater schickte den jungen Mann zum Studium nach Jerusalem, wo sich Paulus vermutlich dem Schülerkreis der Pharisäer anschloss und kompromisslos für die Reinerhaltung des Glaubens an den einen wahren Gott kämpfte. Die Christen entstellten seiner Meinung nach den wahren Glauben. Deshalb verfolgte er sie erbittert.

Saulus wütete immer noch mit Drohung und Mord gegen die Jünger des Herrn. Er ging zum Hohenpriester und erbat sich von ihm Briefe an die Synagogen in Damaskus, um die Anhänger des (neuen) Weges, Männer und Frauen, die er dort finde, zu fesseln und nach Jerusalem zu bringen.

Unterwegs aber, als er sich bereits Damaskus näherte, geschah es, dass ihn plötzlich ein Licht vom Himmel umstrahlte. Er stürzte zu Boden und hörte, wie eine Stimme zu ihm sagte: Saul, Saul, warum verfolgst du mich? Er antwortete: Wer bist du, Herr? Dieser sagte: Ich bin Jesus, den du verfolgst. Steh auf und geh in die Stadt; dort wird dir gesagt werden, was du tun sollst.

Seine Begleiter standen sprachlos da; sie hörten zwar die Stimme, sahen aber niemand.

Saulus erhob sich vom Boden. Als er aber die Augen öffnete, sah er nichts. Sie nahmen ihn bei der Hand und führten ihn nach Damaskus hinein. Und er war drei Tage blind und er aß nicht und trank nicht.

In Damaskus lebte ein Jünger namens Hananias. Zu ihm sagte der Herr in einer Vision: Hananias! Er antwortete: Hier bin ich, Herr. Der Herr sagte zu ihm: Steh auf und geh zur sogenannten Geraden Straße und frag im Haus des Judas nach einem Mann namens Saulus aus Tarsus. Er betet gerade und hat in einer Vision gesehen, wie ein Mann namens Hananias hereinkommt und ihm die Hände auflegt, damit er wieder sieht. Hananias antwortete: Herr, ich habe von vielen gehört, wie viel Böses dieser Mann deinen Heiligen in Jerusalem angetan hat. Auch hier hat er Vollmacht von den Hohenpriestern, alle zu verhaften, die deinen Namen anrufen. Der Herr aber sprach zu ihm: Geh nur! Denn dieser Mann ist mein auserwähltes Werkzeug: Er soll meinen Namen vor Völker und Könige und die Söhne Israels tragen. Ich werde ihm auch zeigen, wie viel er für meinen Namen leiden muss. Da ging Hananias hin und trat in das Haus ein; er legte Saulus die Hände auf und sagte: Bruder Saul, der Herr hat mich gesandt, Jesus, der dir auf dem Weg hierher erschienen ist; du sollst wieder sehen und mit dem Heiligen Geist erfüllt werden.

Sofort fiel es wie Schuppen von seinen Augen und er sah wieder; er stand auf und ließ sich taufen. Und nachdem er etwas gegessen hatte, kam er wieder zu Kräften. Einige Tage blieb er bei den Jüngern in Damaskus; und sogleich verkündete er Jesus in den Synagogen und sagte: Er ist der Sohn Gottes. Alle, die es hörten, gerieten in Aufregung und sagten: Ist das nicht der Mann, der in Jerusalem alle vernichten wollte, die diesen Namen anrufen? Und ist er nicht auch hierhergekommen, um sie zu fesseln und vor die Hohenpriester zu führen?

Saulus aber trat umso kraftvoller auf und brachte die Juden in Damaskus in Verwirrung, weil er ihnen bewies, dass Jesus der Messias ist.

Apg 9,1–22

■ **Blindsein.** »Blindsein« kann wörtlich wie im übertragenen Sinn gemeint sein. Worin lag die Blindheit des Paulus? Wodurch fiel es ihm wie Schuppen von den Augen – wir könnten auch sagen: »Es ging ihm ein Licht auf«? Entwirf eine Gedankenblase, in die du den »Geistesblitz« des Paulus schreibst.
Ist dir auch schon einmal etwas »Umwerfendes« passiert? Tausche dich mit deinen Mitschülerinnen und Mitschülern über Erfahrungen aus.

■ **Ein umwerfendes Ereignis.** Teile den Text in verschiedene Szenen und gib ihnen jeweils eine Überschrift.
Stellt in Kleingruppen jeweils eine Szene als Standbild dar.

■ **Das Bild von Caravaggio.** Beschreibe zunächst den am Boden liegenden Paulus, danach das Pferd.
Wie wirkt der Begleiter? Wie ist die Wirkung von Licht und Schatten?
Vergleiche nun das Bild mit dem Text. Welche Szene wird dargestellt?

Caravaggio, 1600

Streit in Antiochia und Jerusalem

Die Christusbegegnung vor Damaskus hat Paulus ganz und gar verändert. War er zuvor ein strenggläubiger Jude, für den die Befolgung der Tora – des jüdischen Gesetzes – das Zentrum und die Richtschnur seines Lebens war, so war anschließend die Verkündigung der Frohbotschaft von Jesus Christus, dem Heiland und Messias, seine Lebensaufgabe.
Aus Begeisterung für diese Botschaft warb er nicht nur bei den Juden, sondern auch bei Nichtjuden dafür. So entstand in Antiochia eine größere christliche Gemeinschaft, die hauptsächlich aus »Heidenchristen« bestand. Diese kannten die Tora nicht und hielten sich somit nicht an die jüdischen Gesetze. Sie waren nicht beschnitten und ließen auch ihre Kinder nicht beschneiden. Bei den »Judenchristen« führte dies zu einer grundsätzlichen Frage: Mussten Heiden, die sich taufen lassen wollten, zunächst Juden werden, sich beschneiden lassen und sich z. B. an die jüdischen Essensvorschriften halten (vgl. S. 78f.)? Oder ermöglichte der Glaube an Jesus Christus die Freiheit vom Gesetz, wie das Paulus vertrat? Die folgende Geschichte könnte sich in Antiochia abgespielt haben:

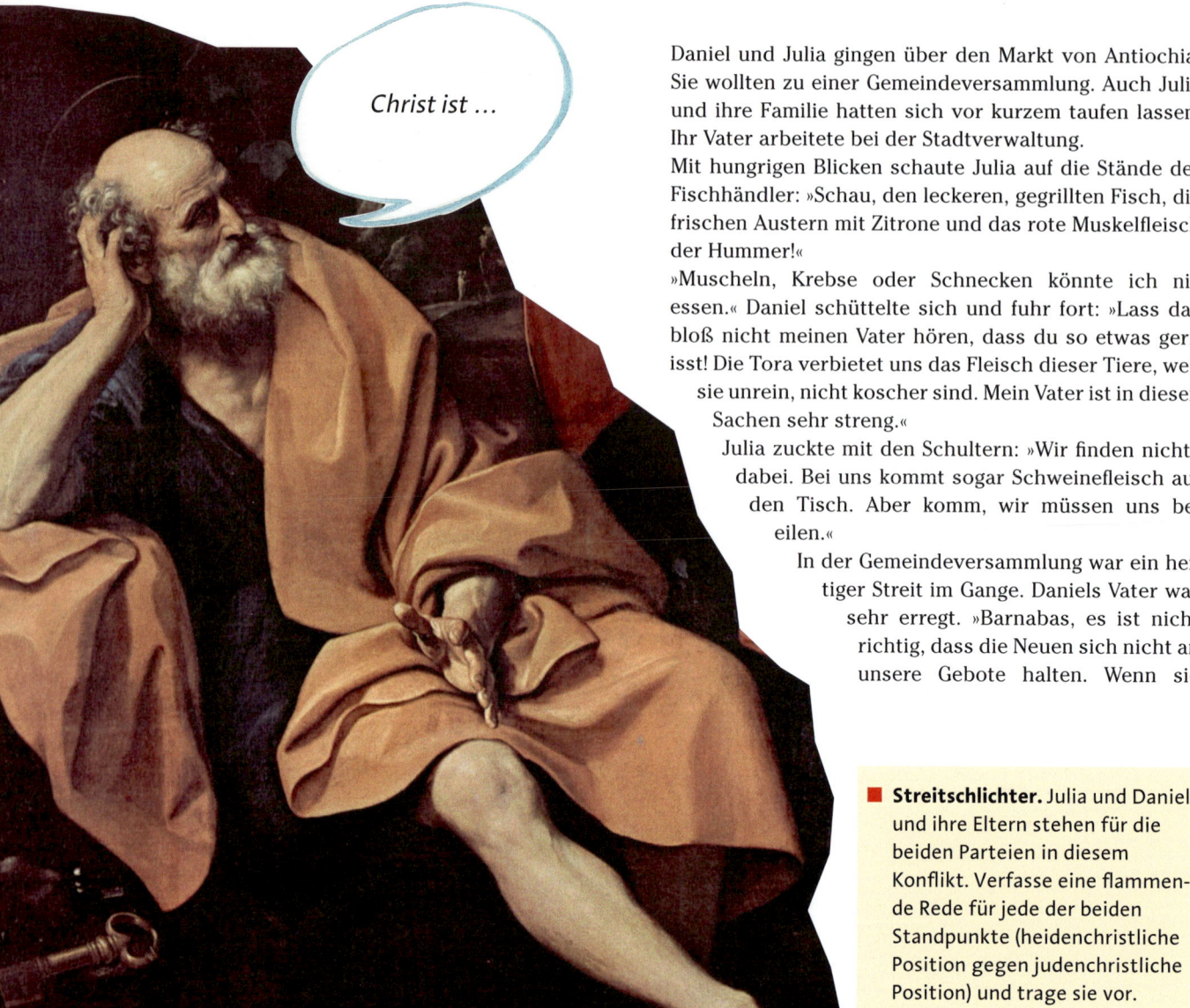

Christ ist …

Daniel und Julia gingen über den Markt von Antiochia. Sie wollten zu einer Gemeindeversammlung. Auch Julia und ihre Familie hatten sich vor kurzem taufen lassen. Ihr Vater arbeitete bei der Stadtverwaltung.
Mit hungrigen Blicken schaute Julia auf die Stände der Fischhändler: »Schau, den leckeren, gegrillten Fisch, die frischen Austern mit Zitrone und das rote Muskelfleisch der Hummer!«
»Muscheln, Krebse oder Schnecken könnte ich nie essen.« Daniel schüttelte sich und fuhr fort: »Lass das bloß nicht meinen Vater hören, dass du so etwas gern isst! Die Tora verbietet uns das Fleisch dieser Tiere, weil sie unrein, nicht koscher sind. Mein Vater ist in diesen Sachen sehr streng.«
Julia zuckte mit den Schultern: »Wir finden nichts dabei. Bei uns kommt sogar Schweinefleisch auf den Tisch. Aber komm, wir müssen uns beeilen.«
In der Gemeindeversammlung war ein heftiger Streit im Gange. Daniels Vater war sehr erregt. »Barnabas, es ist nicht richtig, dass die Neuen sich nicht an unsere Gebote halten. Wenn sie

■ **Streitschlichter.** Julia und Daniel und ihre Eltern stehen für die beiden Parteien in diesem Konflikt. Verfasse eine flammende Rede für jede der beiden Standpunkte (heidenchristliche Position gegen judenchristliche Position) und trage sie vor.

Christen sein wollen, dann dürfen sie nur Koscheres essen.«

»Barnabas, du verunreinigst dich, wenn du das isst, was die Neuen essen«, mahnte eine Frauenstimme. Daniel und Julia warfen sich vielsagende Blicke zu. »Aber was soll ich machen?«, antwortete Barnabas.

»Wir Christen wollen gemeinsam Gottesdienst feiern, wir wollen füreinander da sein, uns gemeinsam um unsere Kinder und um unsere Alten kümmern. Aber wie sollen wir zusammenleben, wenn wir nicht gemeinsam essen können?«

»Ich denke, wir müssen Paulus fragen. Er kann uns vielleicht helfen«, meinte die Frau.

Paulus gehörte zu den Aposteln, die die neue Christenlehre in alle Welt verbreiteten. Er schrieb Briefe an die Christengemeinden, um sie zu beraten.
Wird Paulus hier helfen können? Es geht nämlich nicht um eine Lappalie, sondern um eine drohende Spaltung zwischen Juden- und Heidenchristen – und um die Frage, ob und wie Paulus in Zukunft seine Heidenmission gestalten darf. Ist die Ausbreitung des Evangeliums schon an ihre Grenzen gestoßen? Für die Gemeinde in Antiochia reisen Paulus und Barnabas nach Jerusalem und legen gegenüber den maßgeblichen Männern der Gemeinde in Jerusalem ihren Standpunkt dar.

Christ ist …

Das Apostelkonzil in Jerusalem

Immer wieder gab es in der Kirche Meinungsverschiedenheiten, um deren Lösung man sich in Versammlungen (Konzilien) bemühte. Im Apostelkonzil in Jerusalem (Apg 15), das als das erste Konzil der Kirchengeschichte gilt, ging es um die entscheidende Frage, ob die Zielgruppe für die Frohbotschaft Jesu nicht nur Juden, sondern alle Menschen sein sollten.

■ **Petrus und Paulus.** Die beiden Apostel vertraten sehr unterschiedliche Meinungen darüber, was Christsein an religiösen Pflichten beinhaltet. Über dieser Frage drohte eine erste Spaltung unter den Christen. Das auseinandergerissene Bild des italienischen Malers Guido Reni (1575–1642), das Petrus (links) und Paulus (rechts) darstellt, versinnbildlicht diesen Streit, der im Apostelkonzil in Jerusalem beigelegt wurde. Übertrage die Sprechblasen in dein Heft und ergänze sie.

Die Entscheidung

Die Apostel und die Ältesten der Kirche haben in diesem Streitfall Folgendes entschieden:

Denn der Heilige Geist und wir haben beschlossen, euch (= den Heidenchristen) keine weitere Last aufzuerlegen als diese notwendigen Dinge: Götzenopferfleisch, Blut, Ersticktes und Unzucht zu meiden. Wenn ihr euch davor hütet, handelt ihr richtig.

Apg 15,28f.

■ **Paulusbrief.** Verfasse einen Brief, in dem Paulus die Entscheidung des Apostelkonzils der Gemeinde in Antiochia erklärt. Zusätzliche Informationen dazu findest du in Gal 2,1–10.

Liebe Männer und Frauen in ...

Heute möchte ich euch von einem ganz außergewöhnlichen Menschen erzählen. Er heißt Jesus von Nazaret und ist für mich wie für alle seine Anhängerinnen und Anhänger der Christus, der Messias, Gottes Sohn.
Gott ist uns in ihm ganz nahe gekommen – er hat sozusagen ein menschliches, liebendes Gesicht bekommen. Die Menschen, denen er begegnete, hat er verändert. Er hat vom Reich Gottes erzählt, und er hat den Menschen durch sein Reden und Handeln gezeigt, wie es in diesem Reiche aussieht: Blinde sehen, Lahme gehen, Ausgestoßene werden wieder in die Gesellschaft aufgenommen – mit ihm ist die Liebe Gottes in die Welt gekommen und das Reich Gottes angebrochen.
Mit seiner Botschaft hat er bei den Mächtigen und Großen Anstoß erregt. Er starb wie ein Schwerverbrecher am Kreuz und wurde von Gott wie ein Gerechter von den Toten auferweckt.
Alle, die an ihn glauben und sich taufen lassen, können darauf vertrauen, dass sie sich das Himmelreich nicht durch gute Taten »verdienen« müssen, sondern durch Gottes Liebe und Barmherzigkeit unbedingt angenommen – gerechtfertigt – sind.
Bald werde ich mit meinen treuen Gefährten zu euch kommen und wir werden sicher Gelegenheit haben, über alle diese Dinge zu reden. Ich bin überzeugt, ihr lasst euch von der Frohbotschaft anstecken, so wie ich Feuer und Flamme für sie bin. Dann werdet auch ihr am Reich Gottes mitarbeiten.
Einige weite und gefährliche Reisen haben wir schon hinter uns. Mit Gottes Hilfe wurden wir aus vielen schwierigen Situationen gerettet und konnten in vielen Ländern christliche Gemeinden gründen.
Friede sei mit euch!   Paulus

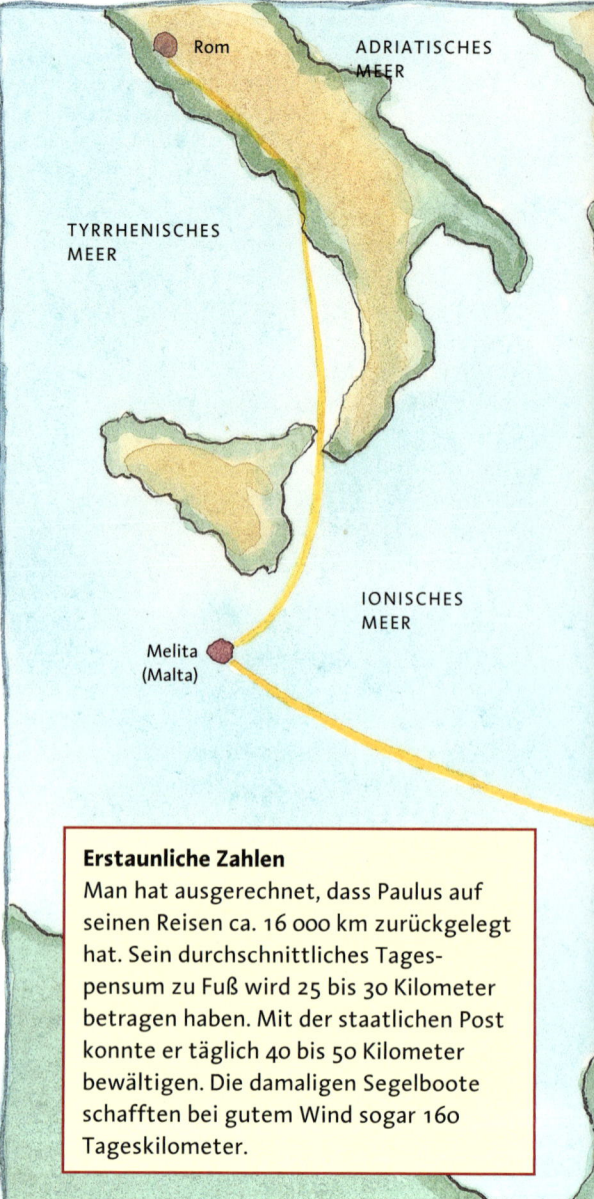

Erstaunliche Zahlen
Man hat ausgerechnet, dass Paulus auf seinen Reisen ca. 16 000 km zurückgelegt hat. Sein durchschnittliches Tagespensum zu Fuß wird 25 bis 30 Kilometer betragen haben. Mit der staatlichen Post konnte er täglich 40 bis 50 Kilometer bewältigen. Die damaligen Segelboote schafften bei gutem Wind sogar 160 Tageskilometer.

■ **Brief.** Der Brief auf dieser Doppelseite versucht, die wichtigsten Punkte der Botschaft des Paulus zusammenzufassen. Schreibe eine SMS mit den zentralen Aussagen. Du hast dafür maximal 160 Zeichen zur Verfügung.

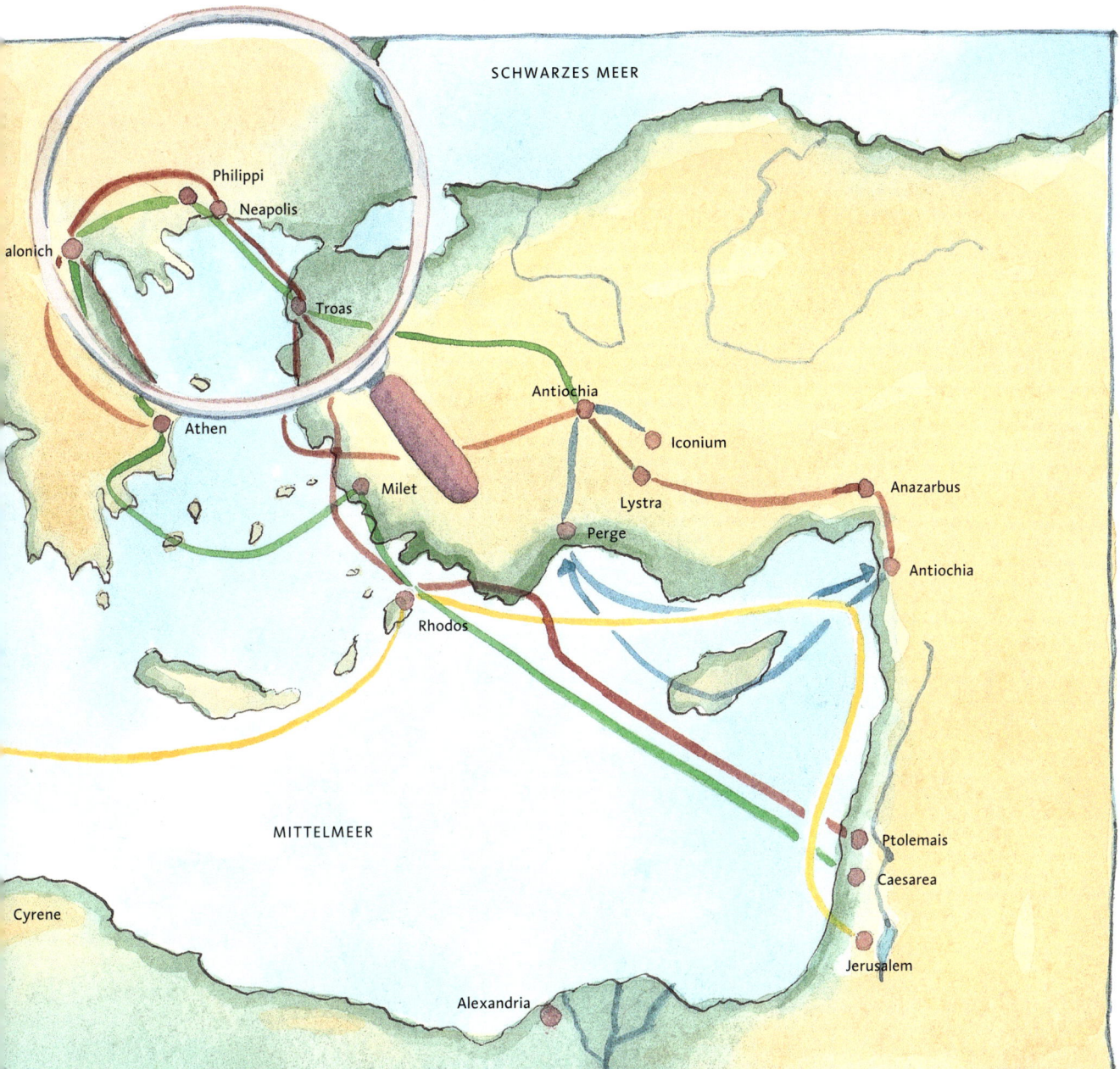

■ Missionsreisen. Verfolge auf der Karte die drei Missionsreisen des Paulus. Informiere dich über mindestens eine Gemeinde, die er auf dieser Reise gegründet hat (vgl. die Paulusbriefe im Neuen Testament). Informiere dich genauer über die Gemeinde in Philippi, die erste Gemeinde in Europa und Paulus' Lieblingsgemeinde.

Folgende Gesichtspunkte kannst du hierbei beachten:
– die geografische Lage und historische Bedeutung der Stadt;
– die damaligen Bewohner, ihre Lebensweise, ihre Probleme;
– das Auftreten des Paulus und seiner Begleiter.

Informationen hierzu findest du z. B. in Apg 16,11–40 und natürlich im Philipperbrief selbst.

Wenn du deine Kenntnisse testen möchtest, findest du unter www.ekd.de/paulus eine gute Gelegenheit.

Die römische Götterwelt

Rom war zur Zeit der ersten Ausbreitung des Christentums *die* Weltstadt schlechthin. Die Römer hatten für die Macht und den Wohlstand ihrer Stadt eine einfache Erklärung: Sie glaubten, dass sie ihre Götter mehr verehrten als alle anderen Völker die ihren. Ob ein Feldzug geplant wurde oder eine Ehe geschlossen, die Geburt eines Kindes bevorstand oder ein öffentliches Amt neu zu besetzen war – in allen Lebenslagen versicherten sich die Römer durch Gebet und Opfer der Hilfe ihrer Götter. Deren Zahl war groß – den privaten Bereich schützten u. a. Janus, der Gott der Tür und Beschützer des Hauses, Vesta, die Göttin des häuslichen Herdes, und Venus, die Göttin der Liebe. Im öffentlichen Bereich waren Merkur für die Kaufmannsgeschäfte oder Mars für die Kriegsführung zuständig. Über allem wachte der Göttervater Jupiter.

Die Römer achteten aber auch die Göttinnen und Götter der Völker, die sie unterworfen hatten. Ihnen war ein eigens für sie errichteter Bau gewidmet, das *Pantheon* (griech.: »Ort für alle Götter«), das noch heute als Kirche in Rom zu besichtigen ist. Hier fand man die Götter der Griechen, Ägypter, Gallier und Germanen einträchtig nebeneinander und konnte sie verehren. Die Juden, die an einen Gott glaubten und sich von ihm keinerlei Abbilder machten, wollten jedoch hier ihren Gott nicht verehren.

> ■ **Besuch im Pantheon.** Lucius, ein junger Römer, will Lydia, eine junge Christin, mit ins Pantheon nehmen.
> Entwirf einen Dialog zwischen den beiden und spielt euch verschiedene Dialogszenen vor.

Paulus wird in Rom hingerichtet

Paulus wurde in Jerusalem gefangen und als römischer Gefangener von Jerusalem nach Cäsarea gebracht. Sein Prozess schleppte sich über längere Zeit hin.

Paulus, der ja römischer Staatsbürger war, appellierte darauf an das römische Kaisergericht. So kam er als Angeklagter nach Rom und wurde von der römischen Gemeinde herzlich aufgenommen. Durch das Zusammenleben mit ihnen lernte er römische Lebensgewohnheiten, den Götterglauben der Römer und ihren Kaiserkult

Innenansicht des Pantheons in Rom. Kupferstich nach einem Gemälde von Giovanni Paolo Pannini (1691/92–1765)

kennen. Zuerst durfte sich Paulus in Rom noch relativ frei bewegen – er befand sich in einer Art »Hausarrest«. Unter dem römischen Kaiser Nero (54-68 n. Chr.) wurde der Prozess gegen Paulus wieder aufgenommen. Sein gerichtliches Widerspruchsverfahren hatte keinen Erfolg.

Paulus starb vermutlich Anfang der sechziger Jahre unter Kaiser Nero. Da er römischer Staatsbürger war, soll er – dies galt als besonderes Privileg – mit dem Schwert enthauptet worden sein.

■ **Vorbilder.** Paulus ermutigte die Gemeindeglieder seiner Zeit, sich füreinander und besonders auch für die Schwachen in der Gesellschaft einzusetzen. So bricht das Reich Gottes unter den Menschen an.
Kennst du Menschen vor Ort, die sich in den Bereichen Armenhilfe; Ehrlichkeit; Behinderung; Glaubenszeugnis oder Zivilcourage besonders engagieren? Welche der oben stehenden Aussagen des Paulus könnte ein Motto für ihr Handeln sein?
Ihr könnt auch auf der Homepage www.ktf.uni-passau.de/local-heroes schauen. Dort werden Menschen vorgestellt, die sich besonders für ihre Mitmenschen vor Ort eingesetzt haben bzw. immer noch einsetzen. Besuche die Homepage und wähle dort eines der oben genannten Schlagworte aus. Stelle deiner Klasse eine der hier aufgeführten Personen vor.

Was von Paulus bleibt

Viele Aussagen aus den Paulusbriefen sind weltbekannt und auch heute noch aktuell. Sie sagen viel über den Menschen Paulus und über die Haltung, die er von Christinnen und Christen gefordert hat:

Wir sollen als neue Menschen leben.	Röm 6,4
Freut euch mit den Fröhlichen und weint mit den Weinenden!	Röm 12,15
Alle Gebote sind in dem einen Satz zusammengefasst: Du sollst deinen Nächsten lieben wie dich selbst.	Röm 13,10
Lauft so, dass ihr den Siegespreis erringt.	1 Kor 9,24
Wenn ich alle Glaubenskraft besäße und Berge damit versetzen könnte, hätte aber die Liebe nicht, wäre ich nichts.	1 Kor 13,2
Tod, wo ist dein Sieg? Tod, wo ist dein Stachel?	1 Kor 15,55
Einer trage des anderen Last.	Gal 6,2

■ **Lieblingsspruch.** Welcher Ausspruch von Paulus spricht dich am meisten an? Schreibe ihn in dein Heft und verziere ihn.

Die ersten Christen in Rom

In der ersten Zeit der jungen christlichen Gemeinde in Rom und im Römischen Reich gab es noch relativ wenig Probleme. Der römische Staat unterschied nicht zwischen Juden und Christen.

Wie die Juden passten sich die Christen nicht richtig an und waren einfach anders. Die Christinnen und Christen blieben unter sich. Was hatten sie zu verbergen?

Die Menschen im Römischen Reich stellten sich Fragen wie:

- Was sind das nur für Menschen, die nur einen einzigen Gott anbeten und dazu noch einen gekreuzigten Schwerverbrecher verehren?
- Warum gehen sie nicht in unsere Tempel, sondern treffen sich zu abendlichen Mahlzeiten, bei denen sie ganz unter sich sind? Und stimmt das Gerücht, dass sie da das Fleisch und Blut kleiner Kinder verzehren?
- Warum achten sie alle Menschen gleich hoch – auch Sklaven, Obdachlose oder Asoziale aus den Elendsvierteln?
- Warum pflegen und versorgen sie Arme, Kranke, Behinderte und Ausgestoßene?
- Warum haben sie vor dem Kaiser gar keinen Respekt – an den Kaiserfesten bekränzen sie nie die Kaiserstatuen und feiern auch kein Fest zu Ehren des Kaisers.

Ein Fisch ist mehr als ein Fisch

Der Fisch als Zeichen für die Christen findet sich auf Grabsteinen, Haustüren und Amuletten – und heute auch auf Autos! In Zeiten der Verfolgung diente er als Erkennungszeichen.

Warum war gerade der Fisch als Christussymbol so geeignet? Das griechische Wort für Fisch, »ichthys«, besteht aus den Anfangsbuchstaben der Worte: »Jesus Christus, Gottes Sohn, Erlöser«. Christen bekennen damit ihren Glauben an Jesus und bekunden, dass er der erhoffte Messias, der Gesalbte (grch. »christós«) ist, der Sohn Gottes, der zum Heil der Menschen wirkt.

- Und wie ist das mit ihrem Geheimzeichen? Da gibt es doch ein geheimes Erkennungszeichen für die Christen untereinander…

Christenverfolgungen gab es unter den Kaisern Nero (54–68 n. Chr.), Decius und Diokletian in den Jahren 249-251 bzw. 303–305, bei den beiden letztgenannten Kaisern nicht nur im Stadtgebiet von Rom, sondern im gesamten Römischen Reich. Diese Kaiser wollten die Einheit des Reiches sichern, und zwar durch die gemeinsame Verehrung der römischen Staatsgötter, zu denen sich auch die Kaiser selbst zählten. Sie hatten sich den Titel »Herr und Gott« zugelegt. Verlangt wurde von jedem Bürger, jeder Bürgerin eine Opferbescheinigung. Sie mussten ein Opfer oder eine Weihrauchgabe darbringen, vom Fleisch der Opfertiere essen und vor dem Bild des Kaisers niederknien. Das konnten Christinnen und Christen nicht akzeptieren. Wer das Opfer verweigerte, wurde zum Tode verurteilt und starb einen qualvollen Tod.

■ **Christenverfolgung heute.** Informiere dich, wo auch heute noch Menschen wegen ihres Glaubens verfolgt, misshandelt, ausgestoßen werden.

■ **Gerüchte.** Die genannten Fragen sind Missverständnisse oder Gerüchte, die bewusst oder unbewusst weitergegeben wurden.

Schlüpfe in die Rolle einer Christin oder eines Christen der damaligen Zeit und suche dir drei Fragen aus, die du beantwortest.

Veranstaltet eine Podiumsdiskussion zwischen Römern und Christen zum Thema »Die Christen – eine gefährliche Sekte?«.

Informiere dich in Büchern und im Internet über Christenverfolgungen und Menschen, die damals als »Blutzeugen« (griech. = Märtyrer) ihr Leben ließen (z. B. Sebastian, Felizitas, Perpetua u. a.).

Von Nero zu Konstantin

Das Blatt wendet sich

Trotz aller Bemühungen, das aufkeimende Christentum zu unterdrücken und die Staatsreligion mit ihrem Kaiserkult als Bindeglied für die unterschiedlichen Völker im Reich aufrecht zu erhalten, verlor diese in der Bevölkerung immer mehr an Bedeutung. Die Christinnen und Christen fanden durch ihren Lebenswandel, ihre Nächstenliebe, ihre Hilfsbereitschaft und ihr Bekenntnis zu Gott, der alle Menschen annimmt und liebt, eine immer größere Anhängerschaft. Zu Beginn des vierten Jahrhunderts war schon jeder zehnte römische Bürger Christ. Kaiser Konstantin sah, dass die alten Götter keine staatstragende und verbindende Wirkung mehr zeigten.
Eine alte Legende erzählt, dass Konstantin vor einer entscheidenden Schlacht an der Milvischen Brücke in der Nähe von Rom im Traum ein Kreuz erschienen sei mit der Botschaft: *In hoc signo vinces*! (In diesem Zeichen wirst du siegen!) Und tatsächlich gewann Konstantin 312 diese Schlacht und sicherte sich die Kaiserkrone.
Im Jahr 313 erließ Kaiser Konstantin in Mailand ein Gesetz, das jedem freie Religionsausübung gewährte und das Christentum besonders bevorzugte.

■ **Legende.** Schlage im Lexikon nach, was eine Legende ist. Betrachte dann das Bild, das die alte Legende von der Schlacht an der Milvischen Brücke vor Rom »nacherzählt«. Welche Personen und Gegenstände erkennst du? Auf welche Details hat der Maler besonderen Wert gelegt?

Guilio Romano, 1520/25

Gesprächsrunde: Wie alles begann

■ **Abschlussgespräch.** Setze in Gedanken auf die leeren Stühle Persönlichkeiten – wirkliche und erfundene –
die in dieser Lernlandschaft eine Rolle gespielt haben oder auch gespielt haben könnten.
Stelle dir vor, diese Personen befänden sich in einer Talkshow zum Thema »Die ersten Christen«. Schreibe zunächst
ihre Namen in dein Heft auf und dazu in Sprechblasen, wie sie sich wohl selbst und ihre Bedeutung für die Entstehung der Kirche einschätzen würden.
Geht dann in Kleingruppen und verteilt die Rollen für eine Vorstellungsrunde. Die Schülerinnen und Schüler, die eine
Rolle übernehmen, setzen sich in einen Sitzkreis und tragen ihre Überlegungen zur entsprechenden Persönlichkeit
der Reihe nach vor. Alle anderen Schülerinnen und Schüler dürfen Fragen stellen.

Auf diesen beiden Seiten siehst du ein Plakat zum
fünfzigjährigen Firmenjubiläum einer Uhrenfabrik.
In vielfältiger, oft auch überraschender Weise
geht es dabei um das Thema »Zeit«.

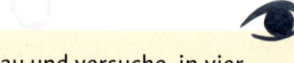

■ **Bildbetrachtung.** Betrachte das Bild genau und versuche, in vier
bis fünf Sätzen zu beschreiben, was es darstellt. Besprich mit deinem
Nachbarn oder deiner Nachbarin, welche Details dir darauf am besten
gefallen.

■ **Deine Zeit.** Male eine Uhr, in die du den Ablauf eines beliebigen
typischen Wochentages von dir einträgst. Fertige auch eine »Jahres-
uhr« für das zurückliegende Jahr an. Trage darin wichtige Ereignisse
ein und markiere gute bzw. schlechtere Zeiten mit entsprechenden
Farben.

FESTE FEIERN

Zeit erleben

Zeit erleben wir ganz unterschiedlich – jeder Mensch erfährt sie auf seine Weise. Eigentlich läuft Zeit immer gleich schnell ab; wir können sie messen und anhand von Uhren nachvollziehen, wie sie vergeht. Für uns selbst jedoch ist sie unterschiedlich lang:

In glücklichen und interessanten Momenten vergeht sie wie im Fluge; erleben wir Unangenehmes oder langweilen wir uns, erscheint sie uns unsäglich lang. Im Nachhinein betrachtet ist es gerade anders herum: Zeiten, die für uns positiv und mit guten Ereignissen angefüllt waren, erscheinen uns länger als öde und ereignislose, immer gleich verlaufende Tage.

Zeitlupe – Zeitraffer

Bewegt euch frei im Raum und führt – nach Ansage – folgende Tätigkeiten zuerst ganz langsam (Zeitlupe), dann sehr schnell (Zeitraffer) aus und werdet schließlich wieder ganz langsam:
- Hände schütteln;
- gehen;
- niedersitzen (auf einen Stuhl);
- Zeitung lesen;
- trinken;
- aufstehen.

Ihr könnt euch auch eine Abfolge von anderen Tätigkeiten überlegen.

Zeit schätzen oder werten

Schätzt die Dauer einer begrenzten Zeitspanne, ohne eure Uhren zu benützen. Sammelt eure Gefühle und Erfahrungen mit dem (stillen) Vergehen einer Zeitspanne von fünf oder zehn Minuten.

Gespräch

Wie könnt ihr hier im Raum die Zeit ohne Uhr bestimmen? Woran merkt ihr, dass Zeit vergangen ist? Welche Tätigkeiten kommen euch lang, welche kurz vor? Welcher Tag der Woche ist für jeden Einzelnen von euch der kürzeste, welcher der längste? Warum?

Stundenpläne

Schildert die Abfolge und Veränderung eurer Gefühle in der ersten Schulwoche eines Schuljahres.
Warum gibt es »gute« und »schlechte« Tage in einer Schulwoche?
Wie sähe ein Lernen ohne Stundenplan aus?
Diskutiert Vor- und Nachteile einer 45-Minuten-Stunde.

FESTE FEIERN
Alles hat seine Zeit

Gute Zeiten, schlechte Zeiten

Sicherlich gibt es Zeiten, an die du dich besonders gern erinnerst, ebenso wie Zeiten, die du gerne aus deiner Erinnerung streichen würdest. Es gibt Zeiten, auf die wir uns besonders freuen, und solche, deren Herbeikommen uns ängstigt. Im Nachhinein betrachtet, kann sich das Gewesene und Erlebte zu einem Ganzen fügen und manchmal sehen wir sogar, dass auch Schlechtes seine guten Seiten haben kann.

Schon vor Tausenden von Jahren schrieb ein Weisheitslehrer, dessen Schriften in unsere Bibel aufgenommen wurden, über die Zeit:

Ein jegliches hat seine Zeit, und alles Vorhaben unter dem Himmel hat seine Stunde:
geboren werden hat seine Zeit, sterben hat seine Zeit;
pflanzen hat seine Zeit, ausreißen, was gepflanzt ist, hat seine Zeit;
töten hat seine Zeit, heilen hat seine Zeit;
abbrechen hat seine Zeit, bauen hat seine Zeit;
weinen hat seine Zeit, lachen hat seine Zeit;
klagen hat seine Zeit, tanzen hat seine Zeit;
Steine wegwerfen hat seine Zeit,
Steine sammeln hat seine Zeit;
herzen hat seine Zeit, aufhören zu herzen hat seine Zeit;
suchen hat seine Zeit, verlieren hat seine Zeit;
behalten hat seine Zeit, wegwerfen hat seine Zeit;
zerreißen hat seine Zeit, zunähen hat seine Zeit;
schweigen hat seine Zeit, reden hat seine Zeit;
lieben hat seine Zeit, hassen hat seine Zeit;
Streit hat seine Zeit, Friede hat seine Zeit.

Koh 3,1–8 Übersetzung nach Martin Luther

■ **Lieblingssatz.** Wie wirkt der Text Koh 3,1–8 auf dich? Tausche dich mit deinem Banknachbarn oder deiner Banknachbarin aus. Welcher Teilsatz (zwischen zwei Strichpunkten) gefällt dir am besten? Warum?
Trifft ein Satz auf dein Leben in den letzten Jahren besonders zu?
Füge noch eigene Sätze, die etwas mit deiner Zeit zu tun haben, hinzu, z. B.: »Computerspielen hat seine Zeit, … hat seine Zeit« – »Lernen hat seine Zeit …«

Ausgang und Eingang

Aus-gang und Ein-gang, An-fang und En - de
lie-gen bei dir, Herr, füll du uns die Hän - de.

Zeit empfinden

Unser Zeitempfinden ist geprägt von den Jahreszeiten und verschiedenen Ereignissen, welche die ablaufende Zeit strukturieren. Ereignisse, die sich regelmäßig wiederholen, machen uns das Vergehen der Zeit bewusst und erinnern uns im alltäglichen Einerlei an Wichtiges. So feiern die meisten Menschen jedes Jahr ihren Geburtstag, um sich gemeinsam mit anderen darüber zu freuen, dass sie geboren wurden. Kinder und Jugendliche feiern dabei auch, dass sie ein Jahr älter geworden sind. Ehepaare feiern ihren Hochzeitstag und erinnern sich daran, wie schön der Beginn ihrer Liebe war und welche guten und schlechten Zeiten sie gemeinsam durchlebt haben. Auch ein Volk denkt an bestimmten Tagen an prägende und für die Geschichte des Landes bedeutsame Ereignisse. Für uns Deutsche ist dies neben anderem der »Tag der deutschen Einheit« am 3. Oktober, an dem wir uns an den Fall der Mauer zwischen West- und Ostdeutschland im November 1989 erinnern.

Manchmal müssen wir uns auch an schlimme Ereignisse erinnern, wie z. B. den Todestag von geliebten Menschen oder an Kriege oder Naturkatastrophen. Auch diese Erinnerungstage haben für uns eine große Bedeutung, denn wir trauern gemeinsam mit anderen um Verlorenes und überdenken begangene Fehler. Dies erleichtert deren Bewältigung.

Es ist also wichtig, dass wir immer wieder innehalten, um uns zu erinnern und uns – wenn der Anlass ein schöner ist – in einem Fest miteinander zu freuen.

■ **Mein Jahr.** Male einen Jahreskreis in dein Heft und trage darin ein, auf welche Zeiten in diesem und im kommenden Jahr du dich am meisten freust. Zeigt euch in Gruppen euren Jahreskreis und erklärt ihn euch gegenseitig.

Was könnten die Bilder im abgebildeten Jahreskreis bedeuten? Zeichne die Bilder in dein Heft und schreibe deren mögliche Bedeutung daneben.

Gestalte deinen Jahreskreis ähnlich wie beim abgebildeten mit verschiedenen Symbolen für die unterschiedlichen Zeitphasen im Jahr.

Gestalte deinen eigenen Jahreskreis mit den entsprechenden Farben aus. Wende deine Kenntnisse der Farbensymbolik auf die Bilder in diesem Kapitel bzw. in diesem Religionsbuch an.

■ **Ein Fest feiern.** Welche Anlässe feierst du? Fallen dir welche ein, die du noch nie gefeiert hast?

Was gehört für dich unbedingt zu einem gelungenen Fest?

Beschreibe deinem Nachbarn oder deiner Nachbarin dein schönstes Fest.

Farbe und Form

Jeder *Farbe* wird von vielen Menschen eine bestimmte Bedeutung, eine Symbolik, zugeschrieben. Bevor du weiterliest, überlege dir, was dir bei den Farben Rot, Grün, Gelb, Blau oder Schwarz einfällt. – Im Folgenden findest du eine Zusammenstellung dessen, was die meisten Menschen weltweit mit den wichtigsten Farben verbinden – wobei es in unterschiedlichen Kulturen auch Unterschiede gibt.

Rot:	Feuer, Blut oder Leidenschaft
Gelb:	Sonne, Glanz
Gelbgrün:	Neid, Hass, Eifersucht
Grün:	Natur, Wachstum, Unreifes, Hoffnung, Ruhe
Blau:	Treue, Ferne, Unergründlichkeit, Keuschheit
Violett:	Trauer, Würde, Entsagung
Weiß:	Unschuld, Reinheit, Kälte
Schwarz:	Nacht, Tod, Trauer, Böses
Grau:	Alter, Unterordnung, Trübsinn, Pessimismus
Gold:	Sonne, Reichtum, Freude

Die Bedeutung der Farben haben sich viele Künstlerinnen und Künstler zunutze gemacht, um bei der Gestaltung ihrer Bilder noch etwas mehr über das Abgebildete auszusagen. In vielen mittelalterlichen religiösen Bildern trägt beispielsweise Maria, die Mutter Jesu, ein blaues und Judas ein gelbes bis gelbgrünes Gewand. Häufig wurde die Farbe Weiß für Gott und die Engel, später für die Heiligen verwendet und die Regenbogenfarben wiesen auf eine Gotteserscheinung hin. Christus trug die Farben Blau oder Rot bzw. Purpur, eine Farbe, die ursprünglich nur vom Kaiser getragen wurde. Auch *Formen* haben oft eine zusätzliche symbolische Bedeutung. Die Kreisform, z. B. beim Jahreskreis, verdeutlicht einerseits einen abgeschlossenen Zeitabschnitt, andererseits sieht man daran schön das Ineinander-Übergehen von Anfang und Ende. Das Ende ist immer auch ein neuer Anfang. Gefühle lassen sich nicht nur in Farben, sondern auch in unterschiedlichen Formen darstellen. So werden Empfindungen wie Wut oder Hass eher in spitzen, scharf abgegrenzten Formen, Gefühle wie Liebe und Zärtlichkeit eher in weichen, fließenden, runden Formen ausgedrückt.

■ **Farb- und Formensymbolik.** Interpretiere das Pfingstbild von Arnulf Rainer auf S. 105 in Bezug auf seine Farben und Formen.

4. Dezember: Gedenktag der hl. Barbara

Wenn man an diesem Tag einen Kirschbaum- oder Forsythienzweig in der Wohnung ins Wasser stellt, blüht dieser an Weihnachten. Der Brauch geht auf die Legende von der hl. Barbara zurück, die die Tochter eines reichen Griechen war und im 3./4. Jahrhundert in Nikomedien lebte. Obwohl damals die Christen verfolgt wurden, ließ sie sich taufen und wurde daraufhin von ihrem Vater an die Verfolger ausgeliefert. Auf dem Weg ins Gefängnis soll sich ein Kirschbaumzweig in ihrem Kleid verfangen haben. Den stellte sie als Gefangene ins Wasser und er soll an ihrem Todestag geblüht haben. Heute erinnert uns der mitten im Winter blühende Zweig an das Wunder der Geburt Jesu.

13. Dezember: Festtag der hl. Luzia

Luzia lebte im 4. Jahrhundert in Syrakus/Sizilien. Sie war Christin und eine von vielen Legenden über sie besagt, dass sie verfolgten Christinnen und Christen in ihren Verstecken Lebensmittel brachte. Damit sie hierbei in der Dunkelheit beide Hände frei hatte, trug sie einen Lichterkranz mit Kerzen auf ihrem Kopf. Luzia gilt deshalb als Lichtbringerin. Anlässlich ihres Festtages gab und gibt es viele Bräuche. So wurden die Kinder im Mittelalter immer am Luziatag beschenkt. Erst seit dem 16. Jahrhundert werden die Geschenke am 24. Dezember überreicht. In Schweden wird der Gedenktag der hl. Luzia mit der Wintersonnenwende, der längsten Nacht des Jahres, verbunden. Es ist dort ein besonderer Feiertag und eine Tochter jeder Familie stellt die heilige Luzia dar, indem sie einen grünen Kranz mit brennenden Kerzen auf dem Kopf trägt.

■ **Adventskalender.** Advent ist die Vorbereitungszeit auf Weihnachten, das Fest der Freude. Adventskalender helfen dabei, diese Zeit der Vorfreude bewusst zu gestalten.
Male einen Adventskalender in dein Heft und schreibe in einzelne Türchen Geschenkideen für Weihnachten, gute Vorsätze für die Adventszeit oder etwas, das du an diesem Tag Besonderes für einen deiner Mitmenschen tun möchtest.

6. Dezember: Nikolaustag

An diesem Tag wird des heiligen Nikolaus von Myra in Kleinasien gedacht, der als Bischof äußerst beliebt war und sich vorbildlich um seine Mitmenschen gekümmert haben soll. Dieser Mann hat nichts mit dem sogenannten »Weihnachtsmann« zu tun, der zur Adventszeit in Fußgängerzonen und Filmen sowie als Schokoladenfigur allgegenwärtig ist.

Aktion »weihnachtsmannfreie Zone«

Die Aktion »weihnachtsmannfreie Zone« möchte Mut machen, hinter dem Weihnachtsmann der Konsumindustrie wieder mehr den wahren Bischof Nikolaus zu entdecken. Es liegt an uns, ob das im lauten Weihnachtsrummel gelingen kann! Die »weihnachtsmannfreie Zone« macht darauf aufmerksam, dass der am Konsum orientierte Weihnachtsmann der Geschenke-Industrie nur noch wenig mit dem heiligen Bischof gemein hat.

Auch ein Weihnachtsabend

Es ist dämmrig grau in der Stube. Drüben sind schon ein paar Fenster erleuchtet. Die Straße unten ist fast menschenleer. Nur wenige Autos fahren noch. Eine Strähne weißen Haares fällt über ihr Gesicht. Sie streicht sie mit der linken Hand nach hinten.

Auf dem Tisch steht eine Kerze. Sie brennt nicht. Drum herum liegen kleine Tannenzweige, daneben die Streichholzschachtel. Ein zarter Duft ist in der Stube.

Sie sitzt still und hört. Die Haustür klappt. Kinderfüße laufen die Treppe runter. Die haben es eilig! Der Fußboden vibriert. Das kommt von der Waschmaschine nebenan. Was die jetzt noch zu schleudern haben?

Die Klappe des Briefkastens schlägt. Sie steht auf und geht an die Tür. Sie presst das Ohr ans Holz. Unten scheint noch jemand zu sein, hier ist niemand mehr. Langsam schließt sie den Briefkasten auf. Sie kennt die Karte, sie kommt jedes Jahr. Der Lebensmittel-Kaufmann wünscht »Frohe Weihnachten«. Sie schlurft in die Stube zurück und lehnt die Karte an die Kerze.

Fröhliche Weihnachten – die Wände sind so dünn. Wittkes haben das Radio laut aufgedreht. Mit den Liedern kommt ihre Kindheit durch die Mauer. Sie hatten sich an den Händen gefasst, der Bruder im grauen Anzug – sie im weißen Kleid. Und sie sangen. Vater und Mutter sangen mit ihnen. Es roch nach Tannennadeln und Äpfeln.

Siebzig Jahre vorbei! Wohin? – Kalte, schneidende Nacht. Die Sterne glitzerten nicht nur am Himmel, auch im Schnee unter den Gaslaternen. Man bekam rote Ohren auf dem Weg zur Christmette. Hinterher in der Stube knallte der Kachelofen.

> ■ **Die alte Frau.** Beschreibe, wie es der alten Frau geht.
> In der Geschichte steht, wie sie früher Weihnachten gefeiert hat. Vergleiche in einer Tabelle ihr Weihnachten damit, wie es bei euch zu Hause begangen wird.
> Auf welche »Frohe Botschaft« wird in der Geschichte angespielt?

Jetzt ist es auch warm. Der Hausmeister hat gut eingeheizt. Wo das Öl doch so teuer ist. Die Heizkörper sind heiß. Nur ihre Hände sind kalt. Immer. Das kommt halt so: der Kreislauf.

Die Glocken beginnen zu läuten, draußen an der Kirche. Und überall in der ganzen Stadt. In dieser Stunde wurde damals die Tür zum Weihnachtszimmer geöffnet. Zu Hause. Und später hat sie es auch so gemacht, als ihr Bub noch klein war.

Nicht alle leben so lange wie sie. Zwei Kriege – und noch vieles andere gingen vorbei. Sie ist noch da und hört die Glocken läuten. Frohe Botschaft? Welche Botschaft?

Sie braucht nicht zu warten. Sie braucht keine Tür zu öffnen. Sie nimmt die Schachtel in die Hand und zündet ein Streichholz an. Zögernd hält sie es über den Tisch. Die Tannenzweige leuchten grün. Da steht die Glückwunschkarte des Kaufmanns.

Sie bläst das Streichholz wieder aus. Lange sitzt sie, während die Dunkelheit wächst.

Max Kruse

> ■ **Advent und Weihnachten feiern.** Wie bereitet ihr euch in eurer Familie auf Weihnachten vor? Sammelt verschiedene Weihnachtsbräuche auf einem Plakat, das ihr im Klassenzimmer aufhängt. Informiert euch über deren Bedeutung und schreibt sie daneben.

> ■ **Adventsfeier.** Gestaltet in der letzten Schulwoche eine Adventsfeier in eurer Religionsgruppe. Überlegt hierbei, wer von euch etwas Schönes dazu beitragen kann.

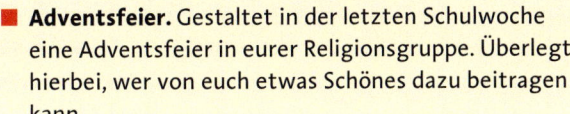

Jesus wird geboren

Die ausführliche Geschichte von der Geburt Jesu steht nur in einem einzigen Evangelium. Nur der Evangelist Lukas erzählt ausführlich von der Geburt Jesu. Er hat aufgeschrieben, was von Jesus damals nicht bekannt war: unter welchen Umständen Jesus geboren wurde. Entstanden ist eine Geschichte, die weltbekannt ist und sicherlich mehr nachgespielt und abgebildet wurde als jedes andere Theaterstück bzw. Bildmotiv der Welt. Eine Geschichte, in der sehr viel über diesen Jesus von Nazaret steht und über das, was er für die Menschen damals bedeutete und heute bedeuten kann.

In jenen Tagen erließ Kaiser Augustus den Befehl, alle Bewohner des Reiches in Steuerlisten einzutragen. Dies geschah zum ersten Mal; damals war Quirinius Statthalter von Syrien. Da ging jeder in seine Stadt, um sich eintragen zu lassen. So zog auch Josef von der Stadt Nazaret in Galiläa hinauf nach Judäa in die Stadt Davids, die Betlehem heißt. Er wollte sich eintragen lassen mit Maria, seiner Verlobten, die ein Kind erwartete. Als sie dort waren, kam für Maria die Zeit ihrer Niederkunft, und sie gebar ihren Sohn, den Erstgeborenen. Sie wickelte ihn in Windeln und legte ihn in eine Krippe, weil in der Herberge kein Platz für sie war.

■ **Die Weihnachtsgeschichte.** Was sagt Lukas mit der Geschichte von Jesu Geburt über Jesus? Überlege welche »Frohe Botschaft« für uns heute darin enthalten sein könnte.

In jener Gegend lagerten Hirten auf freiem Feld und hielten Nachtwache bei ihrer Herde. Da trat der Engel des Herrn zu ihnen, und der Glanz des Herrn umstrahlte sie. Sie fürchteten sich sehr, der Engel aber sagte zu ihnen: Fürchtet euch nicht, denn ich verkünde euch eine große Freude, die dem ganzen Volk zuteil werden soll: Heute ist euch in der Stadt Davids der Retter geboren; er ist der Messias, der Herr. Und das soll euch als Zeichen dienen: Ihr werdet ein Kind finden, das, in Windeln gewickelt, in einer Krippe liegt. Und plötzlich war bei dem Engel ein großes himmlisches Heer, das Gott lobte und sprach: Verherrlicht ist Gott in der Höhe und auf Erden ist Frieden bei den Menschen seiner Gnade. Als die Engel sie verlassen hatten und in den Himmel zurückgekehrt waren, sagten die Hirten zueinander: Kommt, wir gehen nach Betlehem, um das Ereignis zu sehen, das uns der Herr verkünden ließ. So eilten sie hin und fanden Maria und Josef und das Kind, das in der Krippe lag. Als sie es sahen, erzählten sie, was ihnen über dieses Kind gesagt worden war.

Lk 2,1–17

Welche Bedeutung die Menschen diesem Ereignis gaben, sieht man daran, dass sie ausgehend von der Geburt Jesu eine neue Zeitrechnung einführten. Sie setzten für das vermutete Jahr von Jesu Geburt die »Zeiger auf Null« und rechneten erst ab da die Jahre weiter. Die Jahre davor werden in unserer Zählung zurückgezählt.

■ **Kunst nachspüren.** Beschreibe, wie der Maler Rembrandt van Rijn die Geburt Jesu darstellt. Achte dabei auf die Farben und Formen (vgl. S. 129) und die Personen. Stelle dich nun in das Bild hinein und beschreibe, was du hörst, riechst und empfindest.

■ **Eigene Weihnachtsbilder.** Male ein eigenes Weihnachtsbild, in dem das Besondere an dieser »Geburtstagsgeschichte« zum Ausdruck kommt. Vielleicht kannst du das Bild rahmen und in eurem Weihnachtszimmer zu Hause aufstellen oder aufhängen. Vergleicht eure Bilder und sprecht über Gemeinsamkeiten und Unterschiede.

Rembrandt van Rijn, 1646

Geboren von der Jungfrau Maria

Die Karwoche oder Heilige Woche

In der Karwoche (von Kar = althochdeutsch: »Trauer«), der Woche vor Ostern, denken wir Christen an das Leiden und Sterben Jesu und erinnern uns an die verschiedenen Stationen seines Leidensweges. Viele besondere Bräuche begleiten uns durch die Heilige Woche.

Palmsonntag

Das ist der Sonntag vor dem Ostersonntag. Zu Beginn der Karwoche erinnern sich die Christen an den Einzug Jesu in Jerusalem. Die Evangelisten berichten, dass Jesus auf einem Esel in die Hauptstadt Palästinas einzog und die Menschen ihm zujubelten. Damit wurde zum Ausdruck gebracht, dass er der Messias ist, auf den alle schon gewartet haben.

An diesem Tag bringen die Gläubigen Weiden- oder Buchsbaumzweige mit in die Kirche. Diese werden im Gottesdienst geweiht und oft ziehen die Menschen damit in einer kleinen Prozession um die Kirche und singen Lieder wie die Menschen, die Jesus in Jerusalem empfangen haben. Die Zweige werden dann mit nach Hause genommen und bis Ostern aufgehoben.

Gründonnerstag

Der Name »Gründonnerstag« kommt von dem mittelhochdeutschen Wort gronan, das greinen, weinen bedeutet. Die »weinenden Büßer« durften an diesem Tag in die Kirche zurückkehren und wurden wieder in die Gemeinschaft aufgenommen.

Im Gründonnerstagsgottesdienst erinnern sich die Gläubigen an das letzte Abendmahl Jesu mit seinen Jüngern. Dieses gemeinsame Mahl ist der Ursprung unserer Eucharistiefeier. Wenn wir sie feiern, denken wir bei den Worten zur Wandlung an das Abendmahl zurück. Jesus soll seinen Jüngern vor dem Mahl die Füße gewaschen haben. Auch heute noch ist es in vielen Gemeinden Brauch, dass der Pfarrer Gemeindemitgliedern die Füße wäscht. Dies ist ein Zeichen für die Christen, dass jeder von uns dem anderen auch dienen sollte.

Karfreitag

An diesem Tag denken wir an das Leiden und Sterben Jesu. Die Gemeinde versammelt sich zu einem Wortgottesdienst, der in der Regel um 15 Uhr, zur Todesstunde Jesu, gefeiert wird. In ihm wird die ganze Passion Jesu aus dem Johannes-Evangelium vorgelesen und die Gläubigen verehren das Kreuz Jesu, indem sie vor einem Holzkreuz niederknien. Der strenge Fastentag steht ganz im Zeichen der Trauer. Deshalb schweigen auch die Kirchenglocken und die Lieder im Gottesdienst werden ohne Orgelbegleitung gesungen.

Karsamstag

Dies ist ein Tag des Wartens auf die Auferstehung Jesu, auf Ostern. Jesus liegt im Grab. In manchen Kirchen gibt es in der Zeit von Karfreitagnachmittag bis zur Osternacht ein sogenanntes Heiliges Grab: Ein Grab wird im Altarraum angedeutet oder nachgestellt; in manchen Gemeinden wird dieses Grab – wie auch das Grab Jesu – »bewacht«.

■ **Leiden und Sterben Jesu.** Fertige zwei Zeitleisten für die Karwoche an: In der einen notierst du die entsprechenden Geschehnisse, die in der Bibel geschildert sind, in die andere schreibst du, wie in Kirche und Brauchtum dieser Ereignisse gedacht wird. Ordne den verschiedenen Tagen die Farben rot, violett und weiß zu.

Matthias Grünewald, 1505/1516

Gekreuzigt, gestorben und begraben

■ **Der Isenheimer Altar.** Wie stellt Grünewald Jesus am Kreuz dar? Schreibe nur Adjektive dazu auf. Was fällt dir besonders auf? Unterhalte dich mit deinem Nachbarn oder deiner Nachbarin darüber.
Dieses Bild ist Teil eines Flügelaltars, der in einer Krankenhauskapelle stand. In dieses Krankenhaus wurden Menschen mit einer entstellenden Hautkrankheit eingeliefert. Der Maler Matthias Grünewald malte Jesus am Kreuz mit den gleichen Pusteln am Körper, wie sie die Patienten dieses Krankenhauses hatten. Warum wohl?

Ostermorgen

Maria aber stand draußen vor dem Grab und weinte. Während sie weinte, beugte sie sich in die Grabkammer hinein. Da sah sie zwei Engel in weißen Gewändern sitzen, den einen dort, wo der Kopf, den anderen dort, wo die Füße des Leichnams Jesu gelegen hatten. Die Engel sagten zu ihr: Frau, warum weinst du? Sie antwortete ihnen: Man hat meinen Herrn weggenommen und ich weiß nicht, wohin man ihn gelegt hat.

Als sie das gesagt hatte, wandte sie sich um und sah Jesus dastehen, wusste aber nicht, dass es Jesus war. Jesus sagte zu ihr: Frau, warum weinst du? Wen suchst du? Sie meinte, es sei der Gärtner, und sagte zu ihm: Herr, wenn du ihn weggebracht hast, sag mir, wohin du ihn gelegt hast. Dann will ich ihn holen. Jesus sagte zu ihr: Maria! Da wandte sie sich ihm zu und sagte auf Hebräisch zu ihm: Rabbuni!, das heißt: Meister.

Jesus sagte zu ihr: Halte mich nicht fest; denn ich bin noch nicht zum Vater hinaufgegangen. Geh aber zu meinen Brüdern und sag ihnen: Ich gehe hinauf zu meinem Vater und zu eurem Vater, zu meinem Gott und zu eurem Gott. Maria von Magdala ging zu den Jüngern und verkündete ihnen: Ich habe den Herrn gesehen. Und sie richtete aus, was er ihr gesagt hatte.

Johannes 20,11–18

■ **Auferstehungsgeschichte.** Lies den abgedruckten Bibeltext Joh 20,11–18 und beschreibe die verschiedenen Gefühle, die Maria aus Magdala durchlebt. Gestalte diese Gefühle mit unterschiedlichen Farben und Formen und gib deinen Bildern jeweils eine Überschrift.
Beschreibe das Verhalten Jesu und versuche es zu erklären.
Was sagt Maria wohl den anderen Jüngern? Schreibe das in eine Sprechblase in dein Heft.
Spielt im Rollenspiel die Szene, als Maria von Magdala allein den Jüngern über das Erlebte berichtet (vgl. V. 18).
Beachtet hierbei, dass Frauen zu dieser Zeit vor Gericht nicht allein als Zeuginnen aussagen durften (vgl. S. 88).

■ **Ostergeschichten der Bibel.** Teilt euch in Zweiergruppen und lest in der Bibel die Ostergeschichten Mk 16,1–8 und Joh 20,1–11. Erstellt eine Tabelle, in deren linke Spalte ihr die Übereinstimmungen der beiden Texte festhaltet und in der rechten die Unterschiede. Besprecht eure Ergebnisse im Plenum und versucht die jeweilige Botschaft der Texte in einem Satz zusammenzufassen. Was fällt auf?

■ **Auferstehungsbild.** Wie hat der Künstler das Thema »Auferstehung Jesu« dargestellt? Wie zeigt er, dass damit etwas Neues beginnt?
Vergleiche die Darstellung noch einmal mit Grünewalds Bild des Gekreuzigten auf S. 131.
Wie wirkt bei den Jesusdarstellungen auf den vorhergehenden drei Doppelseiten (Geburt, Tod, Auferstehung) der Kontrast von Licht und Schatten?

Rudolf Kurz, 1998

Auferstanden von den Toten

Beschäftigungen am Sonntag

Frage: »Was machen Sie heute im Allgemeinen am Sonntag? Bitte sagen Sie es mir nach dieser Liste.«

Den Tag gemütlich zu Hause verbringen	63 Prozent
Fernsehen	61 Prozent
Ausschlafen	56 Prozent
Spaziergänge machen	54 Prozent
Freunde, Verwandte besuchen	50 Prozent
Hausarbeit, Gartenarbeit	40 Prozent
Lesen	36 Prozent
Große Ausflüge, Wanderungen, Fahrradtouren machen	31 Prozent
Sich mit seinen Hobbys beschäftigen	29 Prozent
Beschäftigung mit Kindern, Spielen mit Kindern	27 Prozent
Großes Mittag- oder Abendessen mit der Familie	26 Prozent
Musizieren, Musik hören	21 Prozent
Sport treiben	20 Prozent
Karten spielen, Gesellschaftsspiele	19 Prozent
In die Kirche, zum Gottesdienst gehen	18 Prozent
Ausstellungen, Museen besuchen	16 Prozent

Stand 2002

■ **Mein Lieblingssonntag.**
Schreibe den Verlauf eines Sonntags mit der Überschrift »Mein Lieblingssonntag« in dein Heft. Vergleiche deinen »Lieblingssonntag« mit dem deiner Mitschülerinnen und Mitschüler.

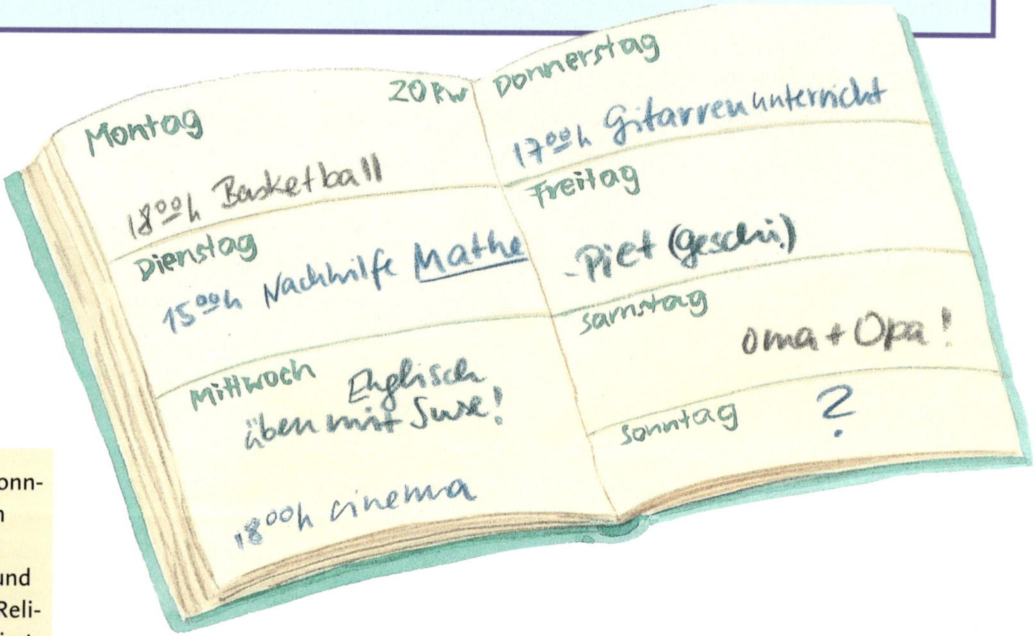

■ **Umfrage.** Gibt es weitere »Sonntagsbeschäftigungen«, die in obiger Umfragetabelle nicht vorkommen? Ergänzt diese und führt eine Umfrage in eurer Religionsgruppe durch. Wie erklärst du dir die Unterschiede zu den vorliegenden Ergebnissen?

Montag
18⁰⁰h Basketball
Dienstag
15⁰⁰h Nachhilfe Mathe
Mittwoch Englisch üben mit Suxe!
18⁰⁰h cinema
20 kw Donnerstag
17⁰⁰h Gitarrenunterricht
Freitag
- Piet (geschi.)
samstag
Oma + Opa!
sonntag ?

Böse Tage sind diesen Leuten die Sonn- und Festtage; verdrießlich berechnen sie an denselben, wie viel an Werth ihnen durch diese Tage verloren gehe.

Sächsische Kirchenchronik von 1844

Meistens ist es am Sonntag ziemlich langweilig, mein Bruder nervt nur, weil seine Freunde nicht erreichbar sind, und die Eltern wollen ihre Ruhe haben nach der anstrengenden Arbeitswoche.

Thomas, 12 Jahre

An Sonn- und Feiertagen sollten wir das tun, was uns Erholung und Freude bereitet. Dazu gehören die Besinnung, die innere Einkehr … aber auch das gemeinsame Spiel, die Zerstreuung, die bereichernde Unterhaltung und der spielerische Wettbewerb.

Deutsche Bischofskonferenz und Rat der evangelischen Kirche in Deutschland (EKD)

Gedenke des Sabbats: Halte ihn heilig!
Sechs Tage darfst du schaffen
und jede Arbeit tun.
Der siebte Tag ist ein Ruhetag, dem Herrn,
deinem Gott geweiht.
An ihm darfst du keine Arbeit tun: du,
dein Sohn und deine Tochter,
dein Sklave und deine Sklavin,
dein Vieh und der Fremde,
der in deinen Stadtbereichen Wohnrecht hat.
Denn in sechs Tagen hat der Herr Himmel,
Erde und Meer gemacht und alles,
was dazugehört.
Am siebten Tag aber ruhte er.
Darum hat der Herr den Sabbat gesegnet
und ihn für heilig erklärt.

Ex 20,8–11

Ich finde, dass es in Deutschland endlich auch erlaubt sein sollte, am Sonntag die Geschäfte zu öffnen, weil das doch der einzige Tag ist, an dem jeder Zeit für einen Einkaufsbummel hat.

Susanne, 16 Jahre

Sonntag ist mein Lieblingstag: Wir können in unserer Familie endlich mal Dinge gemeinsam tun: Bei allen Mahlzeiten sind alle da und wir unternehmen vieles gemeinsam. Manchmal gehen wir auch zusammen in die Kirche.

Claudia, 11 Jahre

Ohne Sonntag gibt's nur noch Werktage.

EKD (1999)

Die Vorstellung, dass Herren und Knechte am selben Tag ruhen sollen, ist etwas ganz Ungewöhnliches für die Strukturen der Zeit, aus der das Gebot stammt.

Schalom Ben-Chorin

■ **Warum Sonntag?** Das grundsätzliche Arbeitsverbot an Sonntagen wird in der heutigen Zeit zunehmend aufgeweicht. Stelle in einer Tabelle die Argumente für und gegen die Einhaltung eines freien Sonntags zusammen. Wie wird in der Bibel das dritte (Sabbat-)Gebot begründet?
Welche Argumente erscheinen dir am meisten nachvollziehbar? Führt eine Pro- und-Contra-Diskussion in eurer Klasse durch.

Winterhalbjahr

Sommerhalbjahr

Ferien

Ferien

Ferien

Ferien

Verschiedene Jahreskreise

Jahreskreise. Vergleiche beide Jahreskreise miteinander und achte auf Übereinstimmungen bzw. Überschneidungen. Gestalte deinen persönlichen Jahreskreis mit den liturgischen Farben aus dem Jahreskreis auf der rechten Seite. In welcher Zeit des Kirchenjahres hast du Geburtstag oder feierst du deinen Namenstag? Im Umfeld welcher kirchlicher Feste sind Schulferien? An welchen kirchlichen Feiertagen haben Schülerinnen und Schüler in eurem Bundesland schulfrei? Vergleiche dies mit anderen Bundesländern, z. B. mit Schleswig-Holstein.

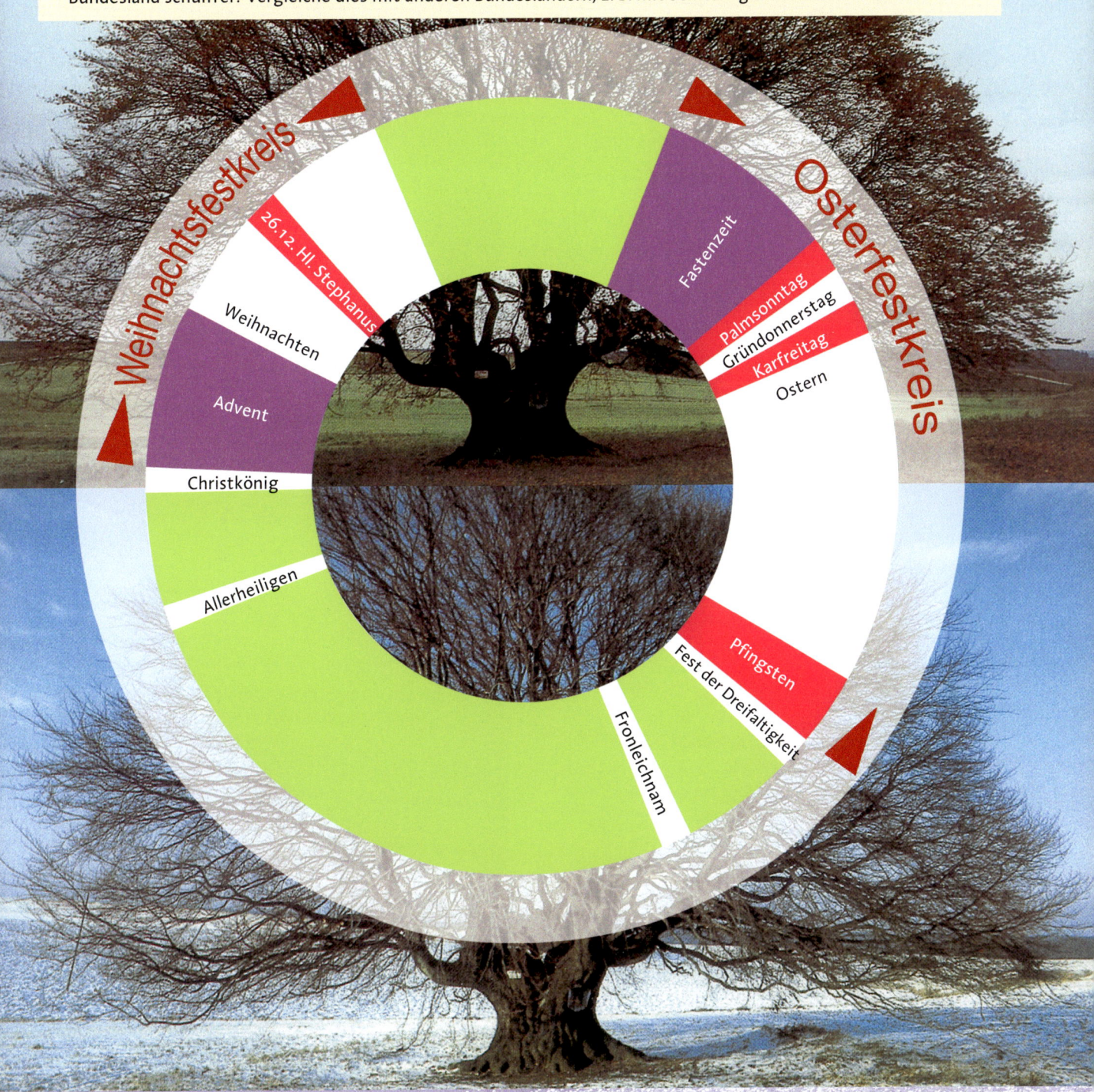

Kirchengebäude sind so vielfältig wie die Menschen, die sie besuchen. Es gibt uralte Kirchen, die aussehen wie mittelalterliche Burgen. Es gibt große gotische Kathedralen, deren Spitzbögen in den Fenstern und Gewölben nach oben streben und so den Blick unweigerlich himmelwärts lenken. Es gibt Barockkirchen, die mit viel Gold, großen hellen Fenstern und üppigen Malereien etwas vom himmlischen Jubel abbilden. Und es gibt moderne Kirchen, die mal nüchtern und streng wirken, oft aber auch wohnlich und einladend. Auf dieser Seite seht ihr ein Beispiel für die Innenansicht einer modernen Kirche. Es ist die St. Theodor Kirche in Köln.

■ **Eine Kirche erkunden.** Auf dem Bild dieser Seite siehst du die Innenansicht einer Kirche. Du kannst auf dem Bild sicherlich viele Gegenstände und Orte entdecken, die du kennst. Zähle sie auf.
Welche weiteren Gegenstände oder Orte in der Kirche kennst du, die auf dem Bild nicht zu sehen sind?

KEINER

GLAUBT ALLEIN

Dienst am Nächsten

Dass Gott sich dem Menschen zuwendet und ihn aus Not und Elend herausführt, haben die Menschen seit der Befreiung des Volkes Israel aus <u>Ägypten</u> immer wieder von Neuem erfahren. Auch Jesus stellte sich immer wieder auf die Seite der Armen, Kranken und Ausgestoßenen. Wir Christen sind deshalb dazu aufgerufen, auch dafür zu sorgen, dass den Menschen, denen es schlecht geht, geholfen wird. Unsere Pfarrgemeinden leisten in vielen Aktionen und durch die unterschiedlichsten Gruppen einen Beitrag dazu, dass diese Menschen wieder Hoffnung auf ein besseres Leben schöpfen können.

Zeugnis geben

In der Begegnung mit Jesus erfahren seine Freundinnen und Freunde, dass das <u>Reich Gottes</u>, Gottes Gegenwart in der Welt, ganz nahe ist. Menschen in den Pfarrgemeinden zeigen durch die Art, wie sie leben, sprechen und miteinander umgehen, dass das Reich Gottes auch in unseren Gemeinden angebrochen ist. Auch heute sind Christinnen und Christen dazu berufen, die Hoffnung, die sie bewegt, gegenüber anderen glaubhaft zu machen (vgl. 1 Petr 3,15). Christen tun dies immer dort, wo sie selbst im Leben stehen, indem sie verdeutlichen, was die Quellen ihres Lebens sind und welche Kräfte sie für sich und für andere aus diesen Quellen gewinnen können.

In Gemeinschaft leben

Auch Jesus lebte in der Gemeinschaft der Jüngerinnen und Jünger. Die Pfarrgemeinde versteht sich deshalb als Gemeinschaft von Menschen, die miteinander unterwegs sind auf dem Weg zu Gott. Im gemeinsamen <u>Beten</u>, Feiern und Arbeiten erfahren sie Gottes Begleitung auf diesem Weg. Weil niemand allein liebt, hofft und glaubt, brauchen Christinnen und Christen die Erfahrung der Gemeinschaft, die sie stützt und trägt. Dies gilt für unsere Pfarrgemeinde ebenso wie für die in aller Welt.

■ **Kirche vor Ort.** Suche in deiner Pfarrkirche die vier abgebildeten Elemente und zeichne Bilder davon oder fotografiere sie. Vergleicht die Bilder miteinander.

■ **Innenausstattung.** Die vier Bilder zeigen wichtige Elemente der Innenausstattung der Kirche. Beschreibt euch gegenseitig diese Elemente. Worum handelt es sich dabei? Was geschieht an diesen Orten?

Gottesdienst feiern

Die Gemeinde feiert Gottesdienst: Die Gläubigen erinnern sich an die Taten Gottes in der Geschichte; Gott ist im Wort der Bibel und in der Mahlfeier mitten unter ihnen. Das gibt den Menschen Mut und stärkt sie, für die Nächsten einzutreten und ihr Leben unter den Schutz Gottes zu stellen. Von der Geburt bis zum Tod begleitet die Kirche mit ihren Sakramenten die Christen. An wichtigen Stationen des christlichen Lebens (Geburt, Eintritt ins Erwachsenenalter, Gründung einer eigenen Familie, schwere Krankheit, Tod) sind die Sakramente wirksame Zeichen der Gegenwart Gottes, der jeden Menschen auf allen seinen Wegen fürsorglich begleitet – in guten wie in schlechten Zeiten.

Die helfende Tat

In St. Theodor führt aus dem Gottesdienstraum ein breiter Weg direkt ins Untergeschoss der Kirche: ins Sozialzentrum mit Kleiderkammer, Lebensmittelausgabe, Gemeindeküche, Beratungsstelle und Gemeindewerkstatt. Woche für Woche helfen Leute aus der Gemeinde Menschen nah und fern.

■ **Bibelstellen.** Mt 28,18–20; 1 Kor 11,23b–25; Apg 2,37–42 und Mt 25,40 bezeichnen die vier Hauptaufgaben der Kirche und jeder einzelnen Pfarrgemeinde.
Überlegt gemeinsam, welche Aufgaben mit der jeweiligen Bibelstelle beschrieben werden. Welche Verbindung siehst du zwischen den Bibeltexten und den auf den Fotos abgebildeten Elementen des Kirchenraums? Vergleiche deine Ergebnisse mit den abgedruckten Texten.

■ **Ideenbörse.** Finde heraus, wo sich Gemeindemitglieder in letzter Zeit in deiner Gemeinde für Menschen in der Nähe oder Ferne eingesetzt haben. Was könnte die Ministrantengruppe tun? Nenne verschiedene Möglichkeiten, wie ihr der Partnergemeinde oder Menschen aus der Gemeinde helfen könntet.

In eine Gemeinschaft aufgenommen

Wenn ein Kind zur Welt kommt, ist es zunächst hilflos und auf den Schutz seiner Familie, seiner Eltern angewiesen. Es braucht Menschen, die sich kümmern, für es sorgen. In dieser Lebenszeit ist der Mensch besonders auf Gemeinschaft angewiesen und darauf, dass diese Gemeinschaft ihn aufnimmt. Auch die Eltern und Geschwister eines neugeborenen Kindes leben nicht für sich allein. Sie gehören zu größeren Gemeinschaften. Eine dieser Gemeinschaften ist die Kirche.

Bringen die Eltern ihr Kind zur Taufe, so wollen sie zunächst einmal, dass der Segen Gottes dieses Kind auf seinem Lebensweg begleitet und es schützt, wo die Eltern selbst nicht mehr dazu in der Lage sind. Mit der Taufe geben sie ihr Kind aber ebenso in eine Gemeinschaft, die glaubt, dass Gottes Liebe größer ist als alles Leid, das dem Kind in seinem Leben begegnen kann. Die Taufe ist der Beginn des Lebens in einer Gemeinschaft. Daher fragt der Priester oder Diakon auch die Eltern, was sie von der Kirche wollen. Auf die Antwort der Eltern, dass sie die Taufe für ihr Kind wünschen, sagt der Priester bzw. Diakon dann zu dem Kind: »Liebe/Lieber ...mit Freude nimmt dich die Gemeinde auf.« So ist die Taufe die erste Station eines Weges. Weitere Stationen folgen: die Erstkommunion, die Firmung und, wenn das Kind erwachsen ist, vielleicht einmal die Hochzeit. Alle Stationen dieses Weges sind ein Teil des Lebens in einer Pfarrgemeinde und in der gesamten Kirche. Sie werden mit ihr gemeinsam gefeiert.

Gottes Kraft geht alle (Lebens)Wege mit

Als Jugendliche werden Mädchen und Jungen gefirmt. Was in der Taufe begonnen hat, wird nun in der Firmung bestärkt. Indem die Jugendlichen das Sakrament der Firmung empfangen, zeigen sie öffentlich, dass sie zur Gemeinschaft der Kirche dazu gehören wollen. Sie bestätigen damit, was ihre Eltern und Paten für sie bei der Taufe auf den Weg gebracht haben. Damit übernehmen sie selbst Verantwortung für ihren eigenen Glauben und für ihr Leben. Sie werden ein Stück weit erwachsener. Mit der Firmung werden Jugendlichen »kirchlich volljährig«. So können sie beispielsweise, wenn sie geeignet sind und gewählt werden, ein Amt im Jugendausschuss des Pfarrgemeinderats übernehmen.

Im Glauben erwachsen zu werden und Verantwortung zu übernehmen, ist nicht immer einfach. Das bedarf der Vorbereitung und der Begleitung. Deswegen gibt es auch bei der Firmung einen Vorbereitungskurs, in dem die Entscheidung der Jugendlichen für die Firmung vorbereitet wird. Und es gibt eine Firmpatin oder einen Firmpaten, die den Glaubensweg der Jugendlichen begleiten.

Schließlich wird den Jungen und Mädchen bei der Firmung durch den Bischof Gottes Heilige Geistkraft zugesagt, indem er spricht: »Sei besiegelt durch die Gabe Gottes, den Heiligen Geist.« Auf diese Weise bringt der Bischof zum Ausdruck, was die Kirche glaubt: »Gottes Kraft geht alle Wege mit« (Alfred Delp). Gottes Kraft stärkt und ermutigt dazu, als Christin oder Christ in der Gemeinschaft der Kirche zu leben und sich in der Welt für das Evangelium einzusetzen.

■ **Die Gabe Gottes.** Lies den Text »Gottes Kraft geht alle Wege mit« und beschreibe, was in der Firmung geschieht. Erstelle eine kleine Grafik, die die Bedeutung der Firmung im Leben der Christinnen und Christen veranschaulicht.

■ **Interview.** Auf dieser Seite werden nur zwei Sakramente von insgesamt sieben vorgestellt. Führe in deiner Familie ein Interview durch, in dem du danach fragst, welche weiteren Sakramente im Laufe des Lebens wann, wo und wie gefeiert werden. Fertige eine tabellarische Aufstellung dieser »Knotenpunkte des Lebens« an.

■ **Gottes Geistkraft.** Auf der Seite 106 findest du den Text eines Liedes, in dem die Wirkungen des Heiligen Geistes besungen werden. Vergleiche den Text mit dem Liedtext auf Seite 143. Gestalte dazu ein Plakat: »Wie Gottes Geistkraft in der Welt wirkt«.

- **Lebendige Steine.** Die Kirche auf dieser Seite ist nicht aus Steinen erbaut, sondern aus Menschen der unterschiedlichsten Generationen. Überlege dir, welche Gruppen und Angebote es für diese Menschen in der Kirche gibt. Stelle sie in einer Tabelle zusammen: Links steht die Bezeichnung der Gruppe, rechts ihre Aufgaben.

- **Nachgefragt.** Welche Menschen kennst du, die sich in der Kirche engagieren? Frage sie doch einmal, warum sie es tun, was ihnen dabei wichtig ist. Schreibe die Antwort auf. Aus den unterschiedlichen Antworten könnt ihr eine Liste der Gründe erstellen, warum sich Menschen in der Kirche engagieren. Diskutiert, welche Gründe euch sehr wichtig erscheinen. Den drei wichtigsten Gründen gebt ihr einen roten Punkt. Und wo wäre dein Platz?

- **Ich-du-wir.** Lies Röm 12,3–8 und deute die Bibelstelle anhand der Zeichnung für heute.
  Schreibe einen Text, in dem du den Vergleich des Paulus auf die heutige Situation überträgst: Wer kann welche Fähigkeiten in die Pfarrgemeinde einbringen und wo helfen sich die Menschen untereinander?

Komm, Heilger Geist

Komm, Heil'ger Geist, mit deiner Kraft,
die uns verbindet und Leben schafft.

1. Wie das Feuer sich verbreitet
   und die Dunkelheit erhellt,
   so soll uns dein Geist ergreifen,
   umgestalten unsre Welt.
2. Wie der Sturm so unaufhaltsam,
   dring in unser Leben ein.
   Nur wenn wir uns nicht verschließen,
   können wir deine Kirche sein.
3. Schenke uns von deiner Liebe,
   die vertraut und die vergibt.
   Alle sprechen eine Sprache,
   wenn ein Mensch den andern liebt.

T.: Klaus Okonek, Joe Raile
M.: Kommt herbei,
singt dem Herrn

Die Kirche feiert

Jeden Tag wird in der heiligen Messe gefeiert, dass Jesus Christus unter uns ist. Er ist es in Wort und Sakrament, wie er seinen Jüngerinnen und Jüngern zugesagt hat: »Wo zwei oder drei in meinem Namen zusammen sind, da bin ich mitten unter ihnen« (Mt 18,20).

Durch sein Wort, das Evangelium, das im Wortgottesdienst vom Ambo aus verkündet und ausgelegt wird, ist er gegenwärtig. Darin kommt die Liebe Gottes zu allen Menschen zum Ausdruck. Durch die Art und Weise, wie Jesus geredet und gehandelt hat, erlebten seine Jüngerinnen und Jünger, dass Gott nicht irgendwo weit weg und unerreichbar ist, sondern gegenwärtig in diesem Jesus von Nazaret – und das bis zum heutigen Tag: Durch seine Auferstehung hat Jesus auch den Tod überwunden. Er hat zu seinen Jüngern gesagt: »Siehe: Ich bin bei euch alle Tage bis zum Ende der Welt« (Mt 28,20).

Als sichtbares Zeichen dafür, dass Jesus gegenwärtig ist, hat er selbst die Eucharistie mit den Worten: »Tut dies zu meinem Gedächtnis« (1 Kor 11,24) eingesetzt. Dieses gemeinsame Mahl wurde als »Herrenmahl« schon bald zur Mitte der Zusammenkunft der christlichen Gemeinde. Das Herrenmahl wird auch als »Eucharistie« bezeichnet. Das ist ein griechisches Wort und heißt übersetzt »Danksagung«. Der Begriff leitet sich von Jesu Dankgebet an seinen Vater im Himmel beim letzten Abendmahl her.

Jedes Mal, wenn Christinnen und Christen die Eucharistie nach dem Willen Jesu feiern, ereignet sich ein Mysterium – das »Geheimnis des Glaubens«: Wenn der Segen über Brot und Wein als die Geschenke der Natur und der Arbeit der Menschen gesprochen wird, wenn die sogenannten Einsetzungsworte, mit denen Jesus selbst Brot und Wein beim letzten Mahl an die Jüngergemeinschaft austeilte, in seinem Auftrag wiederholt werden, dann wird seine Gegenwart in Brot und Wein gegenwärtig und erfahrbar. Es setzt die Feiernden nicht nur in Beziehung zu Gott, sondern auch in Beziehung zueinander.

Aus diesem Mahl hat die Gemeinde zu allen Zeiten Kraft geschöpft, ihren Glauben weiterzugeben und auch gegen allen Widerstand für die Botschaft Jesu Christi einzustehen. Die Eucharistie gibt ihr aber auch die Hoffnung und hält die Sehnsucht wach, dass Gott seine Verheißung wahr machen wird, die mit Jesus begonnen hat. Am Ende werden alle Menschen Gottes Liebe in einem großen Mahl in seinem Reich erfahren.

Die älteste Überlieferung der Einsetzungsworte findet sich im ersten Brief an die Korinther, den der Apostel Paulus um das Jahr 55 n. Chr. geschrieben hat (1 Kor 11,23–26). In den vielen Jahrhunderten, die seitdem vergangen sind, haben sich manche äußeren Formen und die Sprache verändert. So schrieb Paulus die Worte noch in Griechisch, heute hören sie die Menschen in ihren eigenen Sprachen. Das Innerste der Feier ist aber geblieben: Wie das Brot als Grundnahrung den Menschen leben lässt, so wird Jesus Christus in Brot und Wein gegenwärtig und somit erfahrbar.

■ **Eucharistie feiern.** Jeden Sonntag wird in der heiligen Messe ein gemeinsames Mahl gefeiert. Lies im Gotteslob Nr. 359–365 (»Die Eucharistiefeier«), aus welchen Teilen eine solche Feier besteht. Sprecht in Kleingruppen darüber, welche dieser Elemente mit einer Mahlzeit in eurer Familie zu vergleichen sind und welche sich davon unterscheiden.

■ **Brot des Lebens.** Zum Altar der Kirche werden Brot und Wein gebracht. Brot ist mehr als ein Nahrungsmittel: Lies den Text aus dem Youcat auf S. 145 und erkläre, warum uns mehr als Brot ernährt. Welche Personen oder Dinge sind für dich »mehr als Brot«?

Warum lebt der Mensch nicht vom Brot allein?

»Der Mensch lebt nicht vom Brot allein, sondern von jedem Wort, das aus Gottes Mund kommt.« (Mt 4,4 nach Dtn 8,3)
Dieses Schriftwort erinnert uns daran, dass Menschen einen seelischen Hunger haben, der nicht mit materiellen Dingen zu stillen ist. Man kann sterben an Mangel an Brot; man kann aber auch sterben, weil man nur Brot bekommen hat. In der Tiefe werden wir genährt durch den, der »Worte des ewigen Lebens« (Joh 6,68) hat und eine Speise, die nicht verdirbt (Joh 6,27) – die heilige Eucharistie.

Youcat, Nr. 523

■ **Bildreise.** Sieh dir das Bild an und beschreibe zunächst, was du darauf entdeckst: Farben, Formen, Einteilung.
Überlege danach, was die einzelnen Teile bedeuten könnten, woran sie dich erinnern.
Der Künstler gab diesem Bild den Titel »Für uns«. Betrachte das Bild unter diesem Aspekt noch einmal ganz genau. Stell dir vor, der goldene Fleck am unteren Bildrand wäre ein Mensch – nämlich du. Schließe deine Augen und gehe in deinen Gedanken in das Bild. Wie geht es dir dort, wo du stehst? Wohin möchtest du gehen? Welchen Weg nimmst du? Bist du allein oder gehen andere mit? Wo kommst du an? Was fühlst du? – Wenn du wieder zurück bist, nimm ein Blatt und schreibe oder zeichne auf, was dir wichtig ist.
Tauscht euch gegenseitig über eure Erfahrungen aus.
Lest anschließend Lk 22,14–20 und deutet auf dieser Grundlage das Bild neu.

Matt Lamb, 1996

■ **Vom Ambo aus.** Vom Ambo aus wird in der Kirche das Wort Gottes verkündet. Dazu gehört auch der Auftrag, die Frohe Botschaft durch die Art, wie wir als Christen leben, sprechen und für die Welt Verantwortung übernehmen, zu bezeugen. Sammelt Beispiele.

Wir können unmöglich schweigen über das,
was wir gesehen und
gehört haben.

Apg 4,20

Denn wovon das Herz voll ist,
davon spricht der Mund.

Mt 12,34b

Darum geht zu allen Völkern
und macht alle Menschen
zu meinen Jüngern.

Mt 28,19a

Sieger Köder o. J.

■ **Ein Bild voller Symbole.** Die Zeichnung von Sieger Köder entwickelt sich in vier Teilen von oben nach unten. Verschiedene Gegenstände spielen dabei eine große Rolle. Benenne die Gegenstände, die du entdeckst, und erkläre, was sie bedeuten.

■ **Schlusssätze.** Suche dir einen der drei Sätze aus und schreibe eine Geschichte dazu. Lass deine Geschichte mit diesem Satz enden.

KEINER GLAUBT ALLEIN
Gott bezeugen in Wort und Tat

Was tun?

Die Vorsitzende des Peru-Arbeitskreises hatte am Ende des Gottesdienstes vom Ambo aus von ihrem Besuch bei der Partnergemeinde in Peru berichtet und erzählt, dass dort Geld für ein Krankenhaus fehlt. Die Ministrantengruppe steht nach dem Gottesdienst noch vor der Kirche und ist betroffen. »Reden allein hilft einfach nicht«, sagt Lena. »Wir müssen auch was tun.«

■ **Opferstock.** Im Opferstock sammelt die Pfarrgemeinde Woche für Woche Geld für Bedürftige. Finde heraus, wofür in letzter Zeit in deiner Gemeinde gesammelt wurde.

■ **Ideenbörse.** Was könnte die Ministrantengruppe tun? Sammle verschiedene Möglichkeiten, wie man der Partnergemeinde helfen könnte.

Wenn das Brot, das wir teilen

T: Claus-Peter März/M: Kurt Grahl © 1981 bei den Autoren

■ **Ein Vergleich.** Lies den Text des Liedes genau durch und betrachte das Bild. Du wirst viel entdecken, das im Lied und dem Bild ähnlich oder sogar gleich ist. Tausche deine Beobachtungen mit deinen Mitschülerinnen und Mitschülern aus. Zeige auf, wie das Bild und das Lied die Aufgaben der Kirche zum Ausdruck bringen.

Die Christenheit ist gespalten

■ **Typisch evangelisch – typisch katholisch.** Erstelle eine Tabelle, in der du einträgst, was typisch evangelisch bzw. typisch katholisch ist. Die Bilder auf dieser Seite helfen dir dabei. Kennzeichne farbig, was für beide Konfessionen gilt.

Als sich Martin Luther 1517 gegen das Papsttum und den damaligen Ablasshandel gewehrt hatte, trennten sich die Christen – angefangen in Deutschland – in zwei verschiedene Bekenntnisse (lat. *confessiones*). Die einen bekannten sich zum Papst und seiner Autorität in Glaubensfragen. Sie meinten, sie seien nach wie vor die allumfassende Kirche (griech. *katholos*). Daher nennt man sie Katholiken. Die Anhänger Martin Luthers forderten dagegen die Bibel und das Evangelium als alleinige Richtschnur des Glaubens. Man nennt sie daher »Evangelische«. Weil sie gegen ihre Unterdrückung und Verfolgung protestierten, nennt man sie bis heute auch »Protestanten«.
War in den letzten Jahrhunderten das Verhältnis der beiden großen christlichen Konfessionen von Gegnerschaft und zum Teil sogar Feindschaft geprägt, so ist es heute partnerschaftlich und oft sogar sehr herzlich.

■ **Kirchliche Einrichtungen vor Ort.** Sowohl die katholische als auch die evangelische Kirche unterhält auch in deiner Stadt oder deinem Ort (Kreis) viele Einrichtungen.

Schlage einmal im örtlichen Telefonbuch nach, welche Einrichtungen darin aufgeführt werden. Kennzeichne die Einrichtungen mit verschiedenfarbigen Stecknadeln auf einem Stadtplan oder einer Landkarte deines Heimatkreises, z. B. katholisch gelb und evangelisch blau. Gibt es auch gemeinsame Einrichtungen? Betrachte einmal die Verteilung der Stecknadeln. Was fällt auf?

■ **Wer war eigentlich Martin Luther?** Bei den evangelischen Christen ist Martin Luther eine ganz wichtige Person: Lutherstraßen, Lutherkirchen, Luthergemeinden zeugen davon. Wer aber war Martin Luther? Wann und wo lebte er? Was wollte er? Befragt eure evangelischen Mitschüler oder nehmt ein Lexikon oder das Internets (www.luther.de) zu Hilfe, um erste Informationen zusammenzutragen.

Gemeinsam geht vieles besser

Jeder von uns ist durch seine Konfession, d. h. durch seine Zugehörigkeit zu einer bestimmten Kirche, von Kindesbeinen an geprägt: Unterschiedliche Feste und Bräuche im Jahreskreis, aber auch die unterschiedliche Feier der Sakramente beeinflussen unsere Wahrnehmung und führen dazu, dass wir uns in unserer eigenen Konfession beheimatet fühlen. Manchmal trennen uns diese Erfahrungen aber von den Christen anderer Konfessionen.

Jesus lehrte seine Jünger: »*Alle sollen eins sein: Wie du, Vater, in mir bist und ich in dir bin, sollen auch sie in uns sein*« (Joh 17,21). Was würde Jesus wohl dazu sagen, wenn er sieht, dass sich die christlichen Kirchen getrennt haben? Auch Nichtchristen schauen verwundert auf das getrennte Christentum. Wie kann das Christentum glaubwürdig für alle Menschen werden, wenn sich die Christen gegenseitig nicht vertrauen? Solche und viele andere Fragen stellen sich die Menschen in der evangelischen und der katholischen Kirche.

Doch die Kirchen sind auf einem guten Weg der Verständigung. Wenn die verschiedenen Konfessionen gemeinsame Aktionen unternehmen, bezeichnet man diese als »ökumenisch«. Das Wort Ökumene kommt aus dem Griechischen und ist ein sehr alter Begriff. Ursprünglich meinte man damit den ganzen bewohnten Erdkreis. Heute bezeichnet »Ökumene« das Bestreben der verschiedenen christlichen Kirchen nach Einheit in der Verkündigung und im Dienst am Menschen.

Ein beliebtes Symbol für die Ökumene ist das Zeichen des in Genf tagenden »Ökumenischen Rates der Kirchen«.

 Der Kreis ist ein Symbol für die Erde.

 Der Mast sieht aus wie ein Kreuz und erinnert an den Grund des Glaubens: Jesus Christus.

 Die Wellen sind ein Symbol für das bewegte, unruhige Leben.

 Das Schiff ist ein Symbol für die Gemeinde.

■ **Ein Besuch bei den Evangelischen.** Überlegt euch in Kleingruppen, was ihr immer schon über die evangelische Kirche wissen wolltet, und erstellt eine Liste. Vereinbart mit den evangelischen Mitschülerinnen und Mitschülern einen Besuch, bei dem ihr eure Fragen stellt, und ladet sie zu einem Gegenbesuch in eure Kirche und euer Gemeindezentrum ein.

■ **Symbole der Einheit.** Sicher fallen dir noch andere Möglichkeiten ein, den Gedanken der Einheit aller Christen in ein Zeichen zu fassen. Gestaltet zu zweit oder in Gruppen euer eigenes »Ökumene-Symbol« und stellt es den anderen vor.
Ihr könnt auch ein Plakat für den nächsten ökumenischen Schulgottesdienst gestalten.

■ **Andere Konfessionen.** Neben Katholiken und Protestanten gibt es viele Christen, die einer anderen Konfession angehören. Tragt in eurer Klasse zusammen, welche von diesen ihr kennt, und berichtet, was ihr über diese wisst. Im »Ökumenischen Rat der Kirchen« haben sich mehr als 340 Kirchen, Denominationen und kirchliche Gemeinschaften aus über 100 Ländern organisiert. Auf der Homepage www.oikoumene.org/de findet ihr viele Informationen zu den Konfessionen und zum Thema Ökumene. Überlegt euch gemeinsam Themen, zu denen ihr Informationen recherchieren wollt.

KEINER GLAUBT ALLEIN
Einheit in Vielfalt

Ökumenische Aktion

MITEINANDER
TEILEN
GEMEINSAM
HANDELN

Ökumenischer Kirchentag
München 2010

HEILIGE
NACHT

30. JUNI
NACHT DER OFFENEN KIRCHEN
ESSLINGER INNENSTADT · 18.00 BIS 8.00 UHR
WWW.HEILIGE-NACHT-ESSLINGEN.DE
Veranstalter: Evangelische, katholische, griechisch-orthodoxe, evangelisch-methodistische Kirche und CVJM Esslingen.

... UND RAUS BIST DU.

Ökumenische FriedensDekade

SCHWERTER ZU PFLUGSCHAREN
MICHA 4.2

Herausgegeben vom Gesprächsforum Ökumenische FriedensDekade im Auftrag der Arbeitsgemeinschaft Christlicher Kirchen in Deutschland e.V.

■ **Aktionen der Einheit.** Auf dieser Seite findest du eine ganze Reihe von Beispielen gemeinsamer Aktionen und Erklärungen der beiden großen Konfessionen in Deutschland.
Stelle zusammen, in welchen Bereichen Christinnen und Christen bereits miteinander zusammenarbeiten.
Überlege, wo es weitere Möglichkeiten der Zusammenarbeit geben kann.
Finde heraus, wo bei dir vor Ort die evangelischen und die katholischen Christen bereits zusammenarbeiten.
Zu welchen Themen könntet ihr mit euren evangelischen Mitschülerinnen und Mitschülern gemeinsame Religionsstunden vorbereiten?

■ **Vernetzt.** Viele Pfarrgemeinden und Seelsorgeeinheiten stellen sich und ihre Angebote im Internet vor. Untersuche die Internet-Auftritte auf dieser Seite und stellt zusammen,
– welche Angebote in jeder Gemeinde vorkommen;
– welche Angebote für eine bestimmte Gemeinde typisch sein könnten.
Sortiere die einzelnen Einträge nach den vier Grundaufgaben der Kirche.

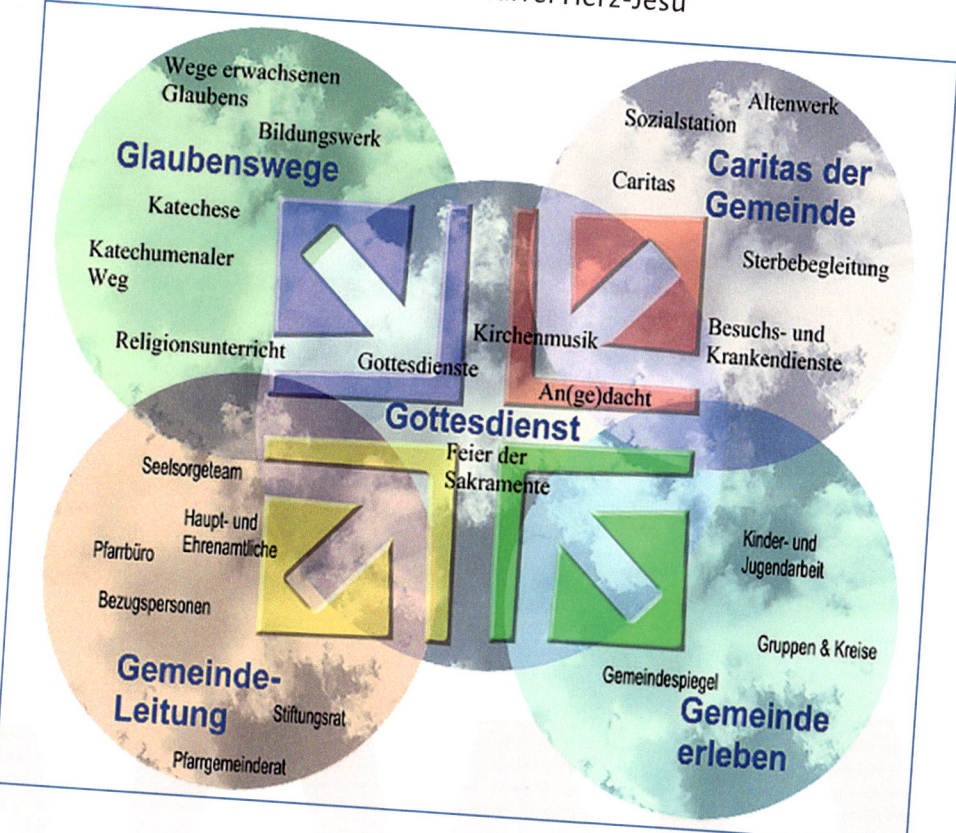

■ Die eigene Gemeinde im Netz. Schau nach, ob deine Pfarrgemeinde auch eine Homepage hat, und notiere zwei Einträge, die dir besonders auffallen.

Wenn deine Pfarrgemeinde noch keinen Internet-Auftritt hat, kannst du gemeinsam mit anderen aus deiner Klasse eine Homepage für sie entwerfen. Vielleicht freut sich der Pfarrgemeinderat über eure Anregungen.

Schau dir auch die Homepage der evangelischen Gemeinde deines Ortes an und vergleiche sie mit der katholischen: Wo findest du Gemeinsamkeiten, wo gibt es Unterschiede?

Auf dieser Seite seht ihr zwei Bücher, die ihr sicher bereits kennt: einen Jugendroman und die Bibel.

Jedes Buch hat seine eigene Geschichte. Kein Buch wurde ohne einen bestimmten Anlass geschrieben. Meist haben die Autoren und Autorinnen von Büchern ihre Gründe, warum sie ein Buch geschrieben haben.

Kann man ein Buch erst einmal in der Buchhandlung kaufen oder in der Bibliothek leihen, so beginnt eine neue Geschichte, nämlich die des Buches selbst. Oft ist die Geschichte der Autoren und Autorinnen sowie die Geschichte des Buches ebenso spannend wie die Geschichte, die das Buch erzählt.

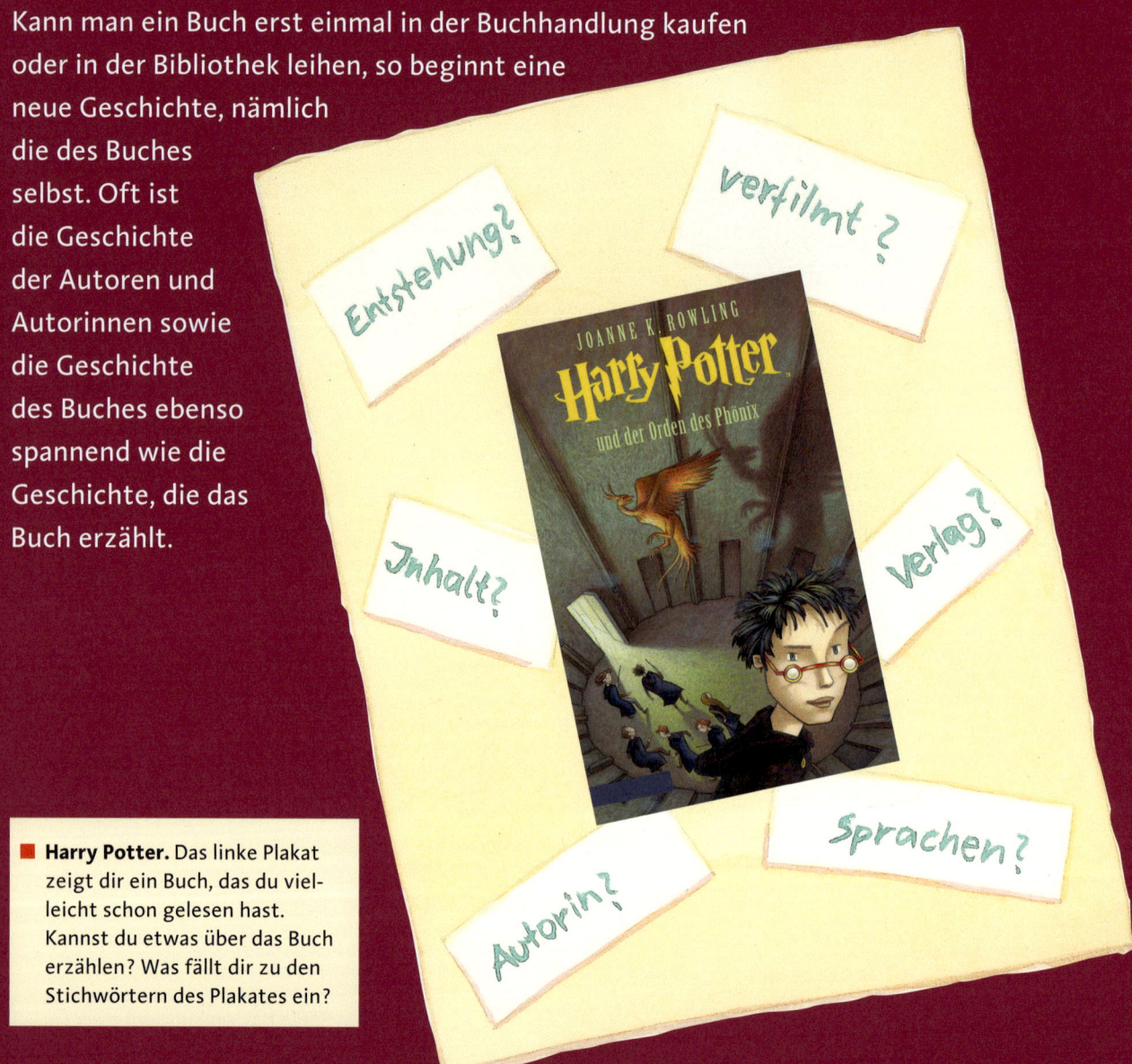

■ **Harry Potter.** Das linke Plakat zeigt dir ein Buch, das du vielleicht schon gelesen hast. Kannst du etwas über das Buch erzählen? Was fällt dir zu den Stichwörtern des Plakates ein?

ERFAHRUNGEN MIT

■ **Buchausstellung.** Bringe dein Lieblingsbuch mit in den Unterricht. Fertigt in Gruppen mithilfe von Textkarten Plakate zu diesen Büchern an.

Entstehung!

Sprachen?

Die Bibel
Einheitsübersetzung
Altes und Neues Testament

Verlag?

Inhalt?

Autor?

?

verfilmt?

■ **Bibelplakat.** Was könntest du auf einem Plakat über die Bibel schreiben? Findest du auf alle Fragen eine Antwort? Welche Fragen bleiben offen? Wo liegen die Unterschiede zu einem Roman wie »Harry Potter«?

GOTT – DIE BIBEL

Die Geschichte von Sita

Auf einer meiner Reisen traf ich auf Sita, eine junge, hübsche Inderin. Ihre Schwestern hatten – wie in Indien üblich – einen vorbestimmten Bräutigam geheiratet und das von ihrer Familie vorherbestimmte Leben als Ehefrau und Mutter angetreten. Diesen Weg war Sita nicht gegangen, sondern hatte sich dagegen zur Wehr gesetzt. Sie war Lehrerin in einem Missionszentrum geworden. Mich interessierte sehr, wie es Sita geschafft hatte, sich gegen ihre Familie und die Gesellschaft zur Wehr zu setzen. Also fragte ich sie, woher sie die Kraft dazu genommen habe.

■ **Wertvolle Bibel.** Du kannst Sitas Beispiel folgen: Bastle für deine Bibel einen eigenen Schutzumschlag, den du so gestalten kannst, wie du möchtest.

Zunächst lächelte Sita nur, doch dann stand sie auf, ging in ihr Zimmer und kehrte mit einem Holzkasten zurück. Der Holzkasten war eigentlich eine kleine reich verzierte Truhe, die ihr ein Freund gemacht hatte, wie sie erklärte. Als sie die Truhe öffnete, kam ein fein gewobenes Tuch zum Vorschein, das sie mitsamt dem Inhalt vorsichtig herausnahm. Ich dachte, das Geheimnis sei zerbrechlich, so vorsichtig ging Sita mit dem Tuch und seinem Inhalt um. Doch als Sita das Tuch zur Seite schlug, kam eine Bibel zum Vorschein, die vom vielen Lesen schon ganz zerblättert war. Nichts Besonderes, könnte man meinen. Doch der Blick, mit dem Sita das Buch betrachtete, und die Art, wie sie es in Händen hielt, sagte etwas ganz anderes.

Ich verstehe Sita nicht. Ich kann mit der Bibel nichts anfangen. Da stehen viele merkwürdige Sachen drin wie die Wunder, die es so gar nicht geben kann.

Ich kann Sita gut verstehen. Auch mir hat die Bibel schon geholfen, wenn ich mich einmal einsam gefühlt habe. In der Bibel stehen Geschichten von Menschen, denen es ähnlich ging und die Gott nie allein gelassen hat. Das hat mir Mut gemacht.

■ **Deine Meinung.** Was würdest du den beiden Jugendlichen oben antworten? Wie geht es dir mit der Bibel? Trage deine Antwort als Sprechblase in dein Heft ein. Stellt euch eure Antworten gegenseitig vor.

Gottes Wort begleitet Juden und Christen

Seit ungefähr dreitausend Jahren schreiben Menschen ihre Erfahrungen mit Gott auf. So wie Sita machen sie dabei immer wieder die eine große Erfahrung: Gott will bei den Menschen sein und wird so zu einem Teil ihrer Geschichte. Diese Geschichte Gottes mit den Menschen hat ihre Höhen und Tiefen. Die Bibel erzählt diese Erfahrungen zu ganz unterschiedlichen Zeiten und auf ganz unterschiedliche Weisen. Immer geht es aber um das Ringen Gottes um die Menschen, die er bedingungslos liebt, die aber seine Liebe oft verschmähen.

■ **Stationen.** Auf den folgenden Doppelseiten findest du Stationen auf dem Weg Gottes mit den Menschen. Du kannst entweder dem Weg einfach folgen und Station für Station diesen Weg kennenlernen. Gemeinsam könnt ihr aber auch die einzelnen Stationen an Gruppen verteilen. Jede Gruppe sucht sich eines der sechs Symbole auf dieser Seite aus und bearbeitet die Doppelseite mit diesem Symbol.
Stellt eure Entdeckungen am Ende den anderen vor: In welcher Zeit spielen die Geschichten? Welche Personen kommen vor? Welche Erfahrungen mit Gott haben sie gemacht? Was ist euch sonst noch aufgefallen? Erklärt auch das jeweilige Symbol.
Ihr könnt eure Ergebnisse in einem Lernplakat festhalten und mit dem jeweiligen Symbol verzieren. Wenn ihr die Symbole in der richtigen Reihenfolge aufhängt, erhaltet ihr einen Fries zur Geschichte der Menschen mit Gott.

■ **Bibelstellen finden.** Da es eine große Anzahl verschiedener Bibelausgaben mit unterschiedlicher Seitenzählung gibt, hilft beim Finden der Bibelstellen die Seitenzahl nicht weiter. Deshalb werden biblische Texte immer mit der Abkürzung für das entsprechende Buch, der Kapitelzahl und der Verszahl angegeben. Die Abkürzungen für die biblischen Bücher findest du im Abkürzungsverzeichnis in deiner Bibel. Ein Beispiel dafür findest du im Lexikon am Ende des Buches unter dem Stichwort »Bibel«.
Folgende Bibelstellen passen zu den einzelnen Symbolen, die jeweils auf eine Doppelseite hinweisen. Schlage die Stellen nach und ordne sie je einem Bild zu: Gen 12,8; Ex 14,16; 2 Sam 5,4; Ps 137,1; Lk 23,33; Apg 21,2.

Gott begleitet Abraham

Die Geschichte Israels mit seinem Gott beginnt mit Abraham. Abraham war ein Nomade aus Ur. Auf der Suche nach Wasser und Weideplätzen zog er mit seiner Familie und seiner Herde am Rande der Steppe im fruchtbaren Gebiet umher und lebte in Zelten.

Eines Tages, so berichtet die Bibel, erging das Wort Gottes an Abraham: »Zieh weg aus deinem Land, von deiner Verwandtschaft und aus deinem Vaterhaus in das Land, das ich dir zeigen werde. Ich werde dich zu einem großen Volk machen, dich segnen und deinen Namen groß machen. Ein Segen sollst du sein … Durch dich sollen alle Geschlechter der Erde Segen erlangen.« (Gen 12,1–3) Und Abraham zog fort, wie ihm Gott gesagt hatte. Mit ihm gingen seine Frau Sarai, sein Neffe Lot und alle Mägde und Knechte. Sie nahmen ihr ganzes Hab und Gut mit und zogen fort nach Kanaan (siehe dazu auch Seite 184).

■ **Bleiben oder gehen?** Für einen Nomaden ist es nicht ungefährlich, seine bekannten Gefilde zu verlassen. Entwirf ein Streitgespräch zwischen einem Hirten Abrahams, der lieber bleiben will, und Abraham, der dem Wort Gottes folgen möchte.

■ **Geschichten um Abraham.** Vielleicht kennst du noch andere Geschichten von Abraham, z. B. von seiner Gastfreundschaft, seinem Bund mit Gott oder von seinem Sohn. Schlage in der Bibel bei Gen 15, Gen 18, Gen 22 nach. Erzähle deinen Mitschülerinnen und Mitschülern die Geschichten in eigenen Worten.

■ **Fruchtbarer Halbmond.** Nach biblischer Überlieferung wanderte Abraham vom Zweistromland über die Küste des Mittelmeeres bis nach Ägypten. Dieser Landstrich wird auch »fruchtbarer Halbmond« genannt und war die Wiege der frühen Hochkulturen im alten Orient. Übertrage die Karte aus dem Lexikon S. 202 mit den wichtigsten Gewässern und der Wüste in dein Heft und zeichne den »fruchtbaren Halbmond« ein.

Thomas

Thomas hatte neulich im Religionsunterricht eine lange Debatte mit seiner Lehrerin gehabt, als die Abraham-Geschichte besprochen wurde. »Gott kann man nicht hören«, hatte er behauptet. Er kenne keinen, der je Gott gehört hat. Zu Gott sprechen, beten, das ginge ja noch. Aber dass Gott zu einem spreche – unmöglich!

Thomas hat immer viel zu tun: Nachmittagsunterricht, Sportverein, Pfadfinder und Posaune, da ist die Woche schnell verplant. Neulich sprach ihn Nadine aus der Schülervertretung an und fragte, ob er nicht bei der *Charity-Group* Posaune mitspielen könnte. Sie bräuchten dringend Verstärkung. Und es wäre ja nur einmal im Monat Freitagnachmittag im Altenheim zu spielen. Nein, hat Thomas gesagt, dafür habe er keine Zeit.

In der letzten Reli-Stunde diskutierte die Klasse wieder darüber, ob man Gott hören könne. Thomas war ganz still und sah sehr nachdenklich aus.

■ **Familiengeschichte.** Das Volk Israel erzählt die Geschichte vom Glauben Abrahams als Familiengeschichte. Schlage in der Bibel bei Gen 12, Gen 16, Gen 21 und Gen 25 nach und verschaff dir einen Überblick, wer zur Familie Abrahams gehört. Stelle deine Ergebnisse in einem Stammbaum dar. Lies dazu auch S. 184.

■ **Zeichen des Bundes.** Für den Bund, den Gott mit Abraham geschlossen hat, gibt es im Judentum ein besonderes Zeichen. Mehr darüber erfährst du auf S. 72f. im Text »Von der Geburt bis zum Tod«. Lies die dort genannte Bibelstelle nach.

■ **Gottes Wort wird nicht gehört.** Kannst du dir vorstellen, worüber Thomas nachgedacht hat? Siehst du Verbindungen zwischen Thomas und Abraham? Diskutiert auch ihr in eurer Klasse, ob man Gott hören kann.

Gottes Wort schafft Vertrauen

Abrahams Glaube

Die Geschichte der Begegnung Gottes mit Abraham zeigt mit wenigen Worten viel über das Verhältnis zwischen Gott und den Menschen. Dabei ist das Vertrauen Abrahams auf Gott ganz entscheidend. Solches Vertrauen nennt die Bibel »Glauben«. Wer glaubt, verlässt sich auf das, was er hört, auf das Wort eines anderen. Das fällt oft nicht leicht.

■ **»Ganz Ohr« sein.** »Ganz Ohr« werden kann man üben. Zum Beispiel:
Schließe die Augen. Lege wie die Skulptur auf dem Bild eine Hand an dein Ohr und höre ganz aufmerksam auf die Geräusche, die dich umgeben, die Schritte am Boden, die Geräusche aus der Nachbarklasse, das Vogelgezwitscher, das Gluckern der Heizung usw. Erzähle den anderen, was du gehört hast.
Sicherlich fallen dir noch andere »Ganz-Ohr«-Übungen ein. Probiert sie gemeinsam aus.

Josef Krautwald, o. J.

Ruhe und Stille

Abraham war »ganz Ohr« und nur so konnte er Gottes Wort hören. Auch ihr könnt »ganz Ohr« werden. Dazu müsst ihr euch »innerlich sammeln«.
Wie das geht? Zunächst ist Stille wichtig. Stille ist mehr als nur den Mund halten. Stille entsteht immer dann, wenn jeder für sich selbst und alle zusammen eine innere Haltung eingenommen haben: Alles Störende ist beiseitegeschoben worden, Aufmerksamkeit hält Einzug, Gelassenheit kommt auf.
Stille ist das Gegenteil von Eindrücken und Reizen, die uns oft überfluten. Stille ist Sammlung nach innen, ein Atemholen der Seele. Und in dieser Stille werde ich »ganz Ohr«, d. h. ich nehme das, was zu mir gesprochen wird, mit all meinen Kräften ganz ernst – so wie Abraham.

■ **Der Hörende.** Betrachte das Bild genau. Beschreibe Gesichtsausdruck und Haltung der Person. Überlege dir Situationen, in denen Menschen eine solche Haltung einnehmen. Hast du schon einmal selbst eine solche Haltung eingenommen? Berichte den anderen davon.

Exodus – der Auszug aus Ägypten

Die Bibel erzählt davon, dass die Vorfahren der Israeliten nach Ägypten einwanderten, weil in Kanaan eine Hungersnot ausgebrochen war. In Ägypten wurden sie zunächst freundlich aufgenommen, doch einige Generationen später, als die Nachkommen der Einwanderer bereits ein stattliches Volk in Ägypten bildete, begann sie der Pharao mehr und mehr auszubeuten und wie Sklaven zu behandeln. Unter der Führung des Mose gelang es den Israeliten schließlich, aus Ägypten zu fliehen, obwohl sie von der ägyptischen Streitmacht verfolgt wurden.

Diese Geschichte hatten die Israeliten von Generation zu Generation weitererzählt und schließlich im Buch Exodus aufgeschrieben. Sie waren davon überzeugt, dass sich Gott in diese Geschichte eingemischt und Israel zur Flucht in die Freiheit verholfen hatte. Die Erfahrung, dass Gott Freiheit schenkt, hat aber nicht nur den Glauben des alten Israel wesentlich geprägt, sondern lebt fort im Glauben der Juden und Christen bis heute.

1. When Is - rael was in E - gypt's land:
Op - pressed so hard I could not stand:

Let my peo - ple go.
Let my peo - ple go.

Go down, Mo - ses, way down in E - gypt's land.

Tell oh_____ Pha - ra - oh: Let my peo - ple go.

2. *Thus spoke the Lord, bold Moses said, let my people go,*
if not, I'll smite your first born dead, let my people go.
Go down Moses …

3. *No more shall they in bondage toil, let my people go,*
let them come out with Egypt's spoil, let my people go.
Go down Moses …

4. *The Lord told Moses what to do, let my people go,*
to lead the children of Israel through, let my people go.
Go down Moses …

■ **Das Buch Exodus.** Wenn ihr wissen wollt, wie die biblischen Ursprungsgeschichten zu den jeweiligen Strophen genau lauten, findet ihr sie im Buch Exodus: Ex 3,1; Ex 5,1–19; Ex 7,1–11,10; Ex 13,17–22.

■ **Das wichtigste Fest der Juden.** Die Feier des Auszugs aus Ägypten ist für die Israeliten heute immer noch eines der wichtigsten Feste. Schlage in der Lernlandschaft »Judentum« (S. 80f.) nach und finde heraus, um welches Fest es sich handelt. Wie wird es gefeiert?

Gottes Wort macht frei

■ **Unterdrückung heute.** Sucht in Zeitschriften nach Bildern von unterdrückten Menschen heute und erstellt eine Collage zum Thema »Unterdrückung heute«.

Gott befreit

Als die Schwarzen in Amerika im 19. Jahrhundert noch versklavt waren, erinnerten sie sich an die biblischen Geschichten von der Befreiung Israels durch Mose. Die zahlreichen Lieder, die damals entstanden und die während der Arbeit unter brütender Sonne auf den Baumwollplantagen gesungen wurden, um die Arbeit zu erleichtern, zeugen davon.

Und auch viele der Bürgerinnen und Bürger in Ostdeutschland, der ehemaligen DDR, die unter der Herrschaft der Sozialistischen Einheitspartei Deutschlands (SED) immer mehr litten, erinnerten sich an diese Geschichte. Sie fanden den Mut, um auf die Straße zu gehen und so lange zu demonstrieren, bis sie frei waren.

■ **Durchzug durch das Schilfmeer.** Die Künstlerin Annegert Fuchshuber hat die Geschichte des Durchzugs durch das Schilfmeer nach Ex 13,17–14,31 gemalt. Überlege, was sie mit den Farben (vgl. S. 125), den Figuren, der ganzen Anordnung ausdrücken möchte.
Suche für die verschiedenen Tiere »Namen«, die deutlich machen, welche Stimmung und welche Gefühle die Tiere bei dir hervorrufen.

Annegert Fuchshuber, 1992

Könige in Israel

Im 12. Jahrhundert v. Chr. besiedeln die Israeliten das Land Kanaan, obwohl ihnen dort mächtige Stadtstaaten den Zutritt verwehren wollen. Erneut ist Israel überzeugt: Es war Jahwe, unser Gott, der einzige Gott, der uns bei der Eroberung geholfen hat. Er ist unser König, einen anderen brauchen wir nicht.

Ungefähr 100 Jahre später kommen die Stämme in eine gefährliche Situation: Die Philister, ein kriegerisches Volk von der Küste, wollen Israel vernichten. In dieser Gefahr wählen sich die Stämme einen König – obwohl viele Menschen das Volk davor warnen, einem anderen König als Jahwe allein zu folgen.

Nach einer schlimmen Niederlage ihres ersten Königs Saul wählen die Israeliten David zum König. Tatsächlich schafft er es nicht nur, die Philister zu besiegen, sondern er erobert sich auch eine Hauptstadt, die zugleich die Wohnung Gottes unter den Israeliten sein soll: Jerusalem. Es ist die Zeit der größten Macht Israels – gleichzeitig aber auch eine Zeit, in der das Volk immer abhängiger von seinem König wird.

Um ihre Herrschaft zu rechtfertigen, wurden in dieser Königszeit Schreiber beauftragt, die bisher nur mündlich überlieferten Geschichten des Volkes Israel zu sammeln und aufzuschreiben. Auch die Geschichte der Könige selbst entstand in dieser Zeit.

Die Schreiber zeichneten nicht nur das auf, was den Königen gefiel, sondern das, was Gott gefiel – auch wenn es die Mächtigen kritisierte. Eine solche Geschichte erzählt auch der linke Text in der Schriftrolle.

> DARUM SCHICKTE DER HERR DEN NATAN ZU DAVID; DIESER GING ZU DAVID UND SAGTE ZU IHM:
>
> IN EINER STADT LEBTEN EINST ZWEI MÄNNER; DER EINE WAR REICH, DER ANDERE ARM. DER REICHE BESASS SEHR VIELE SCHAFE UND RINDER, DER ARME ABER BESASS NICHTS AUSSER EINEM EINZIGEN KLEINEN LAMM, DAS ER GEKAUFT HATTE.
>
> ER ZOG ES AUF UND ES WURDE BEI IHM ZUSAMMEN MIT SEINEN KINDERN GROSS. ES ASS VON SEINEM STÜCK BROT UND ES TRANK AUS SEINEM BECHER, IN SEINEM SCHOSS LAG ES UND WAR FÜR IHN WIE EINE TOCHTER.
>
> DA KAM EIN BESUCHER ZU DEM REICHEN MANN UND ER BRACHTE ES NICHT ÜBER SICH, EINES VON SEINEN SCHAFEN ODER RINDERN ZU NEHMEN, UM ES FÜR DEN ZUZUBEREITEN, DER ZU IHM GEKOMMEN WAR. DARUM NAHM ER DEM ARMEN DAS LAMM WEG UND BEREITETE ES FÜR DEN MANN ZU, DER ZU IHM GEKOMMEN WAR.
>
> *2 Sam 12,1–4*

■ **Zu Gericht.** Wie mag David deiner Meinung nach auf die Geschichte reagiert haben? Spielt mit verteilten Rollen eine Gerichtsverhandlung nach: David als Richter, der Reiche als Beschuldigter, der arme Mann und andere als Zeugen. Schreibe das Urteil mit Begründung auf.

■ **Ein Gleichnis.** Natan erzählt David nicht einen wirklichen Streitfall, sondern eine Geschichte, die David zur Einsicht bringen soll. Eine solche Geschichte nennt man »Gleichnis« (siehe dazu S. 166f.). Wenn du wissen willst, welche tatsächliche Begebenheit dem Gleichnis Natans zugrunde liegt, musst du die Geschichte rechts in der Schriftrolle lesen. Jetzt wird klar, was Natan mit den Bildern vom reichen und vom armen Mann und dem Schaf meinte. Lege eine Tabelle an, in der du jedem der Bilder die Personen aus der Batseba-Geschichte zuordnest.

EINES TAGES GING DAVID AUF DEM FLACHEN DACH SEINES PALASTES SPAZIEREN. DA SAH ER IM HOF DES NACHBARHAUSES EINE FRAU, DIE GERADE BADETE. SIE GEFIEL IHM SEHR UND ER ERKUNDIGTE SICH, WER SIE WAR. »DAS IST BATSEBA, DIE FRAU DEINES HAUPTMANNS URIJA.« DAVID LIESS BATSEBA IN DEN PALAST HOLEN UND SCHLIEF MIT IHR. EINIGE ZEIT SPÄTER LIESS BATSEBA DAVID MITTEILEN: »ICH BIN SCHWANGER.« DAVID BEFAHL DARAUFHIN, URIJA FÜR EINIGE TAGE NACH HAUSE ZU SCHICKEN, DAMIT ES SO AUSSÄHE, ALS SEI DAS KIND VON URIJA. DANN MUSSTE URIJA WIEDER IN DEN KRIEG. DAVID ABER HATTE DEM FELD-HERRN JOAB EIN SCHREIBEN MITGEGEBEN, IN DEM ER BEFAHL: »STELLT URIJA NACH VORN, WO DER KAMPF AM HEFTIGSTEN IST, DANN ZIEHT EUCH VON IHM ZURÜCK, SODASS ER GE-TROFFEN WIRD UND DEN TOD FINDET.« SO GE-SCHAH ES UND URIJA FIEL IM KAMPF. ALS BATSEBA VON DEM TOD ERFUHR, BEKLAGTE SIE IHN. ALS ABER DIE TRAUERZEIT VORÜBER WAR, LIESS DAVID SIE IN DEN PALAST HOLEN, WO SIE IHM EINEN SOHN GEBAR.

Nach 2 Sam 11

Biblisches Schreiben

Schreiber waren früher hoch geschätzte Leute, an die sich die Menschen wandten, wenn sie Briefe, Verträge oder andere Schriftstücke aufsetzen mussten. Seit David gab es am Hof der Könige Israels fest ange-stellte Schreiber, die die wichtigsten Ereignisse in der Geschichte des Landes festhiel-ten. Dabei schrieben sie – wie im ganzen Orient üblich – von rechts nach links.

Das gebräuchlichste Schreibmaterial der biblischen Zeit war der Papyrus. Seinen Namen erhält der Papyrus von der gleich-namigen Schilfpflanze, die vor allem in Ägypten wächst. Aus dem Mark dieser Pflanze wurden Streifen geschnitten, die man kreuzweise übereinanderlegte und in feuchtem Zustand presste und anschlie-ßend trocknete. So entstanden etwa DIN A4 große Blätter, die aneinandergeklebt und an zwei Stäben aufgerollt wurden.

Die so beschrifteten Rollen konnten natürlich nicht in ein Bücherregal gestellt werden. Stattdessen wurden sie in einem Rollenschrank untergebracht.

■ **Antworten.** Natan spricht über David sein Urteil, indem er für ihn und sein Haus Unheil ankün-det, weil Gott über ihn erzürnt sei. Überlege, welche Möglich-keiten David nun bleiben, Gottes Zorn zu besänftigen.

■ **Psalm 51.** Psalm 51 handelt von der Reue Davids, nachdem Natan ihn zur Rechenschaft gezogen hat. Der Psalm (vgl. Lexikon) wird, wie viele Psalmen, David zugeschrieben, doch ist er wahrscheinlich erst später entstanden. Ein Psalm ist eigentlich ein gesungenes Gebet, dessen Melodie wir aber nicht mehr kennen. Überlegt euch, welche Melodie für den Psalm 51 angemessen wäre. Ihr könnt den Psalm selbst vertonen, mit Instrumenten begleiten und singen.

Ein Hoffnungslied

Die Wüste und das trockene Land sollen sich freuen,
die Steppe soll jubeln und blühen.
Sie soll prächtig blühen wie eine Lilie,
jubeln soll sie, jubeln und jauchzen.
Sagt den Verzagten: Habt Mut, fürchtet euch nicht!
Seht, hier ist euer Gott!
Die Rache Gottes wird kommen und seine Vergeltung;
er selbst wird kommen und euch erretten.
Dann werden die Augen der Blinden geöffnet,
auch die Ohren der Tauben sind wieder offen.
Dann springt der Lahme wie ein Hirsch,
die Zunge des Stummen jauchzt.

In der Wüste brechen Quellen hervor,
und Bäche fließen in der Steppe.
Der glühende Sand wird zum Teich
und das durstige Land zu sprudelnden Quellen.
An dem Ort, wo jetzt die Schakale sich lagern,
gibt es dann Gras, Schilfrohr und Binsen.
Die vom Herrn Befreiten kehren zurück
und kommen voll Jubel nach Zion.
Ewige Freude ruht auf ihren Häuptern.
Wonne und Freude stellen sich ein,
Kummer und Seufzen entfliehen.

Jes 35,1.2.4–7.10

■ **Hoffnung auf eine heile Welt.**
Alle Menschen hoffen auf eine
heilere Welt. Allerdings sind ihre
Vorstellungen davon recht unterschiedlich. Macht eine Umfrage zum Thema »Woher kommt
das Heil für die Menschen?«. Erkundige dich in der Parallelklas-
se, bei deinen Lehrerinnen und
Lehrern, in der Schule, zu Hause
bei Eltern, Verwandten und Ge-
schwistern und gliedere die Antworten nach Gemeinsamkeiten
und Unterschieden.

■ **Bildbetrachtung.** Betrachte das Bild auf dieser Seite
genau. Welche Überschrift würdest du ihm geben?
Lest euch gegenseitig das Lied des Jesaja laut vor.
Könnt ihr Gemeinsamkeiten zwischen Text und Bild
erkennen?
Welche Antworten könnten der Text und das Bild auf
die Sehnsucht der Menschen nach einer heilen Welt
geben?

Gott lässt sein Volk nicht im Stich

Nach dem Tod König Davids wurde sein Sohn Salomo Nachfolger auf dem Thron Israels.

Er sollte der letzte König des Gesamtreiches sein, denn nach seinem Tod spaltete es sich in das Nordreich Israel und das Südreich Juda. Die beiden kleinen Königreiche hatten auf Dauer keine Chance gegen die Großmächte der Assyrer, Babylonier und Ägypter. Das Nordreich wurde 722 v. Chr. von den Assyrern erobert, das Südreich mit der Hauptstadt Jerusalem 586 v. Chr. durch die Babylonier unter ihrem König Nebukadnezar. Der Tempel wurde zerstört und ein Teil der Israeliten nach Babylon verschleppt. In dieser Zeit des sogenannten Babylonischen Exils fragten sich viele Israeliten, ob sie nicht von Jahwe, ihrem Gott, verlassen worden seien. Manche wandten sich dem Götterglauben der Eroberer zu.

Wie so oft in Israels Geschichte traten auch jetzt wieder Propheten auf. Das sind Menschen, die das Volk Israel an seinen Bund mit Jahwe erinnerten und es davor warnten, seine Wurzeln und vor allem seinen Glauben aufzugeben. Sie machten den Israeliten aber auch Mut und Hoffnung, dass Gott sie auch in dieser schwierigen Situation nicht im Stich lassen und alles wieder zum Guten wenden werde.

Das Wort Gottes macht Mut

Die Bücher der Propheten berichten von Menschen, die es gewagt haben, auch in schwierigen Zeiten das Wort Gottes zu verkünden. Oft haben sie unbequeme Wahrheiten ausgesprochen und mussten diese auch noch den Mächtigen ins Gesicht sagen. Das brauchte Mut, der von Gott kam.

Auch heute macht die Bibel Menschen Mut, sich nicht vorschnell abzufinden mit den Gegebenheiten und dem Erreichbaren. Und so wirkt die Heilige Schrift durch die Jahrhunderte hindurch bis heute. Immer wieder treten Menschen mit der Bibel in der Hand und im Vertrauen auf Gott den Mächtigen gegenüber und verlangen von ihnen Gerechtigkeit für alle Menschen. Manchen kostet das ihr Leben. Menschen, die für das Wort Gottes und ihren Glauben daran ihr Leben gelassen haben, nennt man »Märtyrer« (deutsch: Blutzeugen).

Die Lebensgeschichten der Propheten und ihre Worte sind in den Prophetenbüchern, aber auch in den Geschichtsbüchern aufgeschrieben (vgl. S. 170). Die bekanntesten unter den Propheten sind Elija und Elischa aus der Zeit vor dem Exil, sowie Jesaja und Jeremia, die in der Zeit der Bedrohung durch Babylon und während des Babylonischen Exil selbst gewirkt haben.

■ **Man muss Gott mehr gehorchen als den Menschen.** In der Bibel finden sich viele Geschichten von Menschen, die im Vertrauen auf Gott den Mut gehabt haben, Gott mehr zu gehorchen als den Menschen (z. B. 1 Kön 21,1–29; Dan 6,2–29; Jona 1,1–2,11; Apg 5,12–6,33). Verteilt die verschiedenen Geschichten untereinander. Verfasst für eure Geschichte eine Kurzfassung und zeichnet dazu ein passendes Bild. Hängt eure Geschichten und Bilder zu einem Fries im Klassenzimmer zusammen.

■ **Unbequeme Mahner.** In der Geschichte des Christentums gab es viele Menschen, die wie die Propheten als unbequeme Mahnerinnen und Mahner auftraten. Einer von ihnen war Dietrich Bonhoeffer. Er selbst hat sein Verhalten mit den Worten umschrieben: »Dem Rad in die Speichen fallen«. Überlege, was er mit diesem Bildwort ausdrücken wollte. Suche nach vergleichbaren Bildworten mit gleicher Aussage. Finde heraus, wer Dietrich Bonhoeffer war.

Jesus verkündet das Reich Gottes

Im Jahr 538 v. Chr. erobern die Perser das für unbesieg-bar gehaltene Babylonische Reich. Die Israeliten dürfen in ihre Heimat zurückkehren und den Tempel wieder auf-bauen. Aber Israel wird nie mehr ein selbstständiger Staat und verbleibt zuerst unter persischer, später unter griechischer Oberherrschaft. 63 v. Chr. erobern die Rö-mer den ganzen Vorderen Orient und mit ihm auch Israel. Zur Zeit Jesu haben die Römer einen eigenen Statthalter eingesetzt, der dafür sorgt, dass überall Steuern und Zöl-le gezahlt werden. Während es nur wenigen Menschen gut geht, leiden viele im Land an der Unterdrückung durch die Römer und dem großen Elend. Viele Menschen, vor allem die Ärmeren und Unterdrückten des Volkes sehnen sich nach einer besseren Welt und erwarten die neue einbrechende Herrschaft Gottes, das überwälti-gende Eingreifen Jahwes in die Geschichte.

In dieser Zeit tritt Jesus aus Nazaret auf. Er sammelt Frauen und Männer um sich, zieht durch Galiläa, er er-zählt von der Liebe Gottes und heilt viele Menschen als Zeichen der nahen Gottesherrschaft. Doch die Worte, mit denen Jesus das Reich Gottes ankündigt, verwirren viele seiner Zuhörerinnen und Zuhörer. »Das Reich Gottes ist jetzt schon angebrochen unter euch, weil ich bei euch bin.«

Gleichnisse

Für Jesus war es wichtig, dass ein-fache Menschen, sogar Kinder, seine Botschaft vom Reich Gottes verstehen konnten. Deshalb erfand er kleine Geschichten und Bil-der, die meist aus dem Alltag seiner Zuhörerinnen und Zuhörer stammten. Sie handelten vom Leben in der Fami-lie, vom Säen und vom Ernten, vom Pflügen und vom Ba-cken, vom Einladen und von Geldgeschäften.

Immer aber nahmen diese kleinen Geschichten einen überraschenden, manchmal fast ärgerlichen Ausgang. Damit wollte Jesus verdeutlichen: So ist Gott, so ist das Reich Gottes, es ist ganz anders, als man denkt, unerwar-teter, überraschender, größer. Wir können diese Ge-schichten verstehen, wenn wir uns überlegen, was die Bilder über das Reich Gottes sagen wollen.

Er sagte: Mit dem Reich Gottes ist es so,
wie wenn ein Mann Samen auf seinen Acker sät;
dann schläft er und steht wieder auf,
es wird Nacht und wird Tag,
der Samen keimt und wächst
und der Mann weiß nicht, wie.
Die Erde bringt von selbst ihre Frucht,
zuerst den Halm, dann die Ähre,
dann das volle Korn in der Ähre.
Sobald aber die Frucht reif ist,
legt er die Sichel an;
denn die Zeit der Ernte ist da.

Mk 4,26–29

> ■ **Gleichnisse.** In Mt 13 werden einige Gleichnisse Jesu erzählt. Tragt zusammen, was dort über das Reich Gottes ausgesagt wird und informiert euch im Lexikon am Ende des Buchs zu den Themen »Gleichnis« und »Reich Gottes«.

Jesu Gleichnisse laden aber auch dazu ein, uns selbst in seine Geschichten hineinzuversetzen: in den verlorenen Sohn und den daheimgebliebenen Bruder (Lk 15,11–32), in den säenden Bauern (Mk 4,26–29), ja sogar in das Senf-korn und die im Baum nistenden Vögel (Mk 4,30–32). Dann können wir die Gleichnisse nicht nur mit dem Kopf verstehen, sondern auch uns selbst und Gott in ihnen entdecken.

> ■ **Verstanden!** Sicher waren auch viele Bauern unter den Zuhörerinnen und Zuhörern Jesu, als er das Gleichnis vom säenden Bauern erzählt hat (vgl. links). Einer von ihnen könnte sich dieses gedacht haben: »Das kenne ich gut, das mit dem Weizen. Jetzt ver-stehe ich, was Jesus mit dem Reich Gottes meint. Er will mir sagen, dass ich ...« Schreibe eine Fortsetzung.

■ **Eine Körperreise.** Auf dieser Doppelseite siehst du die kleinen Weizenkörner sowie ein Feld voller reifer Ähren. Betrachte die Bilder ganz genau. Wenn du Lust hast, kannst du dich in eines der kleinen Weizenkörner hineinversetzen. Entferne alles Störende vom Tisch, setze dich bequem hin und schließe deine Augen. Deine Lehrerin, dein Lehrer oder eine Mitschülerin bzw. ein Mitschüler liest nun die weiteren Sätze ganz langsam vor:

Stell dir vor, wie es ist, ein Weizenkorn zu sein. Wie fühlt es sich an, so klein zu sein? Erfühle dein Äußeres. Wie sieht es in dir aus? Was ruht in dir? Jetzt wirst du in die Erde eingepflanzt. Es ist ganz dunkel und still um dich herum.

Halte Stille und Dunkelheit eine Weile aus. – Jetzt wirst du langsam größer und breitest dich in der Erde aus: Du wächst, durchbrichst mit deinem Keim den Boden und gelangst ans Tageslicht. Du spürst Sonne und Regen. Du spürst, wie du ganz langsam weiterwächst und immer größer wirst.

Jetzt bist du ein kleiner Halm, der sich im Wind wiegt. An deiner Spitze wachsen goldene Ähren. Du spürst die Wärme der Sonne. Körner entstehen in deinen Ähren, sie werden immer größer und voller…

Spüre dich noch einmal als Halm, Ähre und Korn. Bleibe noch einmal einen Moment bei diesem Bild. Jetzt kehrst du langsam wieder zurück: Öffne wieder die Augen, atme tief durch und strecke dich. Berichtet, wie es euch während der Übung ergangen ist. Wann hast du dich besonders gut gefühlt? Wenn du möchtest, kannst du die Körperreise auch in einem Bild nachzeichnen: Beginne auf einem Blatt unten als kleines Weizenkorn in der Erde …

Sieger Köder, o. J.

■ **Familienszene.** Das Bild zeigt eine Szene mit einem Vater und seinen zwei Söhnen. Schreibe eine Geschichte, die mit dieser Szene endet.

■ **Familiengleichnis.** Die Geschichte zum Bild, wie Jesus sie als Gleichnis erzählt, findest du in der Bibel. Schlage Lk 15,11–32 auf und lies sie dort nach. Ihr könnt nun in Gruppen verschiedene Szenen aus dem Gleichnis in ein Standbild umsetzen.
Verfasst zu den einzelnen Szenen Tagebucheinträge, in denen ihr das Geschehen aus der Sicht des jüngeren oder des älteren Bruders oder des Vaters berichtet.

Ein Mann predigt und schreibt Briefe

■ **Paulus und die ersten Christen.**
Vielleicht habt ihr im Religionsunterricht schon die Lernlandschaft »Wie alles begann« bearbeitet. Dort ist ausführlich von den ersten Christen, von Pfingsten und von Paulus die Rede. Tragt an der Tafel zusammen, an was ihr euch bei diesen Begriffen noch erinnert. Natürlich könnt ihr als Erinnerungsstütze auch zurückblättern auf die Seiten 100-119.

Nach dem Tod Jesu in Jerusalem und seiner Auferweckung mussten sich seine Jüngerinnen und Jünger wieder neu finden. Es war die Gabe des Heiligen Geistes, die sie neuen Mut und Hoffnung schöpfen ließ. So brachen sie auf und verkündeten die Frohe Botschaft von Jesus: das Evangelium. Mit dem Apostel Paulus erhielt die Verbreitung des Evangeliums eine neue Dimension. Ursprünglich war er einer der erbittertsten Verfolger der Christen. Doch durch seine Begegnung mit dem auferstandenen Christus bei Damaskus (vgl. Apg 9,1–22) wurde er der größte Verfechter des Evangeliums, reiste im gesamten Mittelmeerraum umher und gründete viele Gemeinden. Bald sammelten sich Schülerinnen und Schüler um ihn, die in seinem Sinne sein Werk in den Gemeinden fortsetzten. Paulus selbst schrieb immer wieder Briefe an die Gemeinden. Einige von ihnen sind uns heute bei den »Paulinischen Briefe« im Neuen Testament überliefert. Aber auch seine Predigten haben in den Briefen, die auf seine Schüler zurückgehen, im Neuen Testament Eingang gefunden.

Das Besondere an Paulus wird in der Apostelgeschichte hervorgehoben. Dort wird erzählt, wie das Wort Gottes in die Welt ging. Mit Paulus kam es nach Griechenland, also in ein Land, in dem nach Ansicht der Juden nur Heiden lebten. Dort und von dort aus fand es dann rasch seine Verbreitung im gesamten Mittelmeerraum. Daher gilt bis heute Paulus als der Apostel der Heiden.

■ **Ein Auftrag.** Lies Mt 28,16– 20. In dieser Schriftstelle erteilt Jesus seinen Jüngern und Jüngerinnen einen Auftrag. Gilt dieser auch heute noch?
Überlegt gemeinsam, was er für uns zu bedeuten hat.

■ **Bibeldetektive.** Auf diesen beiden Seiten findest du Abbildungen von Bibelausgaben aus verschiedenen Jahrhunderten. Bringe mithilfe von Lexika oder dem Internet mehr über ihre Entstehungsgeschichte in Erfahrung. Folgende Internetadressen helfen dabei: www.gutenberg.de, www.frankfurterbibelgesellschaft.de, www.dbg.de (hier findest du unter Download/Publikationen eine Zeittafel zur Entstehungsgeschichte der Bibel bis heute).

Papyrus P 52, 2. Jh. n. Chr.

Codex Vaticanus, 4. Jh. n. Chr.

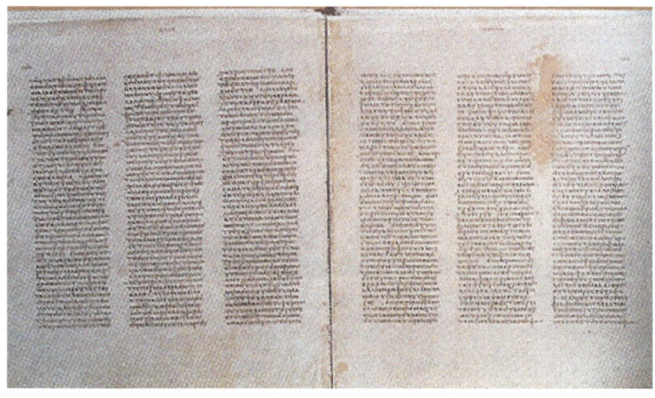

Gottes Wort geht um die Welt

Gottes Wort wird weitergegeben

Während noch die ältesten biblischen Texte auf [Papyrus](#) verfasst wurden, wurde im Mittelalter Pergament zu dem Schreibstoff, auf dem die Bibel wieder und wieder abgeschrieben wurde – und so um die ganze Welt ging. Pergament war nicht billig. Deshalb musste sehr sorgfältig damit umgegangen werden. Beim Abschreiben durfte kein Fehler gemacht werden. Und wenn man einen Text nicht mehr zu brauchen meinte, wurden die Buchstaben einfach abgeschabt und ein neuer Text darüber geschrieben. Der Fachausdruck für ein solches erneut beschriebenes Buch lautet »Palimpsest«. Um die Bedeutung der biblischen Texte zu betonen, und natürlich auch, um das Wort Gottes nicht zu verfälschen, wurde äußerst sorgfältig und ordentlich abgeschrieben. Solche »Schönschriften« bezeichnet man auch mit dem griechischen Wort »Kalligrafie«. Und um die Schönheit noch zu unterstreichen, wurde der erste Buchstabe eines Kapitels oder Absatzes besonders schön und meist auch deutlich größer geschrieben. Einen solchen Anfangsbuchstaben bezeichnet man als »Initiale«.

Die Erfindung der Buchdruckkunst durch Johannes Gutenberg in Mainz 1450 ermöglichte, die Bibel in großer Stückzahl zu drucken, statt mühsam abzuschreiben. Und die Geschichte der Bibel geht weiter. Heute können wir die Bibel als CD-Rom auf Computern oder im Internet, z.B. unter www.bibelwerk.de, lesen.

■ **Gottes Wort – ganz wertvoll.** Versetze dich doch mal in die Rolle eines mittelalterlichen Bibelschreibers hinein und fertige eine Kalligrafie eines Bibeltextes an:
Nimm einen wertvollen Schreibstoff, z.B. ein Posterplakat. Schreibe einen kurzen biblischen Text, der dir besonders gut gefällt, so sorgfältig, wie du kannst, ab. Gestalte dabei den ersten Buchstaben als prachtvolle Initiale. Und auch der Seitenrand oder andere Buchstaben dürfen ausgeschmückt werden.
Wenn ihr wollt, könnt ihr mit den Bibeltexten eurer Klasse eine kleine Bibelausstellung machen.

Holzblockdruck

Bibel-CD-ROM

■ **Neue Sprachen.** Die Bibel ist heute in viele Sprachen übersetzt. Bei uns wird sie meist als Bibel oder als Heilige Schrift bezeichnet. Wie heißt die Bibel aber z. B. im Englischen, Französischen, Italienischen, Russischen? Hör dich um und trage die Namen zusammen.
Wenn du wissen willst, in wie vielen Sprachen die Bibel bereits übersetzt worden ist, kannst du unter www.dbg.de nachsehen. Dort findest du bei der Weltbibelhilfe unter Zahlen/Fakten die Informationen.

Mehr als ein Buch

Die Bibel ist mehr als ein Buch, sie ist der Weg des Wortes Gottes durch die Jahrhunderte, wie Menschen es erfahren haben. Diese Erfahrungen wurden in 73 einzelnen Büchern aufgeschrieben. Daher kann man davon sprechen, dass die Bibel eine ganze Bibliothek darstellt.

Wie jede gute Bibliothek ist sie in Sachgebiete unterteilt. Zur Zeit des Alten Testamentes, das man auch »Erstes Testament« nennen kann, wurden die Texte in Buchrollen aufbewahrt. Erst später, zur Zeit der Abfassung des Neuen Testamentes, entstand die uns heute bekannte Buchform.

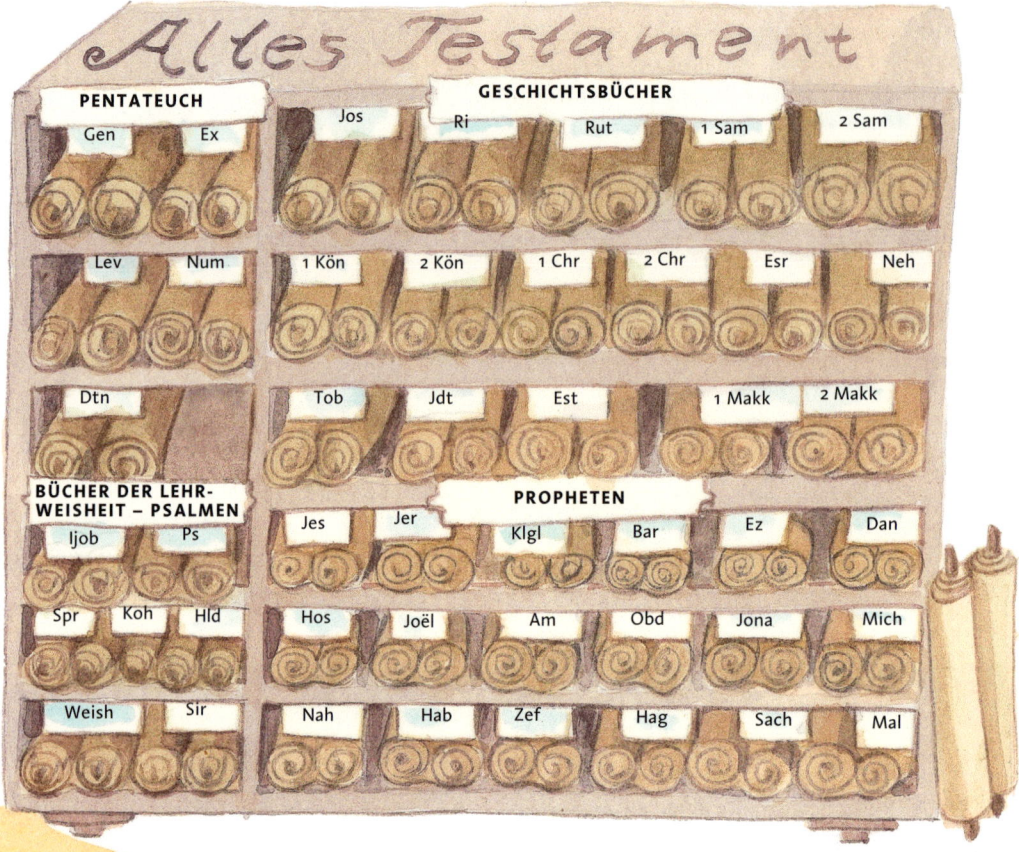

Die ersten fünf Bücher des Alten Testaments nennt man »Pentateuch« (griech. *penta* = fünf) oder »Die fünf Bücher des Mose«. Sie erzählen von der Erschaffung der Welt, von Noach, Abraham, Mose, Mirjam und anderen Israeliten. Die Geschichtsbücher handeln von Führern und Führerinnen der Israeliten und von den ersten Königen Israels. Sie enden mit der Erzählung von der Rückkehr des Volkes Israel aus dem babylonischen Exil um 500 v. Chr. Die Psalmen sind das Gebets- bzw. Gesangbuch der Bibel. Das Alte Testament kennt 150 Psalmen, von denen ein Großteil König David zugeschrieben wird, wohl aber nicht von ihm stammt. Die Bücher der Lehrweisheit enthalten Sprüche und Lehrmeinungen über das Leben und den Umgang der Menschen miteinander, die aus vielen Jahrhunderten immer wieder erzählt und so überliefert wurden. Die Bücher der Propheten berichten von Menschen, die von Gott einen besonderen Auftrag erhalten haben. Die Propheten treten daher im Namen Gottes auf und sagen den Menschen, was Gott von ihnen möchte.

■ **Tora.** Die ersten fünf Bücher des Alten Testaments haben im Judentum eine besondere Bedeutung. Schlage auf S. 74 nach. Erkläre einem Partner, einer Partnerin die Bedeutung der Tora für Juden.

Die Evangelien – Evangelium heißt übersetzt »Frohe Botschaft« (vgl. Lexikon) – erzählen über das Leben und Wirken Jesu, so wie es seine Jünger sich erzählt haben. Das älteste Evangelium ist das Markus-Evangelium, auch wenn es in der Bibel nicht an erster Stelle steht. Matthäus und Lukas kannten es bereits, übernahmen es und ergänzten es durch andere Erzählungen. Johannes schrieb sein Evangelium aus anderen Überlieferungen. Die Apostelgeschichte kann weder den Evangelien noch den anderen Schriften im Neuen Testament zugeordnet werden. Sie stammt jedoch vermutlich aus der gleichen Feder wie das Lukas-Evangelium und berichtet über das Schicksal der Jünger Jesu nach seinem Tod und die Missionstätigkeit des Apostels Paulus. Von Paulus und seinen Schülern stammen auch viele Briefe, in denen die ersten Christengemeinden wichtige Nachrichten über ihren Glauben austauschten. Sie erteilten sich in diesen Briefen Ratschläge bzw. spendeten sich Trost und machten sich Mut. Diese Briefe werden »Paulinische Briefe« genannt. Andere Briefe, die über das Zusammenleben und die al-

lerersten Gottesdienste berichten, sind für die Kirche besonders wichtig, weil sie sich an einen großen Adressatenkreis richten. Man nennt sie deshalb »Katholische Briefe« (*katholos* = allumfassend). Das letzte Buch der Bibel, die Offenbarung des Johannes, enthält die Visionen des Johannes über das Ende der Welt.

■ **Bibelbibliothek.** Wie in einer Bibliothek Bücher mit Signaturen gekennzeichnet sind, so sind in der Abbildung unten auch nur die Abkürzungen der biblischen Bücher dargestellt. Schlage in deiner Bibel das Inhaltsverzeichnis auf. Dort findest du zu allen Abkürzungen die vollständigen Namen der Bücher. Jetzt kannst du deine eigene »Bibel-Bibliothek« basteln: Schreibe zuerst die Namen der biblischen Bücher auf beklebte Streichholzschachteln. Baue aus Sperrholz oder einem Schuhkarton ein Regal und stelle die Bücher in der richtigen Reihenfolge in die Sachgebiete ein.

Neues Testament

EVANGELIEN — PAULUSBRIEFE

Mt · Mk · Lk · Joh · Apg — Röm · 1 Kor · 2 Kor · Gal · Eph · Phil · Kol · 1 Thess · 2 Thess · 1 Tim · 2 Tim · Tit · Phlm · Hebr

KATH. BRIEFE

Jak · 1 Petr · 2 Petr · 1 Joh · 2 Joh · 3 Joh · Jud

Offb

■ **Nicht vom Himmel gefallen.** Du hast jetzt gelernt, dass die Bibel, das Wort Gottes, nicht vom Himmel gefallen ist, sondern einen langen Weg durch die Jahrhunderte durchlaufen hat. Zeichne diesen Weg mit den wichtigsten Stationen in dein Heft. Du kannst auch eine kleine Entstehungsgeschichte schreiben.

Muslimen begegnen.
In der Schule. Auf der Straße. Im Bus.
Beim Einkaufen. Am Dönerstand. Im Urlaub.
Es gibt viele Möglichkeiten, Muslime zu
treffen. Doch was wissen wir eigentlich
über sie und ihre Religion? Woher haben
wir dieses Wissen? Aus dem Fernsehen?
Den Zeitungen? Oder haben wir Informati-
onen »aus erster Hand«, weil wir mit
Muslimen befreundet sind?
Diese Lernlandschaft vermittelt dir fun-
dierte Informationen über die Religion der
Muslime, den Islam. Gleichzeitig ermutigt
sie dich, nicht nur dein Wissen zu erwei-
tern, sondern in Kontakt zu kommen mit
Menschen muslimischen Glaubens.
Lass dich ein auf die Entdeckungsreise!
Du wirst sehen, dass Juden, Christen und
Muslime gemeinsame Wurzeln haben und
deshalb viele Geschichten von Menschen
auf dem Weg mit Gott in Tora, Bibel und
Koran zu finden sind.
In der Silhouette der Moschee kannst du
verschiedene Stichwörter lesen, die jeweils
ein Thema der Lernlandschaft bezeichnen.
Mit welchem möchtest du beginnen?

MUSLIMEN

Der Koran

Allah und sein Gesandter Muhammad

Islamische Glaubenspraxis

Die Moschee

Abraham verbindet

Muslime in Deutschland

BEGEGNEN

»Japaner sind diszipliniert und ehrgeizig.«

»Engländer sind prüde.«

»Dicke sind gemütlich.«

»Deutsche sind steif und unflexibel.«

> Weißt du, was »man« von Muslimen sagt?

»Spanierinnen sind rassige Frauen.«

> Weißt du, was »man« über muslimische Frauen sagt?

»Alle Sizilianer sind Mafiosi.«

> Gibt es das auch? Alle Muslime sind ...?

Ich fahre mit dem Zug. Im Nebenabteil wird es laut: Gelächter, Gekreische, Gegröle. Als wären die allein im Waggon! Ich werfe einen Blick nach nebenan – typisch! Natürlich Fußballfans!

> Typisch Muslime – gibt es das auch?

»Chinesen heißen nur männliche Nachkommen willkommen, Mädchen werden frühzeitig umgebracht.«

> Was sagt »man« über das Verhältnis von Mädchen und Jungen bei Muslimen?

»Hindus verehren Kühe und lehnen den Verzehr von Fleisch ab.«

> Muslimische Speisevorschriften – gibt es die auch?

■ **Eindrücke.** Sammle Äußerungen über Muslime, die man »so sagt«, und werte sie aus: Welches Islambild bestimmt unsere Gesellschaft und unsere Medien?

■ **Vorurteile.** Informiert euch über den Begriff des Vorurteils. Diskutiert typische Vorurteile des täglichen Miteinanders von Muslimen und Christen in Deutschland.

Islam in Deutschland

Der Islam ist heute nach dem Christentum die zweitgrößte Religion in Deutschland. Nach Schätzungen leben hier zwischen 3,8 und 4,3 Millionen Muslime. Sie kamen als Arbeitsmigranten (Migrant = Einwanderer) seit dem Beginn der 1960er-Jahre zunächst aus Bosnien, dann aus der Türkei, aber auch als Flüchtlinge vor Kriegen und Naturkatastrophen.

Die Mehrzahl der Muslime hier sind Sunniten. Neben der kleinen Gruppe der Schiiten gibt es eine beträchtliche Zahl von Angehörigen der in der Türkei beheimateten Sondergruppe der Aleviten.

Bis in die Mitte der 1990er-Jahre war der Islam in Deutschland kaum sichtbar. Heute werden Moscheen nicht mehr in Hinterhöfen versteckt, muslimische Gräberfelder werden auf öffentlichen Friedhöfen eingerichtet und in öffentlichen Schulen ist bereits mit der Erteilung islamischen Religionsunterrichts begonnen worden.

■ **Erfahrungen.** Tauscht euch darüber aus, welche Erfahrungen ihr bisher mit Muslimen gemacht habt und wo man muslimisches Leben in eurer Stadt finden kann.

Die folgenden Kurzporträts der in Deutschland lebenden Musliminnen und Muslime waren in einem Nachrichtenmagazin abgedruckt. Sie schildern Beispiele überwiegend gelungener Integration. Sicherlich gibt es auch Beispiele, wo Integration scheitert.

Ich bin ein Türke mit einer eigenen Kultur, mit einem eigenen Glauben. Damit möchte ich leben, wo immer wir sind. Wir sind für die Kinder da, und die Kinder sind für die Eltern da. Wir haben darauf geachtet, dass sie unsere Mentalität und unseren Glauben kennen. Ich habe mit Liebe erzogen, die ist stärker als Druck. Meine Frau kommt aus einer modernen Familie. Zehn Jahre hat sie kein Kopftuch getragen, ich habe mit Geduld gewartet. Seit zehn Jahren trägt sie es.

Necdef Aydin (49), Wohnheimaufseher

Ich bin das Oberhaupt der Familie. Was ich sage, müssen alle machen. Morgens, mittags, und abends muss gebetet werden. Fernsehen, Radio, Kino oder eine Freundin oder Theater spielen sind nicht gut, das lenkt Fatih vom Lernen und Beten ab. Dann wird er vielleicht nicht mehr Professor und auch nicht Rechtsanwalt.

Avni Bayram (58), Zimmermann

Seit sieben Monaten trage ich Kopftuch. Mein Vater wollte, dass ich es trage, aber ich konnte es zuerst nicht. Er hat mit Geduld gewartet und mich immer wieder lieb darauf aufmerksam gemacht. In Deutschland fühle ich mich freier und wohler, hier kann jeder machen, was er will. In Istanbul wird man angestarrt, wenn man Kopftuch trägt. Ich habe die deutsche Staatsangehörigkeit und möchte später studieren.

Feliz Aydin (19), Schülerin

Ich bin in der Türkei aufgewachsen, in der sechsten Klasse in Berlin eingeschult worden und musste erst einmal Deutsch lernen. Manchmal weiß ich nicht, ob ich Türke

oder Deutscher bin. Mein Vater hat darauf bestanden, dass ich aufs Gymnasium gehe. Ich habe viel Sport gemacht und spiele auch gerne Theater, das gibt Selbstbewusstsein. Ich habe den Koran gelesen, gehe auch in die Moschee und trinke keinen Alkohol. Mein Glaube gibt mir das Gefühl, am Leben zu bleiben. Ich würde auch eine Deutsche heiraten, aber sie müsste den Glauben wechseln. Das Mädchen muss sauber und Jungfrau sein, sie ist kein Möbelstück, das man benutzt und wegschmeißt.

Fatih Bayram (21), Schüler

■ **Kurzporträts.** Lies die oben aufgeführten Kurzporträts. Schreibe positive und negative Aspekte des Lebens zwischen bzw. in zwei Kulturen auf verschiedene Kärtchen und vergleiche diese mit deiner Lebenssituation.

Allah – der Glaube der Muslime

»Allah« ist kein Eigenname wie »Zeus« oder »Jupiter«, sondern die allgemeine arabische Bezeichnung für Gott. Auch arabisch sprechende Christen haben für Gott kein anderes Wort als »Allah«. Muslime reden und denken von Allah nur mit dem höchsten Respekt. Allah war schon vor Muhammads Zeiten den Menschen in Mekka bekannt. Wahrscheinlich haben die Mekkaner, die damals noch viele Götter verehrten (Polytheismus), ihren höchsten Gott so bezeichnet. Er wurde neben vielen anderen Götter(-bildern) an der Kaaba verehrt.

Nachdem Muhammad die Offenbarungen Gottes am Berg Hira empfangen hatte, kritisierte er die Anbetung der Götter an der Kaaba aufs schärfste. Er verlangte, dass alle Götterbilder entfernt und von nun ab nur noch eine einzige Gottheit – Allah – angebetet werden dürfe. Allah sei der alleinige Schöpfer der Welt, er sei barmherzig und gerecht zugleich.

Mit dem Bekenntnis zu Gottes Einzigkeit steht der Islam in der Tradition des jüdischen Gottesglaubens. Aus muslimischer Sicht ist die christliche Vorstellung eines einzigen und zugleich dreifaltigen Gottes nur schwer verständlich.

Trotz der Einzigkeit Gottes schreibt der Islam Gott viele Attribute (= nähere Bestimmungen) zu. Die islamische Tradition kennt die »99 schönsten Namen« Gottes. Sie werden häufig um den Schriftzug »Allah« herum auf Tafeln oder (Wand-)Teppichen angeordnet, die Moscheen oder Privaträume schmücken. Man kann die Namen in vier Gruppen aufteilen, die auf Gottes Herrschaft, seine Schöpfertätigkeit, seine besonderen Eigenschaften und seine Einzigkeit hinweisen. Von frommen Muslimen werden sie mithilfe einer Gebetsschnur (mit 33 Perlen) rezitiert. Der hundertste »Name« Gottes ist den Menschen nicht bekannt und deshalb unaussprechbar.

Das Bilderverbot im Islam

Abbildungen Gottes oder Muhammads im Islam sind selten. Der Islam verbietet, Bilder oder Abbilder von Gott oder seinen Gesandten anzufertigen, weil Gott allein der Schöpfer und Gestalter ist (Sure 59,24). Statt Plastiken oder Malereien findet man in Moscheen deshalb wunderbar ausgestaltete Schriftzüge (Kalligrafien) mit dem Namen Gottes bzw. seiner Propheten, Kacheln in herrlichen Farben und kunstvolle Ornamente.

Dennoch gibt es muslimische Traditionen, die sich nicht so streng an die Bestimmungen halten. Als Buchillustrationen wurden seit der frühesten islamischen Malerei u. a. Szenen aus dem Leben Muhammads angefertigt. Zumeist wird jedoch das Haupt des Propheten mit einem Schleier verhüllt oder mit einem Flammennimbus umgeben.

■ **Gottes schönster Name.** Auf der Abbildung ist eine Kalligrafie zu sehen, die einen der schönsten Namen Allahs zeigt. Wählt einen Namen für Gott, den Christen verwenden, und gestaltet diesen auf einem Blatt kunstvoll aus. Stellt eure christlichen kalligrafien im Klassenraum aus.

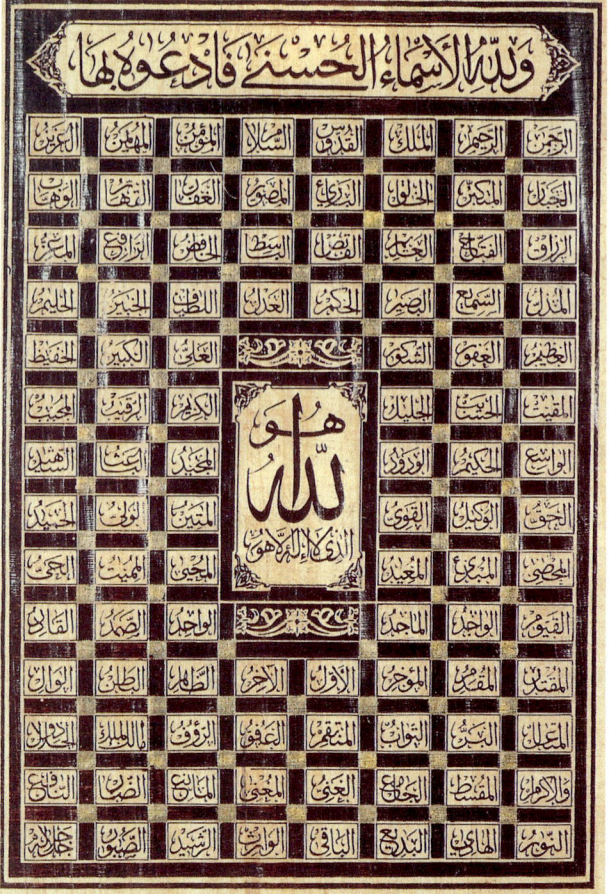

Ägyptischer Papyrus mit den 99 Namen Allahs

■ **Gottesbild.** Diskutiert, warum Muslime so viele Namen für Gott verwenden. Recherchiere die 99 schönsten Namen Gottes. Finde Gemeinsamkeiten und Unterschiede im Gottesbild von Muslimen und Christen heraus. Vergleicht eure Ergebnisse.

Das Leben Muhammads

Muhammad wurde um das Jahr 570 n. Chr. in Mekka geboren. Schon früh verlor er seine Eltern. Als Waise wuchs Muhammad zunächst im Haus seines Großvaters, danach bei seinem Onkel auf.

Mekka war damals ein Wirtschaftszentrum für Handelskarawanen. Gleichzeitig war die Stadt ein wichtiger Wallfahrtsort für die Beduinen der arabischen Halbinsel. Muhammads Familie kontrollierte den Zugang zur Kaaba, dem wichtigsten Heiligtum in Mekka. Die Araber verehrten an der Kaaba aber auch zahlreiche andere Gottheiten, deren Götterbilder dort aufgestellt waren.

Im Alter von etwa 25 Jahren heiratete Muhammad die 20 Jahre ältere, wohlhabende Witwe Khadidja. Obwohl er durch die Hochzeit ein reicher und angesehener Mann geworden war, zog sich Muhammad aus einer inneren Unruhe heraus immer wieder in die Einsamkeit des Berges Hira zurück, um dort zu beten.

Etwa im Jahre 610 – mit 40 Jahren – hatte er in einer Höhle am Berg Hira ein einschneidendes Erlebnis: Es wird im Koran berichtet, dass der Engel Gabriel an ihn herantritt und ihm die erste Offenbarung Gottes übermittelt.

Nach einer Zeit der Verunsicherung und der Selbstzweifel nahm Muhammad den Auftrag als »Gesandter Gottes« an. Er forderte öffentlich dazu auf, sich zum Glauben an den einen Gott zu bekennen und den Armen, Gefangenen, Sklaven und Fremden gegenüber barmherzig zu sein.

Dies brachte ihm nicht nur Freunde. In Mekka wurde Muhammads Situation nach 620 immer schwieriger, da ihn seine Feinde verspotteten und demütigten. In dieser Situation entschloss er sich mit seinen Anhängern 622 zur Auswanderung (Hidschra) nach Medina, die den Beginn der islamischen Zeitrechnung markiert (wie die Geburt Jesu in unserer christlichen Zeitrechnung). In Medina beendete Muhammad die Streitigkeiten der Stämme und gründete die erste muslimische Gemeinschaft, die Umma. Als politisches und religiöses Oberhaupt stand Muhammad dieser Gemeinschaft der Gläubigen vor.

Zwischen 625 und 630 kam es zu einer Reihe gegenseitiger Karawanenüberfälle mit den Mekkanern, bei denen sich Muhammad als begabter Heerführer erwies. Im Januar 630 zog Muhammad siegreich in seine Vaterstadt Mekka ein. Er ließ alle Götterbilder an der Kaaba zerstören, verschonte aber die Einwohner. Mekka wurde somit der geistige Mittelpunkt des Islams, der neuen Religion der Araber. Zwei Jahre später – kurz nach seiner »Abschiedswallfahrt« nach Mekka im März 632 – starb Muhammad in Medina.

Iranische Miniatur 1585–1595

■ **Das Leben Muhammads.** Notiert die wichtigsten Stationen im Leben Muhammads auf einer Zeitleiste. Gestaltet gemeinsam einen Wandfries im Klassenzimmer, indem ihr zu den zentralen Lebensdaten Muhammads auch Bilder, Karten, Texte an eine Wand in eurem Klassenzimmer klebt.

■ **Bilderklärung.** Betrachte die Miniatur auf dieser Seite und erkläre mithilfe des Textes, was auf ihr dargestellt ist. Achte dabei besonders auf die Darstellung der Köpfe der gezeigten Personen. Ziehe auch die Erklärungen zum Bilderverbot auf S. 176 heran.

»Im Namen Gottes,
des Erbarmers, des Barmherzigen.
Lob sei Gott, dem Herrn der Welten, dem Erbarmer,
dem Barmherzigen, der Verfügungsgewalt besitzt
über den Tag des Gerichtes!
Dir dienen wir und bitten dich um Hilfe.
Führe uns den geraden Weg,
den Weg derer, die du begnadet hast,
die nicht dem Zorn verfallen und nicht irregehen.«

Erste Sure

■ **Die Fatiha.** Übertrage die deutsche Übersetzung der ersten und wichtigsten Sure, die bei jedem Pflichtgebet gesprochen wird, in dein Heft. Schreibe das zentrale Gebet der Christen, das Vaterunser, daneben. Unterstreiche wichtige Gemeinsamkeiten und Unterschiede beider Gebete mit unterschiedlichen Farben. Schreibe einzelne Verse der Fatiha/des Vaterunsers in Schönschrift (kalligrafisch) und gestalte sie aus.

Der Koran – ein ganz besonderes Buch

Alle großen Religionen haben ihre heiligen Schriften. So wie Christen glauben, dass sich Gott in Jesus Christus in unserer Welt gezeigt hat (= Offenbarung), so ist für Muslime klar, dass Gott sich ihnen im Koran offenbart hat. Darum ist der Islam in erster Linie eine Religion der Schrift.

Seine unvergleichliche Stellung hat der Koran für den Islam deshalb, weil er nach muslimischer Vorstellung von Ewigkeit her bei Gott gewesen ist. Dort hat er vor aller Zeit als »Urkoran« existiert. Schließlich wurde er Muhammad durch den Engel Gabriel offenbart. Nach Muhammads Tod wurden die mündlichen Offenbarungen unter dem Kalifen Abu Bakr gesammelt. Kalif Omar (634–644), Abu Bakrs Nachfolger, ließ die Offenbarungsworte niederschreiben. Die große Mehrheit der Muslime glaubt, dass im Koran das Wort Gottes Buch geworden und deshalb frei von Irrtum und Widerspruch ist. Andere Lesarten und Koranauslegungen halten dagegen,

■ **Koran in Stichworten.** Stelle die wichtigsten Informationen zum Koran zusammen: Umfang, Ordnungsprinzip, Entstehung, Sprache, Wahrheitsanspruch, Bedeutung für Muslime.

dass der Koran – ähnlich wie die Bibel – eine historisch rekonstruierbare Entstehungsgeschichte aufweist und entsprechend interpretiert werden kann. Ein solches wissenschaftliches Vorgehen wird jedoch von vielen Muslimen abgelehnt, da Gottes offenbartes Wort nicht abgewandelt oder »verfälscht« werden darf.

Größere Einigkeit als bei der Auseinandersetzung um die Offenbarung und Auslegung des Korans herrscht bei der Frage, welche Bedeutung und Funktionen der Koran haben soll.

Der Koran begleitet die Muslime durch ihr ganzes Leben. Er ist für sie eine »feste Schnur«, die zu Gott führt und auf den rechten Weg leitet. Im Alltag und bei besonderen Anlässen schenkt er guten Rat. In Zeiten der Freude und des Leids finden die Muslime im Koran die richtigen Worte.

Die unvergleichbare Stellung des Korans lässt sich auch daran ablesen, wie gläubige Muslime mit dem heiligen Buch umgehen: Vor der Berührung des Korans nehmen sie rituelle Waschungen vor. Das heilige Buch wird auch nicht einfach auf den Boden gelegt, sondern auf Koranständern gelesen. Im Bücherregal steht der Koran an erhöhter, besonderer Stelle.

Name der Sure: sura al-fatiha, »die Öffnende«. Außerdem ist der Offenbarungsort (Mekka oder Medina) angegeben; in diesem Fall Mekka.

Anfang der ersten Sure des Korans. Arabisch wird von rechts nach links gelesen. Deshalb wird der Koran auch von hinten aufgeschlagen.

Alle Suren, ausgenommen der neunten, beginnen mit der Basmala, der Formel »Im Namen Gottes, des Er-barmers, des Barmherzigen«. Jede wichtige Handlung im Alltag soll ein gläubiger Muslim mit der Basmala beginnen.

Der Koran wurde Muhammad in arabischer Sprache offenbart. Arabisch gilt daher als »heilige« Sprache. Gläubige Muslime lernen bis heute Arabisch, um das heilige Buch im Original lesen zu können.

Der Koran besteht aus 114 Kapiteln, die man Suren nennt. Hier wird die Anzahl der Verse jeder Sure an-gegeben. Die Suren sind der Länge nach geordnet: Die längste Sure steht am Anfang, die kürzeste am Ende des Korans.

Die fünf Säulen des Islams

Die fünf religiösen Pflichten (auch fünf Säulen genannt) bilden die Grundlage des Islams. Ihre Bedeutung liegt insbesondere darin, dass sie von den Gläubigen gemeinsam und öffentlich verrichtet werden. Zu diesen Pflichten gehören:

1. Das Glaubenszeugnis
Der Satz »Ich bezeuge, dass es keine Gottheit außer Gott gibt und dass Muhammad der Gesandte Gottes ist«, vor Zeugen und in ehrlicher Absicht gesprochen, genügt, um Muslim zu werden. Er fasst das Wesentliche zusammen: Zum einen wird die Einzigartigkeit Gottes betont. Zum anderen wird die Sonderstellung und damit gleichzeitig auch die göttliche Wahrheit des Korans hervorgehoben. Neugeborenen wird das Glaubenszeugnis ins Ohr geflüstert, Sterbende sollen es auf den Lippen führen.

Kalligrafie des Glaubenszeugnisses

2. Das rituelle Gebet
Fromme Muslime beten fünfmal am Tag. In den Städten und Dörfern muslimischer Länder ruft der Muezzin vom Minarett (vgl. S. 182) der Moschee aus zum Gebet. Die Gläubigen reinigen ihren Körper vor Beginn des Gebets. Ist kein Wasser zur Hand, können Hände und Gesicht auch eher symbolisch mit feinem Sand gereinigt werden. Dem Wunsch nach Reinheit entsprechend ist es auch üblich, in Moscheen die Schuhe auszuziehen.
Das Gebet selbst besteht aus einer Abfolge von Verbeugungen, ausgeführt in Richtung Mekka. Parallel zu den Körperbewegungen werden in arabischer Sprache Koransuren und andere festgelegte Formeln gesprochen. Inhalt ist der Lobpreis Allahs.

3. Das Fasten
Im Islam gibt es einen speziellen Fastenmonat, den Ramadan. Im Ramadan verzichten gesunde, erwachsene Mus-

liminnen und Muslime von der Morgendämmerung an bis zum Sonnenuntergang auf Nahrung, Getränke, Genussmittel und Geschlechtsverkehr.
Das Fasten im Ramadan soll die Standhaftigkeit und Geduld der Gläubigen fördern. Es gilt als hervorragende Möglichkeit, sich Gott wieder ganz zuzuwenden. Allabendlich findet das »Fastenbrechen« statt, bei dem Freunde und Verwandte zu einem leckeren Essen eingeladen werden.
Der Ramadan hat zwei Höhepunkte: Am 27. Ramadan wird normalerweise die »Nacht der Bestimmung« gefeiert, in der der barmherzige Gott sein Buch (den Koran) herabließ, um die Menschen »rechtzuleiten«. Der Abschluss der Fastenzeit ist der zweite Höhepunkt: das Fest des Fastenbrechens. Im türkischen Islam wird es Zuckerfest *(Seker Bayram)* genannt, weil die Kinder viele Süßigkeiten erhalten.

4. Die Almosensteuer
Das Wort für Almosensteuer *(zakat)* leitet sich von dem arabischen Wort *zaka* ab, das »reinigen« bedeutet. Muslime interpretieren daher die Pflichtabgabe als einen Akt der Reinigung von Habgier, Geiz und fehlendem Mitgefühl. Die wohlhabenderen Muslime sind dazu verpflich-

■ **Im Christentum?** Überlege, welche Pflichten es im Christentum gibt, die mit den fünf Säulen vergleichbar sind.

■ **Gruppenpuzzle.** Übernimm die Skizze vom »Haus des Islams« mit seinen fünf Säulen in dein Heft. Bildet fünf Gruppen. Erarbeitet mithilfe eines Gruppenpuzzles die wichtigsten Informationen zu den fünf Säulen und tragt eure Ergebnisse in euer »Haus des Islams« ein.

tet, Arme, Bedürftige, Verschuldete, Gefangene und Reisende von ihrem Besitz etwas abzugeben.

Die Höhe der Almosensteuer ist unterschiedlich: Sie wird jedes Jahr neu festgelegt und beträgt zwischen fünf und zehn Prozent des Einkommens. In manchen Ländern, z. B. in Pakistan und Saudi-Arabien, wird die Steuer vom Staat eingezogen. In anderen Ländern, z. B. der Türkei, besteht eine solche Regelung nicht. Hier erfolgt sie auf freiwilliger Grundlage.

5. Die Pilgerfahrt

Als fünfte Säule und Höhepunkt im Leben einer Muslimin und eines Muslims ist schließlich die Pilgerfahrt nach Mekka zu nennen. Alle Gläubigen, die körperlich und finanziell in der Lage sind, sollten sie einmal im Leben durchführen.

Nach der unter Umständen sehr langen und anstrengenden Reise legt der Gläubige vor dem Betreten des heiligen Bezirks, den Nichtmuslime nicht betreten dürfen, ein spezielles Pilgergewand an: Männer tragen zwei weiße ungenähte Tücher und Sandalen; Frauen sollen ebenfalls ein weißes Gewand und eine Kopfbedeckung tragen. Reiche wie Arme, einflussreiche wie sozial weniger angesehene Menschen treten gleichberechtigt vor Gott, so wie es nach muslimischer Lehre auch beim Gericht am Jüngsten Tag sein wird.

Zu den zentralen Bestandteilen der Pilgerfahrt gehört das siebenmalige Umschreiten des wichtigsten islamischen Heiligtums, der Kaaba, das Berühren dieses schwarzen Meteoritensteins, ein siebenmaliges Hin- und Herlaufen zwischen zwei Hügeln in Erinnerung an Prophetengeschichten, ein Tag intensiven Gebets am Berg Arafat sowie die symbolische Steinigung des Teufels. Am Schluss steht ein großes Opferfest, bei dem an die nicht notwendig gewordene Opferung Isaaks, des Sohnes Abrahams, erinnert wird.

Große Moschee mit Kaaba in Mekka

Die Moschee

Die [Moschee](#) ist »der Ort, an dem man zum Gebet nieder-
fällt«. Schon zu Muhammads Lebzeiten wandte man den
arabischen Begriff *Madschid* (= Moschee) auf Gebäude an,
wo man Gott verehrte, sich zum öffentlichen und privaten
Gebet zusammenfand.

Ein Gebäude mit vielen Funktionen
Moscheen sind seit vielen Jahrhunderten Zentren des gesellschaftlichen Lebens. Schüler suchen heute die Moscheen auf, um den Koran zu lernen, Rechtsgelehrte diskutieren über die Fragen des Islams. In Moscheen finden
Versammlungen statt und manchmal wird auch Nachbar-
schaftsstreit geregelt. Oft befindet sich innerhalb des Gebäudes oder in seiner unmittelbaren Nachbarschaft ein
Lebensmittelgeschäft oder eine Teestube, in der auch Gä-
ste bewirtet werden.

■ **Weltberühmte Moscheen.** Informiere dich über die
wechselhafte Geschichte bedeutender Moscheen
(z. B. Große Moschee in Cordoba, Hagia Sophia in
Istanbul).

■ **Vergleich.** Zeichne den Grundriss einer Moschee und
den deiner Kirche und markiere und trage die wichtigsten Elemente ein.

■ **Gebetsruf.** Informiere dich über den Inhalt des
Gebetsrufes des Muezzins. Diskutiert die Frage: Soll
der Muezzin auch in Deutschland die Gläubigen zum
Gebet rufen?

Minarett und Muezzin
Die meisten Moscheen besitzen einen oder mehrere
Türme, Minarett ⬚1 genannt. Diese Bezeichnung stammt
von dem arabischen Begriff für Leuchtturm *(Minara)*. Vom
Minarett aus ruft der Muezzin (Gebetsrufer) die Gläubigen
fünfmal am Tag zum rituellen Pflichtgebet. Vorgetragen
wird der Gebetsruf *(Adhan)* stets auf Arabisch in einer Art
Sprechgesang, nicht selten erschallt er vom Tonband über
Lautsprecher.

Das Innere der Moschee
Jede Moschee besitzt einen Brunnen ⬚2 für die rituellen
Waschungen. Körper und Seele sollen frei sein von
Schmutz und üblen Gedanken, wenn der Beter das Pflichtgebet verrichtet.
Jeder größere Ort in islamischen Ländern besitzt zumindest eine Freitagsmoschee sowie zahlreiche kleinere Ge-
betsstätten. In der Freitagsmoschee findet das Freitagsgebet statt. In jeder größeren Moschee weist die Gebetsnische
(Mihrab) nach Mekka ⬚3 . Zur Grundausstattung einer
Moschee gehört außerdem eine Kanzel *(Minbar)*, von der
aus der Prediger vor dem Gemeinschaftsgebet am Freitag
predigt ⬚4 .
Der Innenraum einer Moschee ist mit Matten und zum Teil
wertvollen Teppichen ausgestattet, Bilder und Kunstge-
genstände sind verboten, dafür findet man jedoch kunstvoll arabisch gestaltete Buchstaben/Schriftzüge (Kalligra-
phien) oder geometrische Muster.

Muslimische Frauen beten das Gemeinschaftsgebet nicht
mit den Männern zusammen. Begründet wird dies damit,
dass das Gebet so viel Andacht und Konzentration verlangt, dass sich Männer und Frauen nicht gegenseitig ab-
lenken sollen. Muslimische Frauen beten deshalb auf einer
Empore, andere in einem Nebenraum ⬚5 .

■ **Moscheebesuch.** Erkundige dich, wo sich von eurer Schule aus die nächste Moschee befindet. Bittet euren Lehrer/eure Lehrerin, Kontakt zu den muslimischen Verantwortlichen herzustellen und einen Besuch in der Moschee zu organisieren. Formuliert bereits im Unterricht Fragen, die ihr bei dem Besuch stellen könnt.

■ **Koranunterricht.** Findet heraus, was muslimische Kinder und Jugendliche beim Koranunterricht in der Moschee lernen und wie sie dies tun. Befragt dazu, wenn möglich, eure muslimischen Mitschülerinnen und Mitschüler oder fragt beim Moscheebesuch danach.

Kanzel *(Minbar)* in einer Moschee in Istanbul. Von hier aus predigt der Imam beim Freitagsgebet.

Gebetsnische *(Mihrab)* der Mevlana-Moschee in Konstanz. Über der Mihrab sind zwei Kalligrafien zu sehen: Allah (rechts) und Muhammad (links).

Eine Familiengeschichte

Juden, Christen und Muslime glauben wie ihr Stammvater Abraham an den einen Gott. Aus diesem Grund sind sie sich besonders nahe. Alle stammen sie von Abraham ab: Juden und Christen berufen sich auf Isaak, den Sohn von Abraham und Sara, die Muslime dagegen auf Ismael, den Sohn von Ibrahim und seiner Nebenfrau Hagar. Deshalb findet sich die Geschichte von Abraham sowohl in der Tora der Juden als auch in der Bibel der Christen und im Koran der Muslime. In allen drei Religionen gilt bis heute: Abraham ist ein Vorbild im Glauben, weil er der Aufforderung Gottes folgte und aus seiner Heimat im Zweistromland aufbrach, um das verheißene Land zu suchen. Alle drei heiligen Schriften berichten, dass Gott Abraham am Ende für sein Vertrauen und seine Treue belohnt: Noch im hohen Alter darf Abraham die Geburt seiner Söhne Ismael und Isaak und somit das Weiterleben seiner Familie erleben. Judentum, Christentum und Islam werden deshalb auch »abrahamitische« Religionen genannt: Sie verbindet neben dem Glaube an den einen Gott Abrahams und eine lange gemeinsame Familiengeschichte, in der auch Isaak, Jakob, Josef, Mose und viele andere Gestalten vorkommen, die Christen aus der Bibel kennen (vgl. dazu auch S. 158).

Sieger Köder, o. J.

Gott ruft und Abraham hört

Abraham stammte aus der Stadt Ur in Chaldäa. Er war zusammen mit seinem Vater Terach, mit seiner Frau Sara und mit seinem Neffen Lot von dort weggezogen. Sie hatten sich in Haran niedergelassen. Da sprach der Herr zu Abraham:

Zieh weg aus deinem Land.
Zieh fort von deiner Verwandtschaft.
Zieh in das Land, das ich dir zeigen werde.
Dort werde ich dich zum Vater eines großen Volkes machen.
Ich werde dich segnen, und ein Segen sollst du sein.
Ich werde die Menschen segnen, die dich segnen.
Und wer dich verwünscht, den will ich verfluchen.
Durch dich sollen gesegnet sein alle Menschen auf der Erde.

Da zog Abraham weg, wie der Herr ihm gesagt hatte. Und mit ihm gingen auch seine Frau Sara und sein Neffe Lot. Mit ihm zogen seine Knechte und Mägde, seine Herden und alles, was ihm gehörte. Sie wanderten nach Kanaan und kamen dort an. Das Land aber gehörte den Kanaanitern. Abraham zog durch das Land bis Sichem. Dort erschien der Herr Abraham und sprach: »Deinen Nachkommen werde ich dieses Land geben.« Da baute Abraham dem Herrn an dieser Stelle einen Altar.

Gen 12,1–7

■ **Abraham.** Beschreibe, welcher Moment in Abrahams Leben hier dargestellt worden ist.

■ **Der Weg.** Recherchiere in Bibel und Schulatlas, in welchen Ländern die verschiedenen Orte der Abrahamsgeschichte heute liegen und zeichne Abrahams Weg in deinem Heft nach.

■ **Tora und Bibel.** Schaue im Bibelkapitel (S. 154–171) nach, wie Tora und Bibel zusammenhängen. Diskutiere, warum Abraham bei Juden und Christen bekannt ist.

MUSLIMEN BEGEGNEN
Abraham verbindet

- **Koran.** Frag eure Lehrerin oder euren Lehrer nach einer Koranausgabe für Kinder. Suche dort mithilfe des Stichwortregisters oder Inhaltsverzeichnisses Textstellen, in denen Abraham vorkommt, und vergleicht diese Aussagen mit denen in der Bibel.

- **Segen.** »Ich werde dich segnen und ein Segen sollst du sein.« Trage zusammen, was es bedeutet, »ein Segen zu sein«. Tausche dich mit deinem Nachbar oder deiner Nachbarin darüber aus, wer schon einmal für euch ein Segen gewesen ist.

Juden, Christen und Muslime im Gespräch

Trotz des gemeinsamen Glaubens an den einen Gott haben sich die Menschen dieser drei abrahamitischen Religionen in den vergangenen zweitausend Jahren aber immer wieder verfolgt und bekämpft. Erst seit der Mitte des 20. Jahrhunderts bemühen sich jüdische, christliche und muslimische Religionsführer um ein besseres Verständnis füreinander. Auf christlicher Seite haben besonders die Päpste Johannes Paul II. (1978–2005) und Benedikt XVI. (seit 2005) das Gespräch mit den Juden und Muslimen gesucht.

- **Im Gespräch mit Juden und Muslimen.**
  Papst Johannes Paul II. besuchte im Jahr 2000 als erster Papst in der Geschichte der Kirche Israel und betete an der Klagemauer in Jerusalem. Papst Benedikt XVI. war 2006 in der Türkei und wurde als Gast in der Blauen Moschee in Istanbul begrüßt. Auch in unserem Land gibt es vielfältige Bemühungen um einen gelingenden Dialog von Juden, Christen und Muslimen im Alltag. Informiere dich im Internet über Projekte und Initiativen, die sich um ein Miteinander der abrahamitischen Religionen bemühen.

- **Feste feiern.** Teilt euch in drei Expertinnengruppen und Expertengruppen auf und informiert euch über die Feste und Feiertage in Judentum, Christentum und Islam. Tragt eure Ergebnisse zusammen und erstellt ausgehend davon gemeinsam einen »Kalender der abrahamitischen Religionen«, den ihr als Poster im Klassenraum aufhängen könnt.

Rätsel

Du hast in dieser Lernlandschaft viel über Muslime und den Islam erfahren und gelernt. Nun kommt die Stunde der Wahrheit: Was hast du von alldem behalten? Wie kannst du deine Kenntnisse in der Begegnung mit Muslimen sinnvoll einsetzen? Mithilfe des Rätsels kannst du deinen eigenen Wissensstand überprüfen.

- Die *Anhänger* des Islams nennt man …
  … Muslime (n)
  … Muhammadaner (e)
  … Islamisten (t)

- Der *Koran* …
  … wurde von Muhammad geschrieben (f)
  … wurde Muhammad geoffenbart (z)
  … wurde von Kalif Abu Bakr verfasst (p)

- Wie viele *Säulen des Islams* gibt es?
  … drei (b)
  … fünf (e)
  … sieben (h)

- Der *Koran ist geordnet* …
  … nach Themen (s)
  … nach der zeitlichen Entstehung der Suren (u)
  … nach der Länge der Suren (e)

- *Abraham* zog nach Kanaan …
  … mit seiner Mutter (c)
  … mit seiner Frau, seinem Neffen und Knechten und Mägden (a)
  … mit niemandem (g)

- In Moscheen gibt es *keine Bilder* oder *Statuen* von Muhammad oder Gott, weil …
  … die bildhafte und figürliche Darstellung von Gott nach Überzeugung der Muslime Gotteslästerung bedeutet (s)
  … die islamischen Künstler keine Porträts malen können (a)

- Beim *Besuch einer Moschee* sollte man …
  … Miniröcke und kurze Hosen tragen (g)
  … seine Schuhe vor dem Betreten der Moschee ausziehen (t)
  … seine Hände und sein Gesicht waschen (d)

- Bei der *Begegnung mit Muslimen* sollte man …
  … mal so richtig Dampf ablassen und all das vorbringen, was einem am Islam nicht passt (k)
  … sein ganzes erworbenes Wissen über den Islam präsentieren (j)
  … grundsätzlich keine abfälligen Äußerungen über den Koran und den Propheten Muhammad machen (i)

■ **Buchstabensalat.** Wähle aus den Antworten diejenige aus, die dir richtig erscheint. Notiere den Buchstaben der deiner Meinung nach richtigen Antwort auf ein Blatt Papier und bringe die zwölf Buchstaben anschließend in die richtige Reihenfolge. Ein Tipp: Das Lösungswort benennt einen Zeitraum im Jahr, den Christen wie Muslime kennen.

■ **Interreligiöses Fest.** Als besonderer Abschluss der Lernlandschaft oder auch am Schuljahresende könnt ihr ein Fest feiern, bei dem Vertreterinnen und Vertreter unterschiedlicher Religionen teilnehmen. Bereitet das Fest gemeinsam mit Muslimen vor. Sprecht dabei im Vorhinein ausführlich über die muslimischen Essgewohnheiten und Speisevorschriften (z. B. kein Alkohol, kein Schweinefleisch) und über die Programmgestaltung (Musik, Darbietungen usw.).

• Bei *gemeinsamen Veranstaltungen* sollte man …

… den Koran in die Mitte auf den Boden legen (f)

… bei der Planung eventuell Pausen für das Gebet einplanen (t)

… mit dem muslimischen Glaubenszeugnis beginnen (e)

• Der Glaube von *Muslimen und Christen* unterscheidet sich grundlegend …

… in der Frage, wie die Welt entstanden ist bzw. wer sie geschaffen hat (z)

… In der Hochschätzung des Stammvaters Abraham (p)

… im Glauben an Jesus Christus, den Sohn Gottes (f)

■ **Alles koscher?** Informiert euch über die Speisevorschriften in Judentum, Christentum und Islam, indem ihr drei Expertengruppen bildet. Sucht nach Rezepten, die ihr bei einem Buffet Gästen aus allen drei Religionen anbieten könnt. Stellt diese Rezepte in einem Kochbuch zusammen. Wenn ihr Lust habt, veranstaltet einen Kochnachmittag, an dem ihr aus den Rezepten ein Buffet herstellt und ladet dazu Eltern und Freunde ein.

GOTT GEHT MIT –

Die folgende Lernlandschaft führt uns in die Zeit, als es in Israel zwei Reiche gab und das Nordreich von der Großmacht Assyrien erobert und zerstört worden war (vgl. S. 165). Zu dieser Zeit soll ein frommer Israelit mit Namen Tobit gelebt haben, der während einer schweren Glaubensprüfung die Hilfe seines Gottes erfährt. Das Buch Tobit ist keine geschichtliche Erzählung, in der alles wortwörtlich zu verstehen ist, sondern eine Geschichte zum Nachdenken und Nacheifern.
Solche Lehr-Erzählungen nennen die Juden »Midrasch«.

Tob 1,1–2

Tob 1,3

Tob 4,3

■ **Bibelzitate.** Schlage die angegebenen Bibelstellen nach, schreibe sie auf und gib ihnen jeweils eine Überschrift.
Am Ende der Lernlandschaft kannst du sie den Plakatwänden auf der folgenden Doppelseite zuordnen.

DAS BUCH TOBIT

Tob 3,8 und 5,4

Tob 5,6

Tob 12,12

Die Geschichte von Tobit und Tobias

Tobit war ein frommer und gerechter Jude, der aus Tisbe in Galiläa zur Zeit des assyrischen Königs Salmanassar als Gefangener nach Assyrien in die Stadt Ninive verschleppt wurde. Für ihn war selbstverständlich, dass er auch in der Fremde die Gebote einhielt und die Pflichten erfüllte, die ihm seine Religion vorschrieb. Auf diese Weise erzog er auch seinen einzigen Sohn Tobias, der seine ganze Freude war.

Der König der Assyrer aber schikanierte die Juden und ließ viele aus reiner Willkür hinrichten. Tobit blieb zwar verschont, aber als er den Geboten seiner Religion folgen und die hingerichteten Juden heimlich in aller Stille begraben wollte, geriet der König in Wut. Tobit musste fliehen und verlor all sein Hab und Gut. Zum Glück starb der König schon kurz danach und dessen Nachfolger erlaubte Tobit die Rückkehr. Doch verbot auch er Tobit, weiterhin die Toten seines Volkes zu begraben. Tobit hielt sich wieder nicht daran. Einmal, als er spät nach Hause kam und die vorgeschriebenen Reinigungen vollzogen hatte, legte er sich an der Hofmauer zum Schlafen nieder. Da fiel ihm der Kot eines Spatzen in die Augen und Tobit erblindete. So musste von nun an seine Frau Hanna mit Webarbeiten den Unterhalt der Familie verdienen. Hanna verhöhnte Tobit oft und sagte: »Was hat es dir denn eingebracht, dass du die Gebote Gottes erfüllt hast? Blind bist du!« Tobit wurde immer trauriger und in seiner Trauer betete er zu Gott, er möge ihn doch sterben lassen.

Zur gleichen Zeit lebte weit entfernt in der Stadt Ekbatana eine Frau mit Namen Sara. Sie wollte ihrem Vater Raguel eine gute Tochter sein und heiraten. Doch immer, wenn sie einen Mann gefunden hatte, tötete der böse Dämon Aschmodai ihre Männer noch in der Hochzeitsnacht. Die Mägde Saras verlachten sie und sagten: »Du hast die Männer selbst getötet.« Auch Sara wurde traurig. So bat auch sie Gott im Gebet, dass sie lieber sterben möge, als weiterhin ihrem Vater so großen Kummer zu verursachen.

Tobit hatte sich inzwischen erinnert, dass er bei einem Freund in Medien Geld hinterlegt hatte. Er beauftragte Tobias, nach Medien zu gehen, um das Geld zu holen, damit dieser nach seinem Tod für Hanna und sich sorgen könne. Doch bevor Tobit seinen Sohn gehen lassen wollte, gab er ihm viele Ratschläge mit auf den Weg. Und da das Reisen in der damaligen Zeit sehr gefährlich war, suchte sich Tobias noch einen Reisegefährten und fand den Juden Asarja, der den Weg kannte.

Tobias und Asarja waren schon weit gereist, als sie eines Abends an die Ufer des Flusses Tigris kamen. Als Tobias, der sich von der langen Reise erholen und baden wollte, in den Fluss stieg, schoss ein riesiger Fisch daher und drohte ihn zu verschlingen. Doch Asarja, der vom Ufer aus den Fisch bemerkt hatte, rief Tobias zu: »Pack den Fisch!« Tobias tat, wie Asarja es gesagt hatte, und wie durch ein Wunder konnte er den Fisch an das Ufer werfen. Asarja sagte zu Tobias: »Schneide den Fisch auf, nimm Herz, Leber und Galle heraus und bewahre sie gut auf. Denn Herz und Leber des Fisches befreien einen Menschen von einem Dämonen, wenn man sie in seiner Gegenwart verbrennt, und Galle hilft gegen Blindheit, wenn man sie auf die Augen streicht.« Tobias hörte die Worte und merkte sie sich gut.

Die Reise der beiden Gefährten ging weiter und sie kamen in die Nähe von Ekbatana, wo Sara wohnte. Tobias hatte schon von der Schönheit und Klugheit Saras, aber auch von dem Schicksal der sieben Männer gehört, die der Dämon Aschmodai getötet hatte. Er hatte Angst, dass auch er selbst getötet würde, wenn er sich Sara näherte. Doch Asarja sagte zu Tobias: »Hör jetzt auf mich, Bruder! Sie wird deine Frau werden. Mach dir keine Sorgen wegen

---

■ **Plakatwand I:** Informiert die Besucherinnen und die Besucher auf dem ersten Plakat über die Geschichte, die das Buch Tobit erzählt. Wichtig ist dabei immer, dass sie die entscheidenden Inhalte verstehen können. Dazu einige Anregungen:

1. Teilt die Geschichte in einzelne Szenen. Sucht in der Bibel die entsprechende Geschichte. Malt dazu ein passendes Bild.
2. Stellt auf eigenen Plakaten alle in der Geschichte aufgetauchten Personen vor: Name, Wohnort, Familie, sonstige Eigenschaften.
3. Zeichnet den Weg des Tobit und des Tobias (Geburtsort, andere Aufenthaltsorte) mithilfe der Landkarte nach. Ordnet die einzelnen Kapitelüberschriften in die Landkarte ein.
4. Zu jeder Doppelseite lässt sich eine Plakatwand gestalten (also insgesamt sechs Plakatwände). Ihr könnt eure Ausstellung dann in eurer Klasse, im Schulhaus usw. zeigen.

GOTT GEHT MIT – DAS BUCH TOBIT
Eine Geschichte von und mit Gott

des Dämons. Denke an meine Worte und verbrenne ein Stück der Leber und des Herzens des Fisches. Der Dämon
wird fliehen. Bete dann mit Sara zu Gott, er wird euch helfen.« Als Tobias das hörte, fasste er Zuneigung zu Sara und sein Herz gehörte ihr.

Tobias und Asarja wurden in dem Haus, in dem Sara wohnte, freundlich aufgenommen. Raguel, der Vater Saras, erkannte in Tobias den Sohn seines Freundes Tobit und freute sich über ihr Kommen. Tobias bat seinen Freund Asarja, für ihn bei Raguel um die Hand Saras zu bitten. Da wurde Raguel traurig und erzählte die Geschichte der sieben Männer, die bereits gestorben waren, doch Tobias weigerte sich das Essen auch nur zu berühren, bevor ihm Raguel nicht Sara zur Frau gegeben hätte. So willigte Raguel schweren Herzens schließlich ein.

Als Tobias mit Sara in der Nacht alleine war, erinnerte er sich der Worte Asarjas und verbrannte auf der Glut des Kohlebeckens etwas von Leber und Herz des Fisches. Als der Dämon Aschmodai diesen Geruch spürte, floh er für immer. Tobias und Sara aber beteten gemeinsam und dankten Gott, wie es Asarja gesagt hatte.

Am nächsten Morgen war Raguel voll Sorge, dass auch Tobias den Tod gefunden hätte. Zu seiner Freude fand er beide lebend. Jetzt wurde Hochzeit gefeiert, die vierzehn Tage dauerte. Inzwischen aber holte Asarja für Tobias das Vermögen bei dem Freund Tobits. Als er zurück war, erinnerte sich Tobias seiner Eltern und wollte ihnen seine Frau vorstellen. So machte er sich mit Sara und Asarja auf den Weg nach Hause.

In Ninive waren Tobit und Hanna in Sorge um ihren Sohn. Sara und Asarja waren in die Nähe von Ninive gekommen, da erinnerte Asarja Tobias an die Galle des Fisches: »Geh zu deinem Vater und nimm die Galle des Fisches mit.« Tobias eilte seinem Vater entgegen und sagte: »Hab keine Angst, mein Vater!« Er strich Tobit von der Galle des Fisches in die Augen und seine Blindheit begann sich zu lösen. Tobias erzählte Tobit alles, was sich ereignet hatte. Da ging Tobit zu Sara und segnete sie. Zu Hause fei-

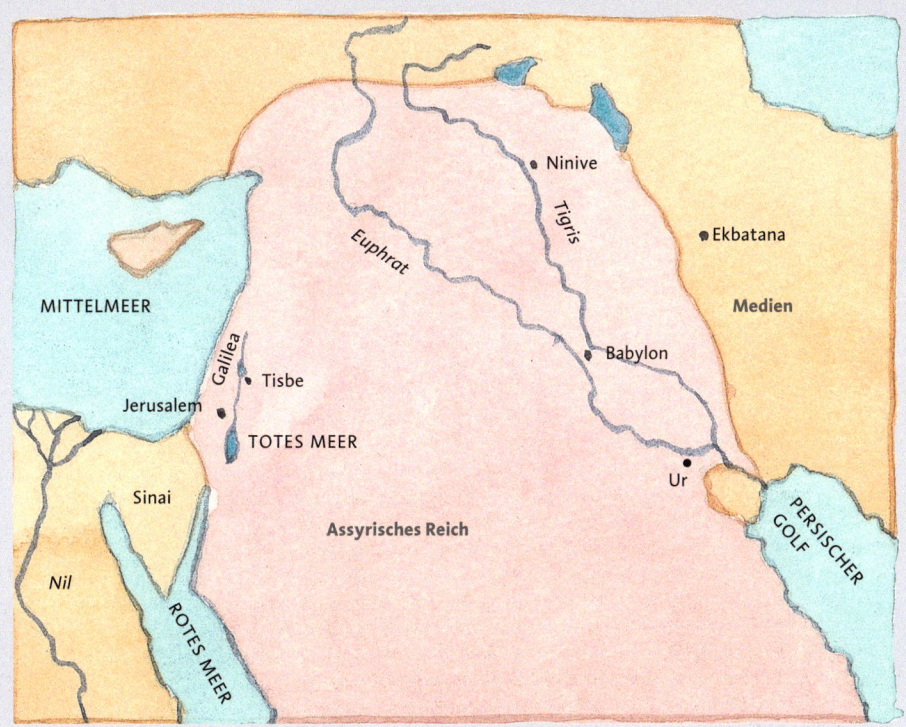

erten sie ein großes Fest, das sieben Tage dauerte.

Nun war es an der Zeit, Asarja seinen Lohn zu geben. Tobias wollte Asarja die Hälfte von allem geben, was er auf seiner Reise erworben hatte. Da nahm Asarja Tobit und Tobias zur Seite und sagte: »Preist Gott und lobt ihn! Gebt ihm die Ehre und bezeugt vor allen Menschen, was er für euch getan hat. Ihr sollt nun wissen: Als ihr zu Gott flehtet, du und deine Schwiegertochter Sara, da habe ich euer Gebet vor den heiligen Gott gebracht. Und ebenso bin ich in deiner Nähe gewesen, als du die Toten begraben hast. Deine gute Tat blieb nicht verborgen. Nun hat Gott mich gesandt, um dich und deine Schwiegertochter Sara zu heilen. Ich bin Rafael, einer von den sieben heiligen Engeln, die das Gebet der Heiligen emportragen zu Gott.« Nach diesen Worten war Rafael verschwunden. Tobit und Tobias verkündeten überall, welch große Dinge Gott getan hatte. Tobias und Sara, seine Eltern Tobit und Hanna lebten noch lange. Nach dem Tod seiner Eltern zog Tobias mit Sara und seinen Kindern weg von Ninive zu seinem Schwiegervater nach Ekbatana.

■ **Briefwechsel.** Stelle dir vor, Tobias berichtet seinen Eltern von seinen Erlebnissen. Suche dir eines seiner Erlebnisse aus und erzähle davon in einem Brief.

»Koscheres Essen«
- Lev 11,1–23
- Lev 11,29–30
- Dtn 14,3–20

Ich habe immer …

»Bestattungsbräuche«
- Tote werden gewaschen
- Tote bekommen ein von Hand genähtes Totenhemd ohne Taschen
- Bei der Beerdigung gibt es keine Musik und keine Blumen

Ich habe immer …

■ **Plakatwand II:** Auf diesem Plakat informiert ihr die Besucherinnen und Besucher über das Leben als Jude – damals, aber auch heute:

Lest Tobit 1,3–22 aufmerksam durch. Übertragt die Zeichnung mit den Sprechblasen als Skizze auf ein großes Ausstellungsplakat. Tragt in die Sprechblasen dann die religiösen Bräuche und Pflichten ein, die Tobit erfüllt hat. Beginnt dabei mit den Worten »Ich habe immer …«. Malt weitere Sprechblasen dazu, denn es sind mehr als nur vier Pflichten.

Informiert euch genauer über die genannten religiösen Pflichten und Gebräuche, die Tobit erfüllt hat (Tob 1,3–22). Die Notizzettel geben euch erste Informationen. Weitere Hinweise findet ihr in der Lernlandschaft »Judentum«, aber auch in Lexika oder im Internet (z. B. www.hagalil.com; www.payer.de/judlink.htm). Fasst eure Recherchen auf kleinen Info-Blättern zusammen und ordnet sie den Sprechblasen zu. Macht deutlich, woher diese Vorschriften eigentlich stammen. Das Bild hilft euch dabei!

Tobit lebt seinen Glauben

Ich habe immer …

»Feste in Jerusalem«
- Pessach
- Sukkot
- Schawuot
- Fest der Erstlingsgaben
  (Lev 23,15ff.)

Ich habe immer …

»Barmherzigkeit«
- vornehmste Pflicht der Juden
- jede Jüdin und jeder Jude ist je nach ihren Verhältnissen zur Barmherzigkeit verpflichtet
- Almosen

■ **Tun-Ergehen-Zusammenhang.** Tobit war überzeugt davon, dass er als frommer Mann von Gott gesegnet ist und er daher auch kein Leid erfahren müsse. Diskutiert: Stehen reiche und gesunde Menschen Gott besonders nahe? Welchen Zusammenhang gibt es zwischen Krankheit, Armut, Leid und der Nähe Gottes?

■ **Jüdische Bräuche.** Ergänze die Notizzettel durch weitere jüdische Bräuche, die du in Tob 1,3–22 bzw. in der Lernlandschaft »Judentum« oder im Internet gefunden hast.

Hast du wenig, zögere nicht, auch mit dem Wenigen Gutes zu tun.

Hast du viel, so gib reichlich.

Wende deinen Blick niemals ab, wenn du einen Armen siehst.

Gib dem Hungrigen von deinem Brot.

Wenn du Überfluss hast, tu damit Gutes.

Sei nicht kleinlich, wenn du Gutes tust.

Suche nur bei Verständigen Rat.

■ **Plakatwand III:** Auf diesem Plakat informiert ihr die Besucherinnen und Besucher über zentrale Regeln, die Tobit seinem Sohn Tobias mit auf die lange und gefährliche Reise gegeben hat und die auch für das Zusammenleben von Gemeinschaften bis heute Gültigkeit besitzen. Wählt aus den verschiedenen Kärtchen diejenigen aus, die euch besonders wichtig erscheinen, und gestaltet sie als großes Plakat besonders schön.

Tobits Ratschläge

Einen brauchbaren Ratschlag verachte nicht.

Handle gerecht, solange du lebst.

Denke alle Tage an den Herrn, unseren Gott.

Bitte Gott, dass dein Weg geradeaus führt und ein gutes Ende nimmt.

■ **Wichtige Regeln.** Schlage in der Bibel die Zehn Gebote nach (Ex 20,1–17) und ordne diese den Ratschlägen des Tobit zu. Vergleiche die Ratschläge des Tobit mit der Goldenen Regel (Mt 7,12, vgl. S. 57). Wo siehst du Gemeinsamkeiten?
Überlege dir selbst einmal weitere Ratschläge, die du deinen Kindern mitgeben würdest.

■ **Eine Rede halten.** Immer wieder werdet ihr in der Schule eine kleine Rede, ein Referat oder eine andere Art der Vorführung (»Präsentation«) geben müssen. Dafür kann man nicht oft genug üben, denn Übung macht den Meister! Alle können dazu die Gelegenheit erhalten. Wähle zunächst drei Regeln aus, die deiner Ansicht nach eine große Bedeutung für das Zusammenleben von Menschen haben.
Nun hast du drei Minuten Zeit, dir zu überlegen, was du vor der Klasse sagen wirst.
Halte dich bei deiner Rede an folgende Vorgehensweise:
1. Begrüßungssatz: Meine Damen und Herren!
2. Ich habe folgende Regeln ausgewählt: Regel 1, Regel 2, Regel 3.
3. Begründung:
   Regel 1 habe ich gewählt, weil …
   Regel 2 habe ich gewählt, weil …
   Regel 3 habe ich gewählt, weil …
4. Wiederholung: Ich denke, dass diese drei Regeln unverzichtbar sind, wenn man friedlich miteinander leben will.
5. Schluss-Satz: Vielen Dank! (Oder etwas Pfiffigeres)
Anschließend erfolgt die gemeinsame Auswertung: Was war gut? Und warum?
Was hat der Verständlichkeit gedient, was weniger …?

Die Bibel als Glaubensbuch

Biblische Geschichten kann man mitunter nur schwer verstehen. Was da geschrieben steht, klingt oft sehr unwahrscheinlich. Abraham soll 175 Jahre alt geworden sein und Methusalem sogar 969 Jahre. Unmöglich! Auch dass Gott die Welt in sieben Tagen erschaffen hat, lässt sich mit der Entwicklungsgeschichte der Menschen von den ersten Lebewesen über die Affen und Frühmenschen bis heute kaum vereinbaren.

Wer jedoch so denkt, hat die Bibel nur mit den »äußeren Augen« gelesen. Das heißt, er fragt sich, ob das, was auf dem Papier steht, so auch wirklich passiert ist. Wer aber die Bibel mit »äußeren Augen« liest, liest sie nur oberflächlich und wird sie ganz leicht missverstehen. Denn die Bibel ist kein Biologie- oder Geschichtsbuch, das beschreibt, wie und wann etwas entstanden bzw. geworden ist.

Die Bibel ist ein Glaubensbuch. In ihr schreiben Menschen von ihren ganz persönlichen Erfahrungen und Erlebnissen mit Gott. Und solche Erfahrungen können gar nicht richtig oder falsch sein. Sie sind mit »äußeren Augen« nicht zu verstehen. Wenn ich der Person, die sie mir berichtet, vertraue, glaube ich ihr und dass das, was sie sagt, auch stimmt. Ich spüre in meinem Herzen, dass sie recht hat. Meine »inneren Augen« sagen mir, dass es stimmt. Solche nur mit »inneren Augen« zu verstehenden Erfahrungen sind gerade besonders wichtig: Hoffnung, Vertrauen, Zuversicht, Liebe – und Gott. Alles das kann ich nicht sehen, aber ich kann spüren, dass es das gibt.

Um solche Erfahrungen dennoch »sichtbar« zu machen, verwendet die Bibel oft Bilder, die die »Welt hinter der Welt« sichtbar machen. Solche Bilder darf man nicht wortwörtlich verstehen. Man muss sie mit den »inneren Augen« übersetzen, d. h. fragen, was sie bedeuten sollen. Als am Anfang der Bibel die Schlange mit Eva spricht und sie verführt, vom Baum der Erkenntnis von Gut und Böse zu essen, wird mit »äußeren Augen« betrachtet jeder sagen, dass es keine sprechenden Schlangen gibt. Mit den »inneren Augen« aber wird klar, dass die Schlange ein Sprachbild für das Böse ist, das in jedem Menschen steckt. Ähnlich verhält es sich mit dem Dämon in der Tobit-Erzählung. Niemand kann ihn sehen, aber Menschen haben erfahren, dass ihnen Schaden zugefügt wurde – Sara verlor sieben Ehemänner und wäre fast unverheiratet geblieben. Übrigens – auch die Zahl »Sieben« ist mit »inneren Augen« zu lesen und gilt als Zahl der Vollkommenheit – mehr braucht es nicht. Und auch der Engel Rafael darf nicht mit »äußeren Augen« gesehen werden. Er verkörpert vielmehr den Beistand und den Schutz Gottes für alle Menschen, die in Not sind und dennoch auf Gott vertrauen. Als Bote Gottes ist er der Vermittler zwischen Mensch und Gott, ist er derjenige, der die Gebete und Sorgen vor Gott bringt, der alles zum Guten wenden wird.

■ **Was mich beschützt.** Male die Figur des Tobias auf der gegenüberliegenden Seite in dein Heft und notiere um ihn herum, wer und was dich in deinem Alltag beschützt, z. B. Eltern, Schirm, Segen. Male die Figur des Engels auf ein weiteres Blatt Papier, schneide sie aus und klebe sie nur am linken Rand so in dein Heft, dass er sich aufklappen lässt und gleichzeitig deine Notizen überdeckt. So erhältst du eine äußere Seite – den Engel – und eine innere Seite – deine Notizen!

■ **Plakatwand IV:** Auf diesem Plakat informiert ihr die Besucherinnen und Besucher über »Sprachbilder«. Sucht nach solchen »Sprachbildern« und stellt sie aus. Ein kleiner Tipp: sprichwörtliche Redensarten sind voll davon, z. B. »Er ist ein Schatz«; »Sie ist ein Fels in der Brandung«; »Der Teufel ist los«; »Du bist das Licht der Welt«. Ein ganz zentrales Sprachbild in der Bibel sind »Engel«. Tragt zusammen, was Engel alles tun. Dazu könnt ihr in Tob 12,12–15 nachlesen, was der Erzengel Rafael getan hat. Auch hilft euch dabei das Gedicht von Rudolf Otto Wiemer. Ein Sprachbild, das das Böse umschreibt, ist »Dämon«. Trage zusammen, was er alles bewirkt hat (vgl. Tob 3,7–9 und 6,15–17).

Die Bibel spricht in Bildern

Es müssen nicht Männer mit Flügeln sein

Es müssen nicht Männer
mit Flügeln sein,
die Engel.
Sie gehen leise, sie müssen nicht schrein,
oft sind sie alt und hässlich und klein,
die Engel.

Sie haben kein Schwert,
kein weißes Gewand,
die Engel.
Vielleicht ist einer, der gibt dir die Hand,
oder er wohnt neben dir, Wand an Wand,
der Engel.

Dem Hungernden hat er das Brot gebracht
der Engel.
Dem Kranken hat er das Bett gemacht,
und er hört, wenn du ihn rufst in der Nacht,
der Engel.

Er steht im Weg und er sagt: Nein,
der Engel,
groß wie ein Pfahl und hart wie ein Stein,
es müssen nicht Männer mit Flügeln sein,
die Engel.

Rudolf Otto Wiemer

Bild und Vergleich

In unserer Sprache gibt es viele bildhafte Ausdrücke und Umschreibungen. Dabei werden Vorstellungen aus zwei unterschiedlichen Bereichen, die eigentlich nicht zusammengehören, verbunden. Eine solche Verbindung von einem Bereich in den anderen nennt man nach dem griechischen Wort für »Übertragen« auch Metapher. Metaphern finden sich in Sprichwörtern und Redensarten, aber auch in der Bibel.

Beispiele:
ER IST EIN SCHATZ.
SIE IST EIN FELS IN DER BRANDUNG.
DER TEUFEL IST LOS.
DU BIST DAS LICHT DER WELT.

Geh mit uns

Text: Norbert Weidinger
Musik: Ludger Edelkötter

Alle: Geh mit uns auf un-serm Weg! Geh mit uns

Vorsänger/in: Wenn trau-rig und ent-täuscht wir kla-gen:

auf un-serm Weg! Geh mit uns auf un-serm Weg!

Es ist al-les aus! Wenn mut-los und ge-

Geh mit uns auf un-serm Weg! Geh mit uns

knickt wir sa-gen: Jetzt geh ich nach Haus!

auf un-serm Weg! Geh mit uns auf un-serm Weg!

2. Alle: Reiß uns mit, Schritt für Schritt!
Vorsänger/in:
Wenn allen uns die Sicht genommen:
Musste das geschehn?
Wenn Hoffnung, Mut und Kraft zerronnen:
Wie soll´s weitergehn?

3. Alle: Wer dich erkennt, ganz neu entbrennt!
Vorsänger/in:
Wenn Nacht auf uns hereingebrochen:
Brich mit uns das Brot!
Bis das letzte Wort gesprochen,
bis zum Abendrot.

■ **Plakatwand V:** Auf diesem Plakat informiert ihr die Besucherinnen und Besucher darüber, was es heißt, »unterwegs mit Gott zu sein« – so wie es Tobit war. Dazu einige Anregungen:
Schreibt auf ein Plakat alle Worte und Begriffe, die euch zum Thema »Weg« einfallen, z. B. Raststätte, Anstieg, Sackgasse usw.
Erzählt, malt, nennt verschiedene biblische Weggeschichten – der nebenstehende Auftrag hilft und ihr könnt die Grafik für eure Ausstellung noch ergänzen.
Auch heute noch sind Menschen unterwegs, um Gott näherzukommen: Man nennt sie Pilger. Kennt ihr Pilgerziele? Gibt es welche in eurer Umgebung? Stellt verschiedene Pilgerorte und ihre Bedeutung vor.

GOTT GEHT MIT – DAS BUCH TOBIT

Unterwegs mit Gott

■ **Unterwegs.** Betrachte den Weg in aller Stille. Je genauer du ihn betrachtest, desto mehr wird dir auffallen. Geh folgenden Fragen in deinen Gedanken nach: Woher kommt dieser Weg und wohin wird er dich führen? Was begegnet dir unterwegs? Was erwartet dich am Ende des Weges? Wer sollte dich unterwegs begleiten? Welche Empfindungen hast du, wenn du in Gedanken den Weg gehst? Schreibe deine Gedanken auf und erzählt sie euch dann gegenseitig.

Gebete in der Bibel

In der Bibel findet ihr zahlreiche Gebete von Menschen zu Gott. Das bekannteste spricht Jesus in Mt 6,9–13: das Vaterunser. Auch im Alten Testament finden sich viele Gebete. Die meisten stehen im Buch der Psalmen, das ein einziges Gebetbuch ist. Aber auch in anderen biblischen Büchern finden sich schöne Gebete, auch im Buch Tobit. Beten kann man ja auf ganz unterschiedliche Weise (sie-

he Lernlandschaft »Menschen suchen Gott«, Ausstellungsraum 7 auf Seite 40f.) und aus ganz unterschiedlichen Gründen. Es gibt verschiedene »Gebetsarten«: Manche bitten um etwas, andere klagen, dritte danken, andere loben oder suchen einfach nur Nähe und Geborgenheit. Allen Betenden ist aber die Hoffnung gemeinsam, dass ihre Gebete »vor Gott getragen«, also gehört werden. Und dass dies geschieht, davon zeugt die Tobiterzählung in höchst eindrucksvoller Weise.

Tob 11,14

Tob 1,3

Tob 8,15–17

Tob 5,17

Amen!

Tob 3,11–15

Tob 3,1–6

Tob 6,6–9

Tob 8,5–8

■ **Plakatwand VI:** Im Buch Tobit findet ihr zahlreiche Gebete. Hier einige Ideen für eure Plakate:
Schreibt die oben angegebenen Gebete schön ab.
Ein ganz zentrales, aber sehr langes Gebet ist das Kapitel 13 des Tobit-Buches. Verteilt die einzelnen Verse untereinander, schreibt sie ab und gestaltet sie schön.
Formuliert eigene Gebete von Menschen, die sich in ähnlichen Situationen – ob Not, Freude oder was auch immer – befunden haben wie Tobias und Sara.
Ordnet die Gebete nach verschiedenen »Gebetsarten«. Wo handelt es sich um ein Dankgebet? Wo um eine Klage? Wo um eine Bitte? Wo um ein Lob?

■ **Gebetshaltungen.**
Beschreibe die Gebetshaltungen der beiden Personen auf dem Bild. Um welche »Gebetsart« dürfte es sich dabei handeln? Versuche, die beiden Personen zu bestimmen und den Ort ihrer Gebete in die Handlung der Tobitgeschichte einzuordnen. Wenn du herausgefunden hast, wer sie sind, suche ihre Gebete und vergleiche sie.

■ **Beten.** Beten heißt zu Gott sprechen wie zu einem geliebten Menschen. Dass man zu Gott auf ganz unterschiedliche Weise sprechen kann, davon habt ihr schon in der Lernlandschaft »Menschen suchen Gott« im Ausstellungsraum 7 (S. 40f.) erfahren.
Beten kann man nicht lernen wie Vokabeln oder andere Sachinhalte in der Schule. Beten lernt man nur durch Beten. Beten muss man einfach ausprobieren. Beten ist eine Antwort auf etwas, das viele Menschen erfahren haben, nämlich dass Gott bei uns ist – auch in scheinbar aussichtslosen Lagen – und letztlich alles zum Guten wenden wird.

Wissen von A–Z

Abendmahl

Das letzte gemeinsame Mahl → Jesu mit den Jüngern am Abend vor seinem Tod wird bei den ersten drei Evangelisten und von → Paulus überliefert. Es ist der Ausgangspunkt für die sakramentale → Eucharistiefeier. Die reformatorischen Kirchen und kirchlichen Gemeinschaften bezeichnen ihre entsprechenden Feiern bis heute als Abendmahl.

Ägypten

Ägypten zur Zeit des → Alten Testaments ist ein mächtiges Reich. Sein König ist der → Pharao. Der Nil ist die Lebensader des Landes. Er ist mit 6 700 km einer der längsten Flüsse der Erde. Im sogenannten Nildelta mündet er mit zahlreichen Flussarmen ins Meer. Noch heute stehen in Ägypten die Ruinen großartiger Bauten, die mehrere Tausend Jahre alt sind: Pyramiden, Königsgräber und Tempel.

Allah

»Allah« ist das arabische Wort für Gott. Im Islam wird »Allah« ausschließlich für die Bezeichnung der Gottheit verwendet, die einzig und absolut ist. Auch die arabischsprachigen Juden und Christen gebrauchen das Wort »Allah« in der eigenen Religion zur Bezeichnung der Gottheit. Ferner wird das Wort sogar in arabischen Bibelübersetzungen verwendet.
In der westlichen Welt wird das Wort »Allah« meistens als Bezeichnung für Gott in der Gottesvorstellung des Islam verstanden.

Altar

Ursprünglich bezeichnete man eine erhöhte Opferstätte im Freien oder in einem Tempel als Altar. Im Jerusalemer → Tempel gab es einen prachtvollen Brandopferaltar, an dem täglich Tieropfer dargebracht wurden, um sich der Nähe → Gottes bei seinem Volk → Israel zu vergewissern.

In den christlichen Kirchen werden unter Berufung auf → Jesus keine solchen Opfer dargebracht. Deshalb gab es bei den ersten Christen auch keinen Brandopferaltar, sondern nur einen hölzernen »Tisch des Herrn«, an dem sie sich bei Brot und Wein zusammensetzten, um nach dem Vorbild Jesu und seiner Jünger gemeinsam → Eucharistie zu feiern. Dieser Tisch wurde zum Mittelpunkt der Kirche. Erst später nannte man ihn Altar. Es ist der Ort, an dem die Christen Leiden, Tod und Auferstehung Christi feiern und der → Priester die Wandlung von Brot und Wein in Leib und Blut Christi vollzieht. In → katholischen Kirchen sind die Altäre geweiht und es sind in ihnen Reliquien eingelassen, z. B. Knochenstücke von Heiligen. Dadurch wird die Kontinuität des liturgischen Feierns bis zurück zu den Anfängen der Kirche sichtbar.

Alter Orient

Der Alte Orient umfasst die Kulturen und Länder an den Flüssen Eufrat und Tigris und im östlichen Mittelmeer. Die Zeit des Alten Orients reicht von 3000 v. Chr. bis ca. 300 v. Chr. In diesen Ländern entstanden große Stadtstaaten (z. B. Babel, Assur, Ur), weil sich immer mehr Menschen zusammenschlossen, die allein nicht genügend Nahrung sammeln und Felder bestellen konnten, um sich zu ernähren. In gemeinsamer Arbeit machte man sich die Natur nutzbar und sicherte so das eigene Überleben. Die Stadtstaaten entwickelten sich später zu großen Reichen mit blühendem Handel und großartiger Kultur. Das Land Mesopotamien (wörtlich: das Land zwischen den Flüssen Eufrat und Tigris) wurde im Laufe der Geschichte von Sumerern, Babyloniern, Assyrern, Chaldäern, Neubabyloniern und Persern beherrscht. Im Alten

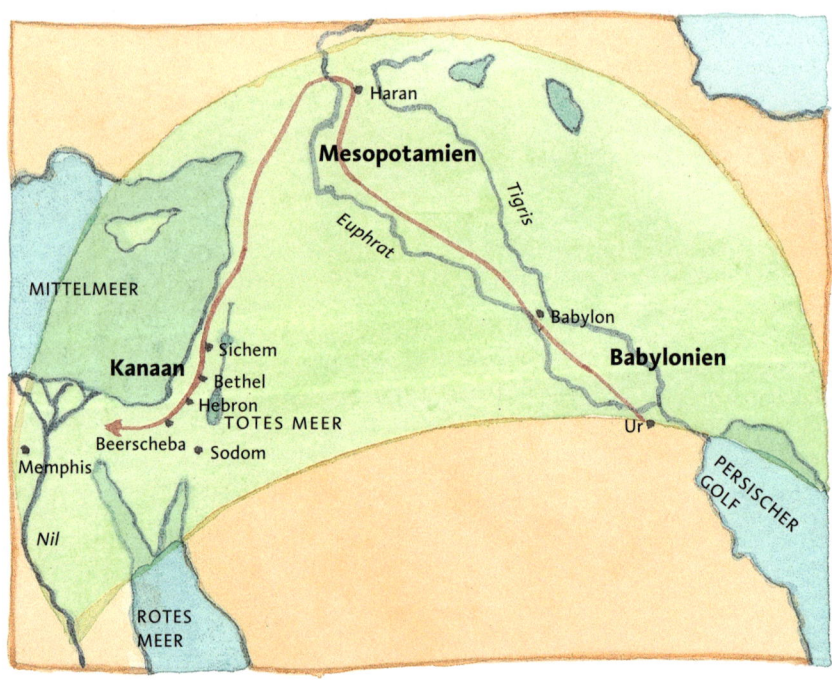

Die Hochkulturen des → Alten Orients erstreckten sich zwischen Nil und Tigris, dem sogenannten »fruchtbaren Halbmond«.

Bibelstelle: (Lk 9,3)

Die Aussendung der zwölf Jünger: 9,1–6

9 Dann rief er die Zwölf zu sich und gab ihnen die Kraft und die Vollmacht, alle Dämonen auszutreiben und die Kranken gesund zu machen. ²Und er sandte sie aus mit dem Auftrag, das Reich Gottes zu verkünden und zu heilen. ³Er sagte zu ihnen: Nehmt nichts mit auf den Weg, keinen Wanderstab und keine Vorratstasche, kein Brot, kein Geld und kein zweites Hemd. ⁴Bleibt in dem Haus, in dem ihr einkehrt, bis ihr den Ort wieder verlasst. ⁵Wenn euch aber die Leute in einer Stadt nicht aufnehmen wollen, dann geht weg und schüttelt den Staub von euren Füßen, zum Zeugnis gegen sie. ⁶Die Zwölf machten sich auf den Weg und wanderten von Dorf zu Dorf. Sie verkündeten das Evangelium und heilten überall die Kranken.

1–6 ‖ Mt 10,1.5–14; Mk 6,7–13 / 1–6: 10,1–12 / 3: 22,35

So gliedern sich die Kapitel der → Bibel

Jedes Buch bekommt eine eigene Abkürzung.
(Ein Verzeichnis der Abkürzungen und viele andere Informationen gibt es im Anhang der Bibel.)

Jedes Buch wird in größere Abschnitte (Kapitel) unterteilt. Das sind die großen Ziffern im Text.

Jeder Satz in einem Kapitel bekommt eine eigene Nummer (Vers). Das sind die kleinen Ziffern im Text.

Außerdem finden sich am Rand oder Ende eines Textabschnitts Querverweise zu anderen Stellen der Bibel, die mit diesem Text zusammenhängen.

Orient entwickelten die Phönikier, die im heutigen Libanon lebten, eine Schrift, die die Grundlage aller europäischen Schriften bildet. Der südliche Teil Mesopotamiens am Unterlauf der Flüsse hieß Chaldäa. Aus dieser Region stammt Abraham nach biblischer Überlieferung. Die → Israeliten bildeten im Vergleich zu den übrigen Völkern des Alten Orients erst spät und nur vorübergehend ein größeres Reich.

Altes Testament (AT)
Das AT ist der erste Teil der → Bibel. Die → katholische Kirche anerkennt 46 Bücher des AT als »heilig und kanonisch«. Sie werden in Geschichts-, Weisheits- und Prophetenbücher eingeteilt und erzählen für Juden und Christen von Erfahrungen mit → Gott. Daher gelten sie in beiden Religionen als Wort Gottes. Die ersten fünf Bücher des Alten Testaments nennen die Juden → Tora.

Ambo (griech. = erhöhte Stelle)
Ambo bezeichnet das Lesepult, von dem aus der Lektor oder die Lektorin die alt- und neutestamentlichen Lesungen im Gottesdienst vorliest.

Beschneidung
Am achten Tag nach der Geburt werden die jüdischen Jungen beschnitten. Es wird ein Stück von der Vorhaut ihres Glieds entfernt. Die Beschneidung war bei den alten Völkern → Ägyptens und Vorderasiens weit verbreitet. Im Volk → Israel ist die Beschneidung das Zeichen des → Bundes mit → Gott (vgl. Gen 17). Heute wird die Beschneidung auch bei Nichtjuden manchmal aus Hygienegründen durchgeführt.

Beten, Gebet
Wann immer Menschen sich und ihr Leben in Beziehung zu → Gott sehen, beten sie. Dies kann durch Worte und Taten geschehen. Gebetshaltungen bringen zum Ausdruck, dass Menschen der Gegenwart Gottes Raum geben wollen. Feste Gebete (z. B. das Vaterunser), freie Gebete mit eigenen Worten oder das Stillwerden vor Gott haben zum Ziel, mit Gott in Kontakt zu kommen und zu erfahren, was Gott will.

Betlehem (hebr. = »Haus des Brotes«)
Betlehem ist eine Stadt auf einem Bergrücken sieben Kilometer südlich von → Jerusalem. Dort gibt es viele Felsenhöhlen, die als Wohnungen und Ställe benutzt wurden. Betlehem war die Heimatstadt → Davids und gilt in den → Evangelien von Lukas und Matthäus als Geburtsort → Jesu.

Bibel
»Bibel« kommt aus dem → Griechischen und bedeutet eigentlich »die Bücher«. Im ersten Teil der Bibel (→ Altes Testament) sind die Erfahrungen des Volkes → Israel mit → Gott aufgezeichnet, im zweiten Teil (→ Neues Testament) die Worte und Taten → Jesu und die Erlebnisse der Apostel. Die Bibel ist im Laufe vieler Jahrhunderte entstanden. Zunächst hatten sich Menschen ihre Erlebnisse mit Gott erzählt, später wurden diese Erzählungen dann aufgeschrieben und immer wieder ergänzt. Das Alte Testament wurde um 100 n. Chr. abgeschlossen, das Neue Testament bald darauf. Da die Bibel Texte ganz unterschiedlicher Zeiten und Menschen enthält, finden sich in ihr auch ganz verschiedene Erzählweisen und Sprachformen, z. B. → Psalmen, → Sagen, Reden, geschichtliche Berichte, Briefe, → Gleichnisse. Damit jede Bibelstelle sofort auffindbar ist, hat man sich auf eine bestimmte Einteilung geeinigt (siehe Kasten oben).

Buchrolle
Wichtige Texte wurden in biblischer Zeit auf Streifen aus → Papyrus oder Leder geschrieben. Diese Streifen waren etwa 25 Zentimeter breit und konnten bis zu zehn Meter lang sein. Sie wurden normalerweise nur auf einer Seite beschrieben. Der Text war in senkrechten Spalten angeordnet. Die Enden der Streifen wurden auf zwei Stäben zu einer Rolle gewickelt.

Bund
Das mit »Bund« übersetzte hebräische Wort berit bedeutet »Vertrag«. In einem Vertrag versprechen sich die bei-

den Partner, so zu handeln, wie sie es vereinbart haben. Sie verpflichten sich gegenseitig, dem Bund treu zu bleiben. Die → Bibel erzählt, wie → Gott einen Bund mit den Menschen schließt (z. B. mit Noah: Gen 9; mit Abraham: Gen 15 und 17). Als Bundeszeichen gilt bis auf den heutigen Tag die → Beschneidung.

David

König David war die Identifikationsfigur des Volkes → Israel (vgl. 1 Kön 2). Er hatte die Philister besiegt (vgl. 1 Sam 17), → Jerusalem erobert und zur Hauptstadt gemacht (vgl. 2 Sam 5,6–12). Er war der größte König Israels. Darum wurde David für Israel das Vorbild für den → Messias (vgl. 2 Sam 7). Viele Juden hofften, dass der Messias sie von ihren Feinden befreien und Israel wieder groß und mächtig machen werde. Deshalb wurde der Messias »Sohn Davids« genannt.
Und diesen Titel erhält auch → Jesus im → Neuen Testament (vgl. Mk 10,48;

Der Kölner Dom (→ Dom)

Mt 21,9; Lk 20,41 u. ö.): Für Christen ist → Jesus Christus der Messias, der »Sohn Davids«.

Dekalog
→ Zehn Gebote (Dekalog)

Dom

Die Abkürzung von lat. *domus dei* (= Haus Gottes) bezeichnet die bischöfliche Hauptkirche in einem Bistum. In Deutschland wird manchmal auch die Hauptkirche einer Stadt ohne Bischof Dom, in Süddeutschland Münster genannt.

Doppelgebot der Liebe

→ Jesus von Nazaret hat in dem Doppelgebot der Liebe (Mt 22,37–40) zwei Weisungen aus dem → Alten Testament miteinander verknüpft: die Gottesliebe (Dtn 6) und die Nächstenliebe (Lev 19). Das Christentum betont, dass beide Haltungen stets zusammengehören. Wie bei den → Zehn Geboten geht es um die Beziehung zu → Gott und um die zu den Menschen.

Eucharistiefeier

Die Eucharistiefeier ist die zentrale Lob- und Dankfeier des → katholischen Glaubens. Die → Gemeinde versammelt sich, um Gottes Wort zu hören und den Tod und die Auferstehung Christi zu feiern. Die → Evangelien berichten, dass → Jesus von Nazaret selbst den Auftrag dazu gegeben hat. Im Wort → Gottes und in den Zeichen von Brot und Wein bekennt die Gemeinde die Gegenwart Jesu.

Evangelium/Evangelien

»Evangelium« stammt aus dem Griechischen und bedeutet »gute Botschaft« oder »eine Botschaft, die froh macht (Frohe Botschaft)«. → Jesus verkündet die gute Botschaft, dass das → Reich Gottes nahegekommen ist. Die Christen sind davon überzeugt, dass mit Jesus Christus diese Zeit des Heils angefangen hat. Später werden auch die vier biblischen Schriften des → Neuen Testaments, die das Leben Jesu erzählen, »Evangelien« genannt (Evangelium nach Matthäus, Markus, Lukas und Johannes). In der Messe wird als Höhepunkt des Wortgottesdienstes aus dem Evangelium vorgelesen.

Evangelisch

Die Kirchen der Reformation bezeichnen sich als evangelisch, da sie ihr Bekenntnis vor allem und zuerst auf das → Evangelium gründen. Der Reformator → Martin Luther hat die Merkmale genannt, die für evangelische Christen zentral sind: allein die Schrift, allein der Glaube, allein die Gnade. Diese drei sind zusammengefasst in dem Bekenntnis »allein Christus«. Im Mittelpunkt des evangelischen Glaubens steht die Überzeugung, dass jeder Mensch von → Gott vorbehaltlos angenommen und geliebt ist, ohne dass er dafür etwas leisten müsste. Die Evangelischen Kirchen sind synodal und damit demokratisch verfasst.

Galiläa

Galiläa bezeichnet den fruchtbaren Landstrich westlich des Sees Gennesaret. Diese Landschaft ist die Heimat Jesu. In ihr befindet sich Nazaret. Hier hat Jesus zuerst die Botschaft vom nahenden → Reich Gottes verkündet.

Gebet
→ Beten/Gebet

Gemeinde/Pfarrgemeinde

Schon im Althochdeutschen bezeichnet *pfarra* oder *pfarre* das Gebiet, für das ein → Priester im Auftrag des Bischofs zuständig ist. Daher nennt man einen Priester im Gemeindedienst auch »Pfarrer«. Gemeinsam mit vielen anderen haupt- und ehrenamtlichen Mitarbeiter/innen gestaltet er das Gemeindeleben.
Es ist die Aufgabe der Mitarbeiter/innen, in der Pfarrgemeinde zusammen mit den Gemeindemitgliedern den Glauben zu erfahren und zu bezeugen.

Lexikon

AUFBAU DER PFARRGEMEINDE

Pfarrgemeinderat
Ist tätig in der Gemeindearbeit.
Bildet »Ausschüsse«, z. B. Jugendarbeit, Erwachsenenbildung, Liturgie und Gottesdienst, Altenseelsorge, Öffentlichkeitsarbeit.

Kirchenverwaltung
Trägt die Verantwortung für Bau- und Finanzfragen.

Pfarrer
Koordiniert die Gemeindearbeit, feiert die Eucharistie, spendet die Sakramente, verkündet das Evangelium.

Gemeindemitglieder
Durch die Taufe ist jeder zu Gottesdienst und Weltdienst berufen.

Hauptamtliche Mitarbeiter/innen
Z. B. Diakon, Kaplan, Gemeindereferent/in.

Nebenamtliche Mitarbeiter/innen
Leisten spezielle Dienste, z. B. Messner/in, Ministrant(inn)en, Lektor/in, Kommunionhelfer/innen, Kirchenchor, Organist/in.

Dies geschieht in den vier Grundvollzügen christlichen Lebens.
Darunter versteht man das Mit-Suchen und Mit-Deuten des Willens → Gottes, den man bezeugt *(martyria)*, die Erfahrung und das aktive Gestalten von Gemeinschaft *(koinonia)*, das gemeinsame Feiern des Glaubens *(leiturgia)* und den Dienst am Mitmenschen *(diakonia)*.

Gleichnis
Ein Gleichnis ist eine Erzählung, mit der → Jesus seine Botschaft vom → Reich Gottes den Menschen nahebringen wollte. Er greift in seinen Gleichnissen alltägliche Situationen auf und gibt ihnen eine überraschende Wendung. So konnten die Zuhörenden erfahren, dass das Reich Gottes mit ihrem alltäglichen Leben zu tun hat und trotzdem ganz anders ist. In der Form des Gleichnisses wirbt Jesus um Zustimmung zu seiner Botschaft.

Goldene Regel
In der Bergpredigt → Jesu (Mt 5–7) findet sich die sogenannte Goldene Regel: Alles, was ihr also von anderen erwartet, das tut auch ihnen! (Mt 7,12). Sie bringt das richtige Verhältnis von Selbstliebe und Nächstenliebe auf den Punkt. In vielen anderen Religionen gibt es ähnlich lautende Regeln (vgl. S. 59).

Gott
Nach dem Bekenntnis der alten abrahamitischen Religionen (Judentum, Christentum, Islam) hat sich der Eine Gott den Menschen im Laufe der Geschichte immer wieder als der Allmächtige und Barmherzige offenbart. Der biblische Glaube bekennt: Gott ist Ursprung, Erhalter und Vollendung der → Schöpfung (Gen 1). Gott ist mit den Menschen unterwegs (Ex 3). Gott ist die Quelle des Lebens (Ps 36). Gott ist die Liebe (1 Joh 4). Gott ist das Heil aller Menschen (Offb 21). Grundsätzlich gilt:

Gott ist und bleibt das große Geheimnis des Lebens, dem es immer wieder nachzuspüren gilt (→ Beten).

Griechisch
Zur Zeit Jesu war Griechisch die wichtigste Sprache im östlichen Mittelmeerraum. Einige Teile des → Alten Testaments und das ganze → Neue Testament sind in dieser Sprache geschrieben.

Hebräer/hebräisch
Die → Israeliten wurden von den Nachbarvölkern »Hebräer« genannt. Die hebräische Sprache ist die alte Sprache des Volkes Israel. In ihr sind viele Bücher des → Alten Testaments verfasst.

Heil/Schalom
Heil bezeichnet all das, wonach sich der Mensch in seinem Leben sehnt: Frieden, Gerechtigkeit, Gesundheit und Leben für alle. In der Welt ist dagegen vieles »unheil«: Krankheiten, Kriege,

Pilger beim Umkreisen der Kaaba in → Mekka, dem höchsten Heiligtum der Muslime.

Ungerechtigkeit, Hunger, Leid und Tod belasten und zerstören das Leben der Menschen und ihrer Umwelt. → Gott will aber nicht das Unheil, sondern das Heil. Die → Bibel berichtet davon: Das Volk → Israel hat in seiner Geschichte erfahren, dass Gott rettet und neues Heil schenkt. In der Begegnung mit → Jesus haben die Menschen erfahren: Dort, wo das → Reich Gottes beginnt, werden die Menschen »geheilt« und finden zu einer neuen Gemeinschaft. Das vollkommene Heil steht aber noch aus. Gott hat es versprochen, und wir Menschen können darauf hoffen. Wenn wir aus dieser Hoffnung leben und handeln, kann das schon heute unsere unheile Welt »heilsam« verändern.

Herrschaft Gottes
→ Reich Gottes/Herrschaft Gottes

Islam
(arab. = Hingabe/Ergebung an den Willen Gottes)
Islam bezeichnet die von → Muhammad zwischen 610 und 632 n. Chr. in → Mekka und Medina gestiftete monotheistische Weltreligion. Die An-hänger des Islam bezeichnen sich selbst als Muslime. Die in Europa lange Zeit gebräuchliche Bezeichnung »Moham-medaner« ist missverständlich, weil Muhammad nicht wie Jesus Christus als Gott verehrt wird. Muslim/Muslima wird man, indem man das islamische Glaubensbekenntnis »Ich bezeuge, es gibt keine Gottheit außer Gott und Mu-hammad ist der Gesandte Gottes« vor Zeugen ausspricht. Dies ist die erste der fünf Grundpflichten des Islam. Im Mittelpunkt des Islam steht göttliche Wort, das Muhammad den Menschen überbracht hat und im → Koran fest-gehalten ist.
Da Muhammad seine Nachfolge nicht selbst geregelt hatte, entstanden Streitigkeiten unter seinen Nachfol-gern (Kalifen). Es entstanden verschie-dene Glaubensrichtungen. Die größte Gruppe bilden die Sunniten, die ihren Namen von der Sunna ableiten. Sie anerkennen die ersten vier Kalifen Abu Bakr, Omar, Osman und Ali. Die zweit-größte Gruppe, die Schiiten, akzep-tieren nur den vierten Kalif Ali, da er aus der Familie Muhammads stammte. In Deutschland gibt es viele Aleviten,

die aus dem schiitischen Islam hervor-gegangen sind und die in wichtigen Punkten von der Glaubenspraxis der Sunniten und Schiiten abweichen

Israel/Israeliten
Jakob, der Sohn Isaaks, erhielt später den Namen »Israel« (= der mit → Gott kämpft/ringt). Das Volk Israel sah in ihm seinen Stammvater, daher der Name »Israeliten«. Auch das Land → Kanaan wurde später »Land Israel« genannt. Als das Reich des Königs Salomo nach seinem Tod auseinander-brach, nannte sich das Nordreich »Israel«. Seine Hauptstadt war Samaria. Das Nordreich wurde später von den Assyrern (→ Alter Orient) erobert und zerstört. Erst seit 1948 gibt es wieder einen Staat Israel. Seine Bewohner nennen sich heute »Israelis«.

Jahwe
Die vier Konsonanten JHWH bezeich-nen den biblischen Namen → Gottes. Die genaue Aussprache ist unsicher. Nach Ex 3 hat Gott sich → Mose mit diesem Namen offenbart. Heute wird der Name Gottes mit »ich bin der ich bin da« übersetzt. Darin kommt zum Ausdruck, dass Gott stets gegenwärtig ist.

Jerusalem
Jerusalem ist eine Stadt im Bergland von → Judäa, die etwa 800 Meter hoch liegt. Die Stadt war zur Zeit → Davids noch sehr klein. Sie ist im Lauf der Jahrhunderte gewachsen, mehrmals mussten ihre Stadtmauern erweitert werden. König Salomo, der Sohn des Königs David, erbaute in Jerusalem den → Tempel und einen Königspalast. Nach Salomos Tod wurde das Reich geteilt. Jerusalem blieb die Hauptstadt des Südreiches → Juda, bis dieses 586 v. Chr. durch die Babylonier (→ Alter Orient) zerstört wurde. Nach der Rückkehr des Volkes aus der babylo-nischen Gefangenschaft (534 v. Chr.) wurde der Tempel wieder aufgebaut. Während der Regierungszeit Königs

Herodes des Großen (37–4 v. Chr.) war die Bevölkerungszahl auf etwa 60 000 angewachsen. Der Tempel in Jerusalem war das Ziel der jährlichen Wallfahrten, besonders an den drei großen Festen Pascha, Schawuot und Laubhüttenfest.

Jesus von Nazaret

Nach dem Lukas-Evangelium wurde Jesus in Betlehem geboren. Das war vermutlich zwischen sieben und vier v. Chr. Er verbrachte seine Kindheit und Jugend in → Galiläa, wo er als junger Mann wahrscheinlich ein Jünger Johannes' des Täufers wurde. Nach einer persönlichen Berufungserfahrung sammelte er Jüngerinnen und Jünger um sich und zog in Galiläa umher. Dort predigte er die Botschaft vom nahenden → Reich Gottes. Er heilte viele Menschen. Seine eigenständige Auslegung der → Tora brachte ihn in Konflikt mit den → Schriftgelehrten. Auf dem Weg nach → Jerusalem spitzte sich dieser Konflikt zu. Dort wurde Jesus schließlich verhaftet, nachdem er die Händler aus dem → Tempel verjagt hatte. Von den religiösen und politischen Machthabern wurde er vor dem römischen Statthalter angeklagt und von diesem in einem Schnellgerichtsverfahren als Rebell zum Tode verurteilt. Jesus wurde vor dem Paschafest 30/33 am Kreuz hingerichtet. Seine Jüngerschaft löste sich zunächst auf. Dann jedoch bezeugten die Jünger öffentlich und überraschenderweise, Jesus sei ihnen erschienen, er lebe. Vor allem deswegen wurde Jesus von ihnen schon bald als der Christus (griech. »Gesalbter«) bezeichnet, der von Gott gesalbte und in die Welt gesandte Messias. Jesus ist der Gründer des Christentums und wird als der menschgewordene Sohn Gottes und als der bereits im Alten Testament angekündigte Messias gesehen, der nach seinem Tod am Kreuz auferstanden ist. Er ist die zweite Person des dreifaltigen Gottes (Vater, Sohn und Heiliger Geist).

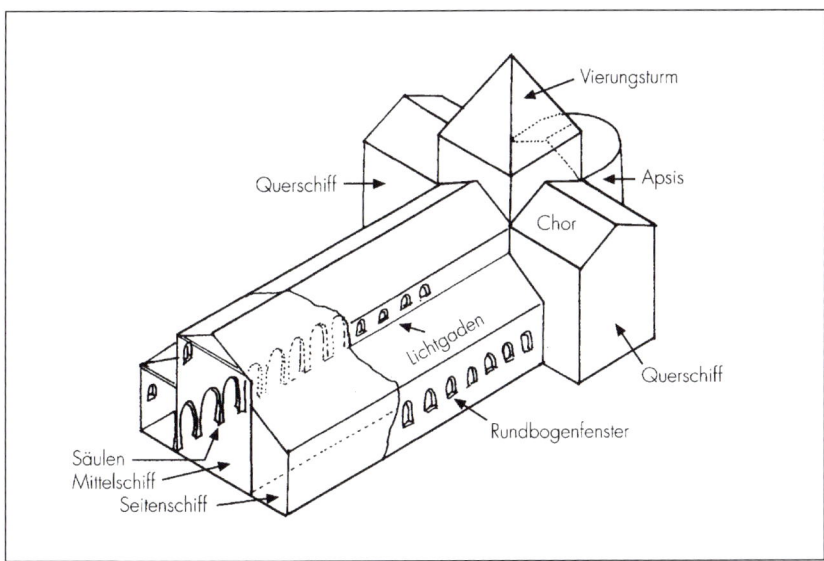

Schema einer einchörigen romanischen Basilika (→ Kirchenraum)

Juda/Judäa

Juda hieß einer der zwölf → Söhne Jakobs. Nach ihm trägt einer der Stämme → Israels diesen Namen. Der Stamm Juda bewohnte den gebirgigen Süden des Landes, das Land Judäa. Nach dem Tod Salomos und der Teilung des Landes bekam das Südreich den Namen »Juda«. Seine Hauptstadt war → Jerusalem. Die Bewohner des Südreichs Juda wurden auch »Juden« genannt. Dieser Name wurde später auf alle Angehörigen des Volkes Israel übertragen. Als das Südreich 586 v. Chr. von den Babyloniern (→ Alter Orient) erobert und zerstört wurde, geriet der größte Teil der Bewohner in Gefangenschaft und wurde ins Exil verschleppt. Ein Teil von ihnen kehrte 534 v. Chr. wieder nach Judäa und Jerusalem zurück.

Kaaba

(arab. = Würfel)
Die Kaaba ist das wichtigste Heiligtum des Islam (»Haus Gottes«) in → Mekka, das die Gebetsrichtung der Gläubigen vorgibt und Ziel der allen Muslimen vorgeschriebenen Pilgerreise ist.

Die Kaaba ist ein im Mittelpunkt der großen Moschee in Mekka gelegenes würfelförmiges Gebäude aus Stein von zwölf Metern Länge, zehn Metern Breite und fünfzehn Metern Höhe. An seiner Südostecke ist der heilige schwarze Stein, ein Meteorit, eingefügt. Die Kaaba ist mit einem schwarzen Tuch bedeckt, das in der Zeit der Wallfahrt durch ein weißes ersetzt wird. Bereits in vorislamischer Zeit war die Kaaba ein Heiligtum, an dem viele Gottheiten verehrt wurden. Ihre Bildnisse ließ → Muhammad nach der Eroberung Mekkas entfernen. Nicht-Muslimen dürfen sich der Kaaba nicht nähern.

Kalligrafie/kalligrafisch

(griech. *kalos* = schön; *graphein* = schreiben)
Unter Kalligrafie versteht man die Kunst des Schönschreibens. Da die Muslime Gott in seiner absoluten Einzigartigkeit und als »Bildner« allen Lebens respektieren, bevorzugen die islamischen Künstler abstrakte Formen und ornamentale Stilisierungen (Arabesken). Außerdem werden das Wort »Allah«, die Schahada, Verse aus dem

Das heilige Buch der Muslime ist durch kunstvolle Schrift geschmückt. → Koran

Koran oder der Name → Muhammads in künstlerisch ausgeprägter Form geschrieben.

Kanaan/Kanaaniter

Kanaan hieß früher das Land zwischen dem Mittelmeer und dem Jordan. Die Völker, die dort wohnten, nannte man Kanaaniter. Die → Israeliten erzählten: → Gott hat unseren Stammvätern versprochen (»gelobt«), dass dieses Land uns gehören soll. Deshalb nannten sie es auch das »Gelobte Land«.

Katholisch

(griech. = allgemein, umfassend, die ganze Welt betreffend)
Die römisch-katholische Kirche versteht sich als Heilsgemeinschaft für die ganze Welt und alle Menschen.
Der Begriff »katholisch« wird aber auch verwendet, um die Zugehörigkeit zur römisch-katholischen Kirche in Abgrenzung zu anderen christlichen → Konfessionen (z. B. evangelisch, orthodox, anglikanisch) auszudrücken.

Kirchenraum

Eine Kirche betritt man durch ein Portal. Damit bezeichnet man den besonders hervorgehobenen Haupteingang eines Gebäudes, der in allen Stilepochen prachtvoll gestaltet wurde. Die wichtigsten Bauelemente des Portals sind: der Türsturz, das Bogenfeld (Tympanon), Türpfeiler, Türpfosten, Gewände mit Figuren und der Giebel. Den lang gestreckten Innenraum einer Kirche bezeichnet man als Kirchen-

schiff oder Langhaus. Bei Kirchen, deren Räume durch Säulenreihen untergliedert sind, unterscheidet man das mittlere Hauptschiff von den links und rechts davon angeordneten Neben- bzw. Seitenschiffen.
Besonders bei älteren Kirchen (→ Basilika) wird das Langhaus im vorderen Drittel oft durch das Querschiff oder Querhaus unterbrochen. Dadurch erhält der Grundriss der Kirche die Form eines Kreuzes. Am Überkreuzungspunkt entsteht die Vierung.
Der Kirchenraum wird durch den Chor mit Apsis abgeschlossen. Er ist meist um mehrere Stufen erhöht und nach Osten gerichtet. Diese »Ostung« beinhaltet eine tiefreligiöse, symbolische Bedeutung: Im Osten geht die Leben spendende Sonne auf. Wie das Licht von der Sonne ausgeht, so geht das Heilsgeschehen von Christus aus: Ich bin das Licht der Welt. Wer mir nachfolgt, wird nicht in der Finsternis umhergehen, sondern wird das Licht des Lebens haben (Joh. 8, 12). Im Chorraum steht der Hauptaltar (→ Altar), der früher oft durch Chorschranken vom übrigen Kirchenraum getrennt war. Ursprünglich war der Chor in den → Domen und Klosterkirchen ausschließlich dem Klerus vorbehalten.

Konfessionen

(lat. *confessio* = Bekenntnis)
Im Laufe der über zweitausendjährigen Geschichte des Christentums hat es immer wieder Kirchenspaltungen gegeben. Die Anlässe dafür waren meist Fragen nach dem richtigen Weg der Glaubensgemeinschaft. Die aus den Spaltungen hervorgegangenen Konfessionen haben in ihrer Glaubenspraxis und -lehre sehr viele Gemeinsamkeiten, aber auch manche Unterschiede. Jede Konfession betont besondere Aspekte des christlichen Glaubens.

Koran

Der Begriff »Koran« bezeichnet das Buch, das für die Muslime die Offenbarung Gottes an den Gesandten

Muhammad beinhaltet. Der Koran wurde, nach muslimischer Überzeugung, vom Engel Gabriel in der Zeit zwischen 610 und 632 n. Chr. überbracht. Das arabische Wort al-Koran hat verschiedene Wurzeln:
- von *quaruna*: »das eine zum anderen fügen«, weil der Koran nicht auf einmal als Buch vom Himmel fiel, sondern in einem Zeitraum von 23 Jahren stückweise entwickelt wurde;
- von *qarn*: »vollständige Sammlung«, weil der Koran noch vor dem Tod des Gesandtem Muhammad vollständig offenbart wurde und nicht unvollendet zurückblieb;
- von *quaruna*: »Indiz«, »Hinweise«, weil viele Dinge im Koran auf seinen göttlichen Ursprung hinweisen;
- von *qara'a*: »lesen«, »vorlesen«, weil der erste Vers, den Gabriel den Muhammad offenbarte, mit der Aufforderung »Lies!« beginnt und weil Muslime gerne im Koran lesen.
Der Koran wurde auf Arabisch offenbart, weil Arabisch → Muhammads Muttersprache war. Noch heute wird der Koran von Muslimen weltweit am liebsten auf Arabisch gelesen – auch von denen, die gar kein Arabisch sprechen können. Muslime tun das, weil sie den Koran als ein besonderes Buch ansehen, und zwar als den »edlen Koran«. Da alle betenden Musliminnen und Muslime auf der ganzen Welt denselben arabischen Text lesen, dürfte die erste Sure des Korans, die »Fatiha«, niemals verstummen, weil es zu jeder Sekunde irgendwo irgendjemanden gibt, die oder der sie gerade liest.

Legende

Die Legende ist eine Erzählung, die einen fiktiven Bericht zur frommen Erbauung und Belehrung des Lesers bzw. der Leserin schildert. Ursprünglich bestanden Legenden aus den Lebensbeschreibungen der Heiligen. Man unterscheidet Märtyrerlegenden, die nach dem Tod eines Märtyrers entstanden, sowie Heiligenviten, bei denen bereits zu Lebzeiten Stoff für eine künftige Legende gesammelt wurde.

Luther, Martin (1483–1546)

Luther war ein Mönch und Theologe. Am 31. Oktober 1517 veröffentlichte er in Wittenberg 95 Thesen zu den Missständen der damaligen Kirche. In der Folge der Auseinandersetzung kam es zur Kirchenspaltung und Entstehung der → evangelischen Kirchen. Kern der lutherischen Lehre ist die reformatorische Erkenntnis, dass der Mensch »allein aus Gnade« gerechtfertigt sei. Weil Luther die Worte der Bibel für alle Menschen verständlich machen wollte, übersetzte er die → Bibel, aus der in den Gottesdiensten immer nur in lateinischer Sprache vorgelesen wurde, ins Deutsche (vollendet 1534). Bis heute wird in evangelischen Gottesdiensten überwiegend eine sprachlich behutsam modernisierte Lutherübersetzung verwendet. Wegen ihrer sprachlichen Schönheit ist die Lutherbibel darüber hinaus eine der wichtigsten Übersetzungen im deutschen Sprachraum.

Märtyrer oder Märtyrin

(griech. *martys* = [Blut-] Zeuge)
Ab dem ersten Jahrhundert bezeichnete man Christen, die trotz Verfolgung an ihrem Glauben festhielten, als Märtyrer. Ab dem zweiten Jahrhundert wird dies eingeschränkt auf solche, die deshalb den Tod erlitten. Unter den sogenannten Märtyrerakten versteht man die Erzählungen über die Märtyrer der Alten Kirche.

Mekka

Die Stadt Mekka (ca. 1,5 Millionen Einwohner) im Westen der arabischen Halbinsel liegt ca. 80 km vom Roten Meer entfernt. Mekka ist der Geburtsort des Propheten Muhammad und ist eine Pilgerstadt. Zu Lebzeiten des Propheten → Muhammad war sie ein bedeutender Knotenpunkt des Karawanenhandels. Hier machten Kamelkarawanen Station, die mit Gewürzen,

Die → Moschee Scheich Lutfullahs in Isfaham (Iran) wurde im 17. Jh. erbaut.

Parfüm, Edelmetallen u. a. zu den Märkten in Syrien unterwegs waren oder durch die Wüste ostwärts zum Irak zogen. In Mekka und in der Umgebung wurde Muhammad der → Koran offenbart. Muhammad erklärte Mekka zum religiösen Zentrum des Islams und zum wichtigsten Wallfahrtsort der → Muslime vor Medina und Jerusalem. Jedes Jahr pilgern weit mehr als eine Million Muslime nach Mekka und besuchen die heiligen Stätten. Das siebenmalige Umrunden der Kaaba und das Besteigen des Berges Arafat sind die Höhepunkte des Hadsch, wie die Wallfahrt auf Arabisch heißt.

Moschee

(arab. Masjid = Ort des Sich-Niederwerfens)
Die Moschee ist ein Gebets- und Versammlungsort, an dem sich Muslime insbesondere zum Freitagsgebet oder an Fastentagen treffen. In arabischen Ländern ruft der Muezzin fünf Mal am Tag vom Moscheeturm, dem Minarett, zum Gebet. Die Gläubigen vollziehen vor dem Gebet die rituellen Waschungen und ziehen vor dem Betreten der Moschee die Schuhe aus. Sie beten mit dem Gesicht in Richtung → Mekka. Die Richtung wird durch die Mihrab (Gebetsnische) angezeigt. Der Imam, der Vorbeter, leitet das Gebet. Beim Mittagsgebet am Freitag wird von der Minbar (Kanzel) aus gepredigt. Wegen des Bilderverbots beschränkt sich der Raumschmuck auf → Kalligrafien und Ornamente.
Neben den eigens ausgewiesenen Gebtsräumen (Frauen und Männer beten meistens getrennt) gehören zu einer Moschee häufig auch Versammlungsräume, in denen u. a. den Kindern und Jugendlichen Koranunterricht erteilt wird, sowie eine Teestube und ein Lebensmittelgeschäft.

Mose

Mose gilt als Begründer des jüdischen Glaubens und wird im Judentum als Autorität hoch verehrt. Seine Aufgabe war es, das Volk → Israel aus der Gefangenschaft in → Ägypten durch die

Darstellung eines → Nomaden-Zeltes. Während der Regenzeit werden die Zeltdecken heruntergeschlagen. Manche Zelte sind in mehrere Räume eingeteilt (z. B. Männerraum und Frauenraum).

Wüste in das Land → Kanaan zu führen. → Gott hat den Bundesschluss am Sinai mit Mose stellvertretend für das ganze Volk Israel vollzogen. Die → Bibel berichtet davon vor allem in den ersten fünf Büchern, die in vielen Bibelausgaben nach Mose benannt sind.

Muhammad (570–632)

In Mekka als Abu l-Kasim geboren, verlor Muhammad schon früh seine Eltern. Er wuchs bei seinem Onkel auf und heiratete um 595 die reiche Kaufmannswitwe Khadidja. Bei Handelsreisen, die ihn bis nach Syrien führten, kam er mit Vertretern der christlichen und jüdischen Religion in Kontakt. Im Jahr 610 n. Chr. zog sich der erfolgreiche Kaufmann häufig zum Beten in die Wüste zurück. Der Überlieferung zufolge wurden ihm zum ersten Mal die Worte des einzigen Gottes am Berg Hira offenbart. Als Prophet rief er fortan zur Abkehr vom Polytheismus, zur Umkehr im Glauben wie im Handeln auf. Seine zunächst nur kleine Anhängerschaft war den Anfeindungen der einflussreichen Stämme ausgesetzt, sodass sich Muhammad 622 zur Auswanderung nach Medina (Hidschra) entschloss. Die Hidschra markiert den Beginn der islamischen Zeitrechnung. In Medina gründete

Muhammad als religiöser und politischer Führer die erste Gemeinschaft der Muslime. Nach mehreren kriegerischen Auseinandersetzungen eroberte er im Jahr 630 seine Heimatstadt → Mekka, entfernte die Götzenbilder aus der → Kaaba und machte Mekka zum Zentrum des →Islams. Im Jahr 632 n. Chr. starb er nach kurzer Krankheit in seiner Wahlheimat Medina. Sein Grab in der Großen Moschee von Medina ist nach Mekka die wichtigste Wallfahrtsstätte der Muslime.

Mythos

Ein Mythos ist eine Erzählung, deren Absicht es ist, auf die Grundfragen des Lebens eine Antwort zu geben: Woher kommen wir? Wohin gehen wir? Was ist der Sinn des Lebens? Die mythischen Geschichten haben als Ereignisse so sicher nicht stattgefunden. Ihre Lebensweisheit beruht auf den jahrtausendealten Erfahrungen der Menschen.

Nazaret

Nazaret war zur Zeit → Jesu ein Bauerndorf im Süden von → Galiläa. Dort lebte nach Aussage der Evangelisten Jesus mit seinen Eltern. Die ersten Christen wurden deshalb auch »Nazoräer« genannt.

Neues Testament (NT)

Der zweite Hauptteil der → Bibel ist das NT. Es enthält die vier → Evangelien, die Apostelgeschichte, Briefe an die ersten Gemeinden und einzelne Personen sowie die Offenbarung des Johannes. Insgesamt sind dies 27 Bücher. Christen nennen das NT zusammen mit dem → Alten Testament die Heilige Schrift oder das Wort → Gottes.

Nomaden

Nomaden sind wandernde Stämme oder Sippen (Großfamilien), die mit ihrem Vieh (z. B. Schafen, Ziegen) unterwegs sind. In der Nähe einer Wasserstelle wird ein Lager mit Zelten errichtet. Während sich die Männer mit den Knechten und Hirten um die Herden kümmern, versorgen die Frauen mit den Mägden das Hauswesen und betreuen die Kinder. Die Herden weiden das Land ab und ziehen langsam weiter. Ist die Herde weit genug entfernt, bricht man die Zelte ab, überholt die Herden und baut das Lager erneut auf. Die Stammväter → Israels waren Halbnomaden: Sie wanderten nur am Rand der Wüste, weideten ihre Tiere in der winterlichen Regenperiode in der Steppe und zelteten dort. Im Sommer, nach dem Verdorren der Steppe, wechselten sie ihre Weideplätze und zogen auf die abgeernteten, ihnen dann zugänglichen Felder des Kulturlandes. Dadurch standen sie auch mit der sesshaften Landbevölkerung in regem Handelskontakt.

Ökumene

Der Begriff Ökumene bezeichnete ursprünglich den gesamten bewohnten Erdkreis (vgl. Lk 2,1). Heute bemühen sich die verschiedenen christlichen Konfessionen, Trennendes auszuräumen, und ringen um die Einheit im Glauben. Das Ziel ist eine versöhnte Verschiedenheit, in der die Gemeinsamkeiten gestärkt und das jeweils Eigene der → Konfessionen anerkannt und respektiert werden. Der »Vatikanische Rat für die Einheit der Christen« und der »Ökumenische Rat der Kirchen« in Genf haben es sich zur Aufgabe gemacht, diesen Prozess zu fördern.

Orthodox (griech. = rechte Lehre)

»Orthodox« ist Griechisch und heißt »streng-« oder »rechtgläubig«. 1054 haben sich die Kirchen des hellenistischen Kulturbereichs von der → katholischen Kirche des Abendlandes getrennt und tragen heute die Bezeichnung »orthodoxe Kirchen«. Die Heiligkeit → Gottes bestimmt die orthodoxe Lehre und den alltäglichen Glauben. Dies kommt auch in den sehr feierlichen Gottesdiensten zum Ausdruck. Ein weiteres Merkmal ist die Verehrung der Ikonen, besonders von Christus, Maria und den Heiligen. Für orthodoxe Christinnen und Christen sind sie gleichsam Fenster zum Himmel.

Papyrus

Die Papyrusstaude gehört zu den tropischen Gräsern. Die Sumpfpflanze kann bis zu drei Meter hoch werden. Aus Teilen der Pflanze wurden Seile, Boote und Kisten hergestellt. Das Mark der Stängel konnte man kochen und essen. Aber vor allen Dingen wurde daraus im Altertum der Vorläufer unseres Papiers. Man schnitt das Mark in dünne Streifen, legte diese nebeneinander und eine andere Schicht quer darüber. Da das Mark klebrig ist, klebten die Streifen zu einer festen Fläche zusammen, die gepresst, getrocknet und geglättet wurde. Dann konnte das Papyrus-Blatt beschrieben werden. Unser Wort »Papier« erinnert noch daran. Brauchte man eine größere Schreibfläche, klebte man mehrere Blätter zu einer Schriftrolle zusammen.

Paulus und Petrus

Petrus, der Erste unter den Aposteln, und Paulus, der Missionar der Völker, haben in den Kirchen zu allen Zeiten eine besondere Rolle gespielt. Sie stehen stellvertretend für alle Jüngerinnen und Jünger → Jesu Christi. Petrus verkörpert das Bewahren der Überlieferung, Paulus den Aufbruch und die Veränderung. Beides ist und bleibt in der Kirche wichtig. Ihre jeweiligen Kennzeichen (Attribute) sind der Schlüssel (Petrus) und das Schwert (Paulus).

Pfarrgemeinde

→ Gemeinde/Pfarrgemeinde

Pharao

Pharao bedeutet »Hohes Haus«. Das Wort meinte anfänglich den Palast des ägyptischen Königs. Die Bezeichnung ging später auf den König selbst über. Die Pharaonen wurden im Alten Ägypten als göttliche Wesen verehrt.

Pharisäer

Der Name bedeutet wahrscheinlich »Abgesonderter«. Pharisäer waren eine religiöse Gemeinschaft im Judentum zur Zeit → Jesu. Von Beruf waren die Pharisäer vor allem Bauern, Kaufleute und kleine Gewerbetreibende. Weil sie nicht nur die Gebote der → Tora genau befolgten, sondern auch viele andere Vorschriften, die im Laufe der Zeit dazukamen, waren sie sehr hoch angesehen. Besonders streng achteten Pharisäer auf die vielen Reinheitsvorschriften und die Bestimmun-

gen zum → Sabbat. Dadurch sonderten sie sich von der Menge ab. Jesus stand den Pharisäern in vielen Bereichen sehr nahe, doch gab es auch tiefe Konflikte.

Priester

Das Wort kommt aus dem → Griechischen und bedeutet »Ältester«. Nach der Lehre der → katholischen Kirche sind Priester von Christus zu einem besonderen Dienst an den Getauften erwählt. Durch die Weihe erhält der Priester die sakramentale Vollmacht, in der Person Jesu Christi zu handeln. Ferner wird er dadurch in den Kleriker- bzw. Priesterstand der katholischen Kirche eingegliedert.
Zu den Aufgaben eines Priesters gehört es, das → Evangelium zu verkünden, mit der → Gemeinde Gottesdienst zu feiern und die Sakramente zu spenden, für die Sorgen der Menschen stets ein offenes Ohr zu haben und tatkräftig zu helfen. In einem feierlichen Gottesdienst wird er vom Bischof durch Handauflegung, → Gebet und Salbung zum Priester geweiht. Nach dieser Weihe ist ein Priester zunächst als Kaplan, später dann meist als Pfarrer in einer Pfarrgemeinde tätig.

Psalm (griech. = Loblied für Gott)

In der → Bibel besteht ein ganzes Buch des → Alten Testaments aus 150 Psalmen, die unterschiedliche Gefühle der

→ **Papyrus-Staude**

Eine der ältesten → Papyrus-Handschriften des Neuen Testaments (um 200 n. Chr.)

Menschen vor → Gott zum Ausdruck bringen. Noch heute ist dieses Buch das wichtigste Gebetbuch der Juden und Christen.

Rabbi

Wörtlich heißt Rabbi »mein Herr«. Es ist die respektvolle Anrede für einen → Schriftgelehrten. Auch → Jesus wurde mit diesem Titel angeredet.

Reich Gottes/Herrschaft Gottes

Das Reich Gottes ist ein Geschenk: Wo → Gott regiert, wo sein Wille geschieht, da herrschen Gerechtigkeit, Frieden, Liebe und → Heil/Schalom, da gibt es weder Hass noch Streit noch Unrecht. Dafür setzte sich → Jesus ein. Er beschreibt das Reich Gottes in vielen → Gleichnissen.

Christinnen und Christen haben in der Nachfolge Jesu die Aufgabe, dem kommenden Reich Gottes den Weg zu bahnen. Sie sollen sich einsetzen für Gottes Heil.

Römer/Römisches Reich

Die Römer waren vor etwa 2000 Jahren das mächtigste Volk im Mittelmeerraum. Sie herrschten über ein riesiges Reich (Imperium Romanum). Zur Erleichterung der Verwaltung teilten sie ihr Weltreich in Provinzen ein. Unter der Oberherrschaft des Kaisers, der in Rom residierte, regierten zunächst Könige und Fürsten in den Provinzen. Später wurden auch Statthalter eingesetzt, die, unterstützt von mehreren Legionen von Soldaten, für Ruhe und Ordnung in den Provinzen sorgten. Zur Zeit → Jesu war Palästina eine römische Provinz.

Sabbat

Der Sabbat, der siebte und letzte Tag der Woche, ist der Ruhetag der Juden. Sie gedenken dabei der Erschaffung der Welt (→ Gott ruhte nach Gen 2,2 am siebten Tag) und des Exodus. Weil nach jüdischem Verständnis ein Tag von einem Sonnenuntergang zum anderen dauert (vgl. Gen 1,5), beginnt der Sabbat am Freitagabend und endet am Samstag. Der Sabbat als wöchentlicher Feiertag ist für Juden »Krone der Schöpfung« und »Vorwegnahme des Paradieses«, eine Zeit also, in der der Mensch wirklich Mensch sein kann. Daher soll an diesem Tag jede Form von Arbeit unterbrochen werden: ob daheim in der Küche, im Verkehr auf der Straße, in den Büros oder zu Hause. Strenggläubige Juden vermeiden selbst das Telefonieren, da sie dies als Arbeit ansehen.

Sadduzäer

Die Sadduzäer bildeten eine relativ kleine religiöse Gruppe in → Israel. Sie gehörten meist dem reichen und gebildeten Priesteradel an. Ihr wichtigstes Ziel war die buchstabengetreue Einhaltung der → Tora. Die Sadduzäer glaubten nicht an eine Auferstehung von den Toten. Zur Erhaltung ihrer Macht scheuten sie sich nicht, mit den → Römern zusammenzuarbeiten.

Sakrament

Sakramente sind heilige Zeichen der Gegenwart und der Liebe, die Gott den Menschen schenkt. In ihnen wird Gott in Zeichenhandlungen und Worten präsent und wirksam. Sie werden innerhalb von Gottesdiensten gefeiert und empfangen. Die → katholische Kirche kennt sieben Sakramente, die → evangelischen Kirchen zwei.

Schalom

→ Heil/Schalom

Schöpfung

Die Welt mit ihren vielfältigen Formen des Lebens wie der gesamte Kosmos sind nicht aus sich selbst heraus ins Dasein gekommen. Christinnen und Christen glauben: → Gott allein ist der Schöpfer, Gott ist Ursprung und Ziel des Lebens, Gott erhält die Schöpfung im Dasein. Dieses Glaubensbekenntnis ist keine naturwissenschaftliche Aussage, es deutet und interpretiert die Welt. Zugleich beinhaltet es die Verpflichtung zum sorgsamen Umgang mit der Schöpfung.

Schriftgelehrte

Schriftgelehrte waren Menschen, die die Heilige Schrift gut kannten und sie erklären konnten. Als die Juden aus der babylonischen Gefangenschaft heimkehrten, verpflichteten sie sich erneut, das Gesetz, die → Tora, zu befolgen. Weil es aber Meinungsverschiedenheiten über die richtige Auslegung der Gebote gab, brauchte man Schriftgelehrte, die als die Lehrer und Richter des Volkes hoch angesehen waren. Man gab ihnen den Ehrennamen → Rabbi. Viele Rabbiner waren → Pharisäer, aber nicht alle.

Segen (lat. *signum* = Zeichen)

In der → Bibel versteht man unter Segen ein Versprechen → Gottes an den Menschen, dass er ihn beschützen und ihm helfen wird. Der Segen kann vom Vater an seinen Erstgeborenen (Erstgeburtsrecht) weitergegeben werden. In der → katholischen Kirche segnet der → Priester zu bestimmten Anlässen Menschen. Das Segnen ist jedoch nicht ein Vorrecht des Priesters. Jeder, der für eine andere Person die Hilfe Gottes erbittet, kann sie segnen, z. B. Eltern ihre Kinder.

Söhne Jakobs

Jakob hatte zwölf Söhne: Ruben, Simeon, Levi, Juda, Dan, Naftali, Gad, Ascher, Issachar, Sebulon, Josef und Benjamin. Von ihnen leiten sich nach biblischer Überlieferung die 12 Stämme → Israels ab.

Solidarität

Menschen leben in Gemeinschaft. Keiner existiert für sich allein. Alle sind wir aufeinander angewiesen. Solidarität ist die Haltung, die diese Wahrheit zum Ausdruck bringt. Menschen übernehmen Verantwortung füreinander, indem sie sich helfen und beistehen.

Besonders Menschen in Not sind auf Solidarität angewiesen.

Sonntag

Sonntag ist der erste Tag der Woche (Tag des Herrn). Christinnen und Christen feiern an diesem Tag das zentrale Geheimnis ihres Glaubens: → Jesus Christus ist gestorben und auferstanden. Zugleich nimmt der Sonntag die jüdische Tradition des → Sabbats auf, den Alltag zu unterbrechen, Ruhe zu suchen und frei von Arbeit das Leben (→ Gott) zu feiern.

Symbol

Symbole sind Zeichen, die eine tiefere Wirklichkeit zum Ausdruck bringen. Symbole machen deutlich: Da ist mehr, als wir messen, zählen oder wiegen können. Sie sind eine besondere Sprache und können helfen, die Welt und das Leben zu lesen und besser zu verstehen.

Synagoge

Die Synagoge ist ein Raum zum Gebet, zum Lernen der → Tora und zur Versammlung. Opfer wurden nie in Synagogen, sondern nur im Jerusalemer → Tempel dargebracht. Jede größere jüdische Gemeinde auf der Welt besitzt solch einen Versammlungsraum.

Tempel

Tempel sind heilige Stätten, an denen seit alters her Götter verehrt werden. Im Unterschied zu den anderen Religionen hatten die Juden neben verschiedenen Kultstätten nur einen einzigen Tempel. Dieser Tempel wurde unter der Herrschaft des Königs Salomo (um 950 v. Chr.) in → Jerusalem erbaut. Er bestand aus drei Räumen: der »Vorhalle«, dem »Heiligtum« und dem »Allerheiligsten«. Im Allerheiligsten befand sich die Bundeslade, die vor dem Tempelbau in einem Zelt aufbewahrt wurde. Im Jahr 586 v. Chr. wurde dieser Tempel von den Babyloniern (→ Alter Orient) zerstört.

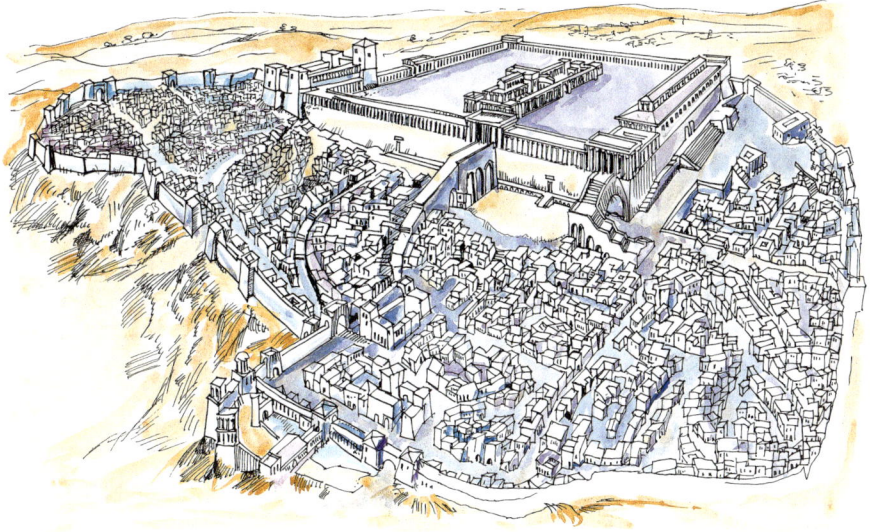

Das riesige → Tempel-Areal in Jerusalem (vor 70 n. Chr.)

Ein zweiter Tempel wurde nach dem Babylonischen Exil erbaut und 515 v. Chr. vollendet. Im Jahr 20 v. Chr. begann »Herodes der Große« einen gigantischen Neubau, der erst 64 n. Chr. fertiggestellt wurde. Der gesamte Tempelbezirk mit einer Fläche von 90 000 Quadratmetern nahm damals etwa ein Sechstel der gesamten Stadtfläche Jerusalems ein.
Dieser Tempel wurde im Jahr 70 n. Chr. von den → Römern zerstört. Von ihm ist heute nur noch ein Teil der Westmauer zu sehen, die von den Juden Klagemauer genannt wird.
Heute stehen auf dem Tempelplatz die Al-Aksa-Moschee und der Felsendom, zwei Heiligtümer des Islam.

Tora

(hebr. = Gesetz, Weisung oder Lehre)
Im Judentum ist Tora der Name der → Buchrolle, die in einer besonderen Nische oder einem Schrein in der → Synagoge aufbewahrt wird. Der Schrein ist nach Osten gerichtet und vor ihm brennt ein Ewiges Licht. Die Buchrolle enthält die ersten fünf Bücher der → Bibel. Aus ihnen wird in den Gottesdiensten am → Sabbat vorgelesen. Es ist eine Ehre, wenn jemand aufgerufen wird, daraus zu lesen. Auch → Jesus hat in der Synagoge aus der Tora gelesen (vgl. Lk 4,16f.).

Zehn Gebote (Dekalog)

Die Zehn Gebote sind Weisungen zum Leben. Sie werden auch als Dekalog bezeichnet. Das ist → griechisch und bedeutet wörtlich »Zehnwort«. Die → Bibel erzählt, dass → Mose die Zehn Gebote von → Gott empfangen und dem → Volk Israel anvertraut hat. Die ersten drei Weisungen nehmen die Beziehung zu Gott, die weiteren sieben die Beziehung der Menschen untereinander in den Blick. Sie sind zur Grundlage unserer Gesellschaft geworden.

Alt, Ernst (1935–2013)
In seinem Werk setzte sich Alt mit den Grunderfahrungen menschlicher Existenz auseinander. Bei aller Emotion und Spontaneität sind seine Bilder jedoch gekennzeichnet durch strenge Komposition und Genauigkeit in der Zeichnung.

Beckmann, Max (1884–1950)
Beckmann war einer der bedeutendsten Maler des 20. Jahrhunderts. Als Sanitätssoldat während des Ersten Weltkriegs wurde er mit für ihn unerträglichem Leid konfrontiert, das sich auch in seinem Werk widerspiegelt.

Caravaggio (1573–1610)
Der italienische Maler benannte sich nach seinem Geburtsort Caravaggio. Er wurde berühmt durch seine Hell-Dunkel-Malerei und dadurch, dass er auch in seinen Altarbildern Modelle aus dem Volk für seine Heiligendarstellungen nahm.

Chagall, Marc (1887–1985)
In vielen seiner Bilder geht es dem russisch-französischen Maler um die Geschichte des jüdischen Volkes, die er in sehr intensiven, leuchtenden Farben gestaltet hat.

Dürer, Albrecht (1471–1528)
Dürer ist einer der berühmtesten Künstler des 15./16. Jahrhunderts. In seinem Werk drückt sich die Liebe zum Detail und seine herausragende Beobachtungsgabe aus.

Evangeliar von Echternach (um 1040)
Das großformatige Evangeliar (44,0 x 30,5 cm) entstand in der Malerschule des Klosters Echternach (Luxemburg). Charakteristisch für diese Schule sind die etwas länglich geformten Gesichter der dargestellten Personen.

Fuchshuber, Annegert (1940–1998)
Die Kinderbuchillustratorin gestaltete u. a. eine berühmte Kinderbibel mit über 200 farbigen Bildern, die den Inhalt der zugrunde gelegten Texte ergänzen und vertiefen.

Grünewald, Matthias (1480–1528)
Das Hauptwerk Grünewalds ist der »Isenheimer Altar«. Charakteristisch ist die äußerst realistische Darstellung des Leidens Christi.

Haring, Keith (1958–1990)
Der US-amerikanische Künstler wurde durch seine Kreidezeichnungen auf den Werbetafeln der New-Yorker U-Bahn bekannt. Er erfand eine geistreiche, ausdrucksstarke Formensprache mit leicht verständlichen Symbolen.

Heisig, Bernhard (1925–2011)
Heisig hatte am Zweiten Weltkrieg teilgenommen und geriet in Kriegsgefangenschaft. Immer wieder stellte er Gewalt, Zerstörung und menschliche Wut und Aggression in seinen Bildern dar.

Helnwein, Gottfried (geb. 1948)
Der österreichisch-irische Künstler wurde bekannt durch seine lebensnahen Bilder, die man kaum von Fotografien unterscheiden kann. Ein zentrales Thema seiner Arbeit ist die Darstellung von Kindern.

Köder, Sieger (geb. 1925–2015)
Der katholische Priester und Künstler gilt als kraftvoller und farbgewaltiger »Prediger mit Bildern«. Seine Gemälde, Altartafeln, Kreuzwegdarstellungen und Glasfenster sind gegenständlich gestaltet und stets engagierte Kunst.

Kurz, Rudolf (geb. 1952)
Der Bildhauer und Maler arbeitet mit unterschiedlichen Materialien und in unterschiedlichen Techniken. Er ist an vielen Kunstprojekten beteiligt und hat Bilder, Altäre, Plastiken auch für den kirchlichen Raum geschaffen.

Lamb, Matt (geb. 1932)
Lamb war zunächst ein erfolgreicher amerikanischer Unternehmer, bevor ihn eine schwere Krankheit zur Malerei führte. Seine großen Themen sind Toleranz, Liebe, Respekt und Hoffnung.

Mantegna, Andrea (1431–1506)
Der italienische Maler und Kupferstecher spielte besonders gerne mit unterschiedlichen Möglichkeiten der Perspektive.

Osnabrücker Altar (um 1375)
Das Pfingstbild des »Osnabrücker Altars« folgt strengen mittelalterlichen Kunstregeln. Alle Details, z. B. der Goldhintergrund, die Anordnung der Personen, die Symbole, Farben und Formen, haben eine tiefere Bedeutung.

Räderscheidt, Anton (1892–1970)
Der deutsche Maler emigrierte im »Dritten Reich« nach Frankreich und England. Schließlich ließ er sich in Frankreich nieder. In seinen Bildern thematisiert er immer wieder die Beziehungslosigkeit der Menschen untereinander.

Rainer, Arnulf (geb. 1929)
Der österreichische Maler und Zeichner schuf die Übermalung als eigene Kunstform. Rainer ging es bei seinen Übermalungen von bekannten Kunstwerken vor allem darum, eine neue Sichtweise auf angeblich so Bekanntes anzuregen.

Rembrandt van Rijn (1606–1669)
Der holländische Maler hat vor allem biblische, aber auch andere Motive dargestellt. Berühmt ist seine Hell-Dunkel-Technik und die genaue Beobachtungsgabe, mit der er Gegenstände, Einzelpersonen und Personengruppen dargestellt hat.

Reni, Guido (1575–1642)
Der italienische Maler und Radierer lernte bei flämischen Malern und arbeitete dann als selbstständiger Künstler in Bologna. Er schuf v. a. religiöse Gemälde und Radierungen.

Renoir, Auguste (1841–1919)
Der französische Maler hat Landschaften und Personen in leuchtenden Farben und in ganz besonderer Pinselführung, die sogenannte »Kommatechnik«, gemalt. Damit konnte er Stimmungen und Gefühle ganz besonders eindrücklich festhalten.

Romano, Guilio (1492–1546)
Der italienische Maler, Architekt und Baumeister war einer der engsten Schüler und Mitarbeiter Raffaels. Zusammen mit seinem Lehrer malte er Fresken im Vatikan.

Kunstlexikon

6 Hannes Henz, Zürich © Stadt Zürich, Hochbauamt

8 Grafik: Eva Amode, München

10 nach: Unterrichtsideen Religion 5, Calwer Verlag Stuttgart 1996, S. 163

11 Anton Räderscheidt (1892–1970), Begegnung II, 1921, Öl auf Leinwand, © VG-Bild-Kunst, Bonn 2013

12 Fotos: Paul Kleff, Friolzheim – Hans Thiel – Hans-Werner Kulinna, Paderborn

13 Bernhard Schweßinger, Würzburg – X 17 Krebsnebel, Foto: © UC Regents/Lick Observatory – Foto: Rolf Hartmann, München

14/15 Günter Ullmann © Geest Verlag, Vechta – Foto: NASA

16/17 Andreas Tille, Wernigerode

18 Martin Auer, in: Hans-Joachim Gelberg (Hg.), Überall und neben dir. Gedichte in sieben Abteilungen, Beltz Verlag, Weinheim 1986

19 Foto: Karin Wintterle, Erdmannhausen – Rainer Oberthür, in: Neles Buch der großen Fragen. Eine Entdeckungsreise zu den Geheimnissen des Lebens, Kösel-Verlag, München 2002, S. 75; 122

20 Doris Weber, in: Publik Forum Nr. 24 v. 19.12.1997, S. 52

21 René Magritte (1898–1967), La Reproduction interdite, 1937, Öl auf Leinwand, 81 x 65 cm © VG Bild-Kunst, Bonn 2013

22 Hans Manz, Rechte beim Autor

22/23 Grafik © Hildegard Wegner, Hannover

23 Gareth B. Matthews, in: Philosophische Gespräche mit Kindern, Freese Verlag, Berlin 1989

24 Gina Ruck-Pauquèt, Quelle unbekannt

25 Teresa von Avila (1515–1582) – Lied: Ich will auf das Leise hören, T: © Wolfgang Longardt/M: Andreas Hantke, in: Andreas Ebert (Hg.), Das Kindergesangbuch © Claudius Verlag, München, S. 328

29 Andrea Mantegna (1431–1506), Kuppelrondell (1473), Camera degli Sposi, Palazzo Ducale, Mantua, Foto: AKG-Images

30 Foto: Kunsthalle Tübingen, Besucher in der Ausstellung »Schauplätze der Moderne«, Cézanne, Degas, Toulouse-Lautrec, Picasso

33 Verfasser unbekannt

34 in: ru – ökumenische Zeitschrift für den RU 2/2003, S. 66

35/36 Marc Chagall (1887–1985), Mose vor dem brennenden Dornbusch, undatiert, Öl auf Leinwand, 195 x 312 cm, Musée National Message Biblique © VG Bild-Kunst, Bonn 2013

36/37 Max Slevogt (1868–1932), Der verlorene Sohn, 1899, Triptychon, 110 x 98 cm, Öl auf Leinwand, , Staatsgalerie Stuttgart

38 Rainer Oberthür, Kinder fragen nach Leid und Gott, Kösel-Verlag, München 1998, S. 127

39 in: Eric Emmanuel Schmitt, Oskar und die Dame in Rosa, Amman Verlag, Zürich 2004 – Gottfried Helnwein (geb. 1948), Leid macht stark, 1974, Aquarell, © VG Bild-Kunst, Bonn 2013

40 Text: A. Wortmann; Musik: H. Wortmann, aus: SU 331 »Saarländer Kindermesse« Rechte beim Studio Union im Lahn-Verlag, Limburg

41 erzählt nach: Peter Wirth und Wilhelm Gessel (Hg.), Bibliothek der griechischen Literatur, Bd. 32: Basilius von Caesarea, Briefe, Stuttgart 1991, S. 87f. – Philipp Schönborn, Du bist mein geliebter Sohn, 1999, Neon auf Holz, 140 x 140 x 13 cm – Youcat, Jugendkatechismus der katholischen Kirche, Pattloch Verlag, München 2011

43 Fotos: S. Lautenegger ©Ateliers et Presses de Taizé – kathbild.at – Peter Wirtz, Dormagen – Kokugyo Kuwahara, Regensburg – Brigitte Zein-Schumacher, Arnsberg – KNA, Bonn – in: Heike Schottmüller/Günter Siener, Thema »Gebet« in: Reli konkret, Deutscher Katecheten Verein, München 2005, S. 169

46 Foto: Kunsthalle Tübingen, Besucher in der Ausstellung »Schauplätze der Moderne«, Cézanne, Degas, Toulouse-Lautrec, Picasso

52 Verfasser unbekannt

52/53 Auguste Renoir (1841–1919), Frühstück der Ruderer, 1881, Öl auf Leinwand, The Phillips Collection, Washington, D. C.

54 Hans Müskens, in: Cornelsen Copy Center, Miteinander leben – ich und die anderen. Religion für das 5./6. Schuljahr, Cornelsen Verlag Scriptor, Berlin 2002, Kopiervorlagen, S. 67

55 T: Hans Jürgen Netz/M: Peter Janssens © Peter Janssens Musikverlag, Telgte/Westfalen – Unterrichtsideen Religion 5, Calwer Verlag, Stuttgart 1996, S. 161

58 Unterrichtsideen Religion 5, Calwer Verlag, Stuttgart 1996, S. 161

59 Keith Haring (1958–1990), aus der Serie »The 10 commandments«, Bordeaux, 1985, 770 x 500 cm, Acryl, Öl auf Leinwand, Sammlung The Estate of Keith Haring, New York

60 Unterrichtsideen Religion 5, Calwer Verlag, Stuttgart 1996, S. 175

61 in: Zartbitter, Schülerzeitung des Gymnasiums Niedernberg, Passau

62 Astrid Lindgren, Ronja Räubertochter, Oetinger Verlag, Hamburg 1992, S. 36–40

62/63 Michelangelo Buonarotti (1475–1564), Die Schöpfung, 1510, Fresko, Sixtinische Kapelle, Vatikan, Foto: Joseph S. Martin/ARTOTHEK

64 Psalm 104, übersetzt von Rainer Oberthür, in: ders., Die Bibel für Kinder und alle im Haus, Kösel-Verlag, München 2004, S. 148 f.

65 Gudrun Pausewang, Quelle unbekannt

66 Hermann Hochgürtel, Achern

70 Synagoge Köln, Innenansicht, Foto: Christoph Klemp, Synagoge Köln, Außenansicht, Foto: Herbert Sachs

71 Synagoge Bochum, Fotos: ©Tomas Riehle/ ARTUR IMAGES – Synagoge Münster, Innenansicht, Foto: Clauß Peter Sajak – Synagoge, Außenansicht, Foto: Ann-Kathrin Muth

72 Robert Harding Picture Library, London – Kösel-Archiv

73 © BenEden.com – Foto: Claudia Hofrichter, Rottenburg

75 Ernst Alt (1935–2013), Jude mit Torarolle, 1975

77 Foto in: Reinhold Then, Das Judentum. Farbbilder und Erläuterungen, hg. v. Religionspädagogischen Seminar der Diözese Regensburg 1994

80 Grafiken: hartmut.berlinicke@ewetel.net

81 Frank Rosenzweig (1886–1939)

82 Brennende Synagoge in Eberswalde/Brandenburg, »Reichskristallnacht« 9./10. November 1938 © Bildarchiv Pisarek/AKG Berlin

83 Barbara Pinheiro, München – Kösel-Archiv – T/M: Aus Israel, dt. Text: nach Psalm 133,1, deutscher Text: Hilde-Luise Dieterich © Hänssler Verlag, Holzgerlingen

84 Karte: Eva Amode, München

89 Fotos: Erich Weber, Regensburg (3) – Kösel-Archiv

91 Max Beckmann (1884–1950), Die Ehebrecherin, 1917, Öl auf Leinwand, 55,3 X 45,3 cm, St. Louis Art Museum © VG Bild-Kunst, Bonn 2013

93 Heilung des Bartimäus, Echternacher Codex, um 1050, Benediktinerabtei Echternach, Inv. Nr. Hs 156142 fol 52v , Abb.: Germanisches Nationalmuseum, Nürnberg

101 Westfälischer Meister (um 1370/80), Ausgießung des Heiligen Geistes (Pfingsten), um 1370/80, Triptychon, rechter Flügel

102 Kurt Rommel, Quelle unbekannt

103 Albrecht Dürer (1471–1528), Die Vier Evangelisten (Detail), 1526, Alte Pinakothek, München, Foto: Bayer&Mitko/ARTOTHEK

104 Jörg Zink, Rechte beim Autor

105 Arnulf Rainer, Pfingsten, 1995/98, Leimfarbe auf Karton auf Holz, 60,5 x 46,5 cm, Sammlung Frieder Burda, Kunsthalle Baden-Baden © Atelier Arnulf Rainer

Text- und Bildquellen

106 Gotteslob Nr. 244

107 Bernhard Heisig (1925–2011), Neues vom Turmbau, 1977 © VG Bild-Kunst, Bonn 2013

109 Michelangelo Merisi, gen. Caravaggio (1573–1610), Die Bekehrung des Paulus, 1601, 229 x 178 cm, Santa Maria del Popolo, Rom

110/111 Guido Reni (1575–1642), Hl. Petrus und Hl. Paulus, um 1605, 197 x 140 cm, Pinacoteca di Brera, Mailand

114 Rom, Pantheon (118–128 errichtet unter Hadrian; 609 zur Kirche S. Maria ad Martyres umgewidmet): Innenansicht, Kupferstich von Müller nach einem Gemälde von Giovanni Paolo Pannini (1691/92–1765), Abb.: akg-images

117 Giulio Romano, eigtl. Giulio Pippi (1499–1546), Kaiser Konstantin erscheint das Kreuz, um 1520/25, Fresko, Vatikan, Sala di Costantino, Rom , Foto: AKG, Berlin

121 Reinhold Naegele (1884–1972), Poster zum Firmenjubiläum der Hamburg-Amerikanischen Uhrenfabrik, 1925 © VG Bild-Kunst, Bonn 2013

122 In: Einladung zu einer Zeit-Reise. Arbeitsheft für den RU der 8. Jahrgangsstufe, hg. von der Gymnasialpädagogischen Material-stelle der Ev.-lutherischen Kirche in Bayern, 1992, S. 6

123 T/M: Joachim Schwarz, in: Ev. Gesangbuch, Stuttgart, Nr. 175 © Mechthild-Schwarz-Verlag, Ditzingen

125 nach: www.kunstdirekt.net.symbole

126 © Caritas – nach: www.katholisch.de – Aktion des Bonifatius-werks, Paderborn

127 Max Kruse, Quelle unbekannt

129 Rembrandt van Rijn (1606–1669), Anbetung der Hirten, 1646, 65 x 55 cm, Nationalgalerie, London

131 Matthias Grünewald (um 1470/80–1528), Isenheimer Altar, 1505–1516 für das Antoniterkloster in Isenheim, Museum Unter den Linden, Colmar, Foto: Joseph S. Martin/ARTOTHEK

133 Rudolf Kurz (geb. 1952), Kreuz/Auferstehung, 1998, Stahl/Weiß-gold, H 561 cm, Kirche St. Maria Königin des Friedens, Sindelfin-gen, Foto: Matthias Kaiser, Leinfelden

134 Allensbacher Archiv, IfD-Umfrage Nr. 7021 aus dem Jahr 2002

136 Bauer/Focus

138-142 Fotos: Christoph Klemp

143 Liedtext: Heiliger Geist, Text: Klaus Okonek, Joe Reile, Melodie: Sarah Levy Tanais

145 Hubertus Halbfas, Quelle unbekannt – Matt Lamb (geb. 1932), o. T., 1996, Öl auf Holz – Youcat, Jugendkatechismus der katholischen Kirche, Pattloch Verlag, München 2011

146 © Sieger Köder, Gebt Ihr ihnen zu essen (Mt 14)

147 T: Claus-Peter März/M: Kurt Grahl © 1981 bei den Urhebern

148 Foto: Hans Thiel

149 Foto: Hans Thiel

151 © Richard Metzger, Esslingen – Ökumenischer Kirchentag München 2010 – ACK Arbeitsgemeinschaft christlicher Kirchen in Deutschland – © Brot für die Welt / Misereor

152 Kirchengemeinde St. Sixtus, Haltern am See

154 J. K. Rowling, Harry Potter und der Orden des Phönix, Illustratio-nen von Sabine Wilharm © Carlsen Verlag GmbH, Hamburg 2003

156 Quelle unbekannt

159 Josef Krautwald (1914–2003), Der Hörende, Bronzeskulptur im Eingangsbereich des Herz-Jesu-Krankenhauses in Münster-Hiltrup, Foto: Christoph Holschbach, Münster

160 T/M: traditionell

161 Werner Laubi/Annegert Fuchshuber, Kinderbibel, © Verlag Ernst Kaufmann, Lahr 1992, S. 74

164 Martin Fuchs, Wüstenpflanze, aus: Martin Fuchs/Volker Göhrun, Dir zum Leben 1988 © Verlag Herder GmbH, Freiburg i. B, 3. Auflage 1988

165 Cover: Renate Wind, Dem Rad in die Speichen fallen, Beltz & Gelberg in der Verlagsgruppe Beltz, Weinheim & Basel

166 Foto: Ulrich Merkle, Villingen-Schwenningen

167 © Sieger Köder, Der verlorene Sohn

169 Kösel-Archiv – © Verlag Katholisches Bibelwerk, Stuttgart

172 Foto: Ali Jarekji/Reuters – Stiftung Weltethos, Tübingen – Titel-bild: Julia Gerlach, Zwischen Pop und Dschihad, mit freundlicher Genehmigung des Ch. Links Verlag, Berlin

174 Idee nach: Hannah Richter, in: entwurf 2/2003, S. 31 ff. – © Liesa Johannssen/photothek.net

175 Foto: Nico Schmidt – Foto: Ina Al-Moneyyer, Garching

176 in: Barbara Huber-Rudolf/CIBEDO, Folienmappe Islam, Folie 43

177 bpk/Museum für Islamische Kunst, SMB/Wolfgang Selbach

178 Henning Christoph/Das Fotoarchiv – In: Werner Trutwin, Die Weltreligionen. Islam, Düsseldorf, S. 34–38 (überarbeitet)

179 Laziz Hamani, Paris

180 In: Peter Kliemann, Das Haus mit den vielen Wohnungen, Stutt-gart 2004, S. 182–183, S. 186, S. 188–189, S. 192–193 (verändert) – Kalligrafie: Laziz Hamani, Paris

181 picture-alliance/dpa

182 In: Peter B. Clarke, Atlas der Weltreligionen. Entstehung. Glau-bensinhalte, Frederking & Thaler, München 1998, S. 97 – Interior of St. Sophia Museum – in: Monika Tworuschka/Udo Tworuschka, Die Welt der Religionen. Geschichte, Gegenwart, Gütersloh/München 2006, S. 276f. (gekürzt/verändert)

183 Illustration: Jean-Benoit Héron, Guide Gallimard Terre sainte © Gallimard Loisires – Foto: Wolf-Christian von der Mülbe, Dachau – In: Türkisch-Islamische Gemeinde Konstanz (Hg.), Festschrift zur Einweihung am 13.10.2001, S. 27

184 © Sieger Köder, Abraham. Die Nacht von Hebron

185 © KNA Bild

186 Foto: Michel Levassort

187 Die blaue Moschee in Istanbul © Keskin Color, Istanbul

188 Foto: Manfred Hornung, Abtei Münsterschwarzach

189 in: Eugen Drewermann, Voller Erbarmen rettet er uns. Tobit und Sara. Batikbilder von Ingritt Neuhaus © Verlag Herder, Freiburg i. B. [6]1992 S. 47

197 Rudolf Otto Wiemer © Rudolf Otto Wiemer Erben, Hildesheim in: Eugen Drewermann, Voller Erbarmen rettet er uns. Tobias und der Engel. Batikbilder von Ingritt Neuhaus © Verlag Herder, Freiburg i. B. [6]1992 S. 31

198 T: Norbert Weidinger/M: Ludger Edelkötter © KiMu Kinder Musik Verlag GmbH, 45219 Essen

199 Foto: Cornelia Hinse-Osthoff, Hamm

201 in: Eugen Drewermann, Voller Erbarmen rettet er uns. Batikbilder von Ingritt Neuhaus © Verlag Herder, Freiburg i. B. [6]1992, S. 31

204 Kösel-Archiv

206 Kösel-Archiv

209 Kösel-Archiv

211 Kösel-Archiv (2)

Text- und Bildquellen